Mit Mikrofon und Fragebogen in die Grundschule

Waxmann Verlag GmbH
Steinfurter Straße 555, 48159 Münster
info@waxmann.com

Andreas Lehmann-Wermser, Veronika Busch,
Knut Schwippert, Sonja Nonte (Hrsg.)

Mit Mikrofon und Fragebogen in die Grundschule

Jedem Kind ein Instrument (JeKi) –
eine empirische Längsschnittstudie
zum Instrumentalunterricht

Waxmann 2014
Münster • New York

Bibliografische Informationen der Deutschen Nationalbibliothek
Die Deutsche Nationalbibliothek verzeichnet diese Publikation in
der Deutschen Nationalbibliografie; detaillierte bibliografische
Daten sind im Internet über http://dnb.d-nb.de abrufbar.

Print-ISBN 978-3-8309-3123-2
E-Book-ISBN 978-3-8309-8123-7

© Waxmann Verlag GmbH, 2014
Postfach 8603, 48046 Münster

www.waxmann.com
info@waxmann.com

Umschlaggestaltung: Inna Ponomareva, Münster
Titelbild: © iStock.com/Imgorthand

Gedruckt auf alterungsbeständigem Papier,
säurefrei gemäß ISO 9706

Printed in Germany

Alle Rechte vorbehalten. Nachdruck, auch auszugsweise, verboten.
Kein Teil dieses Werkes darf ohne schriftliche Genehmigung des
Verlages in irgendeiner Form reproduziert oder unter Verwendung
elektronischer Systeme verarbeitet, vervielfältigt oder verbreitet werden.

Inhalt

Vorwort 7

Andreas Lehmann-Wermser, Veronika Busch, Knut Schwippert
& Sonja Nonte

I   Das Programm ‚Jedem Kind ein Instrument'
    als Forschungsgegenstand 9

Knut Schwippert, Veronika Busch, Andreas Lehmann-Wermser
& Sonja Nonte

II   Das Verbundprojekt SIGrun im Überblick 17

Sonja Nonte & Knut Schwippert

III   Transfereffekte von Instrumentalunterricht
    Der Einfluss des Instrumentalunterrichts auf die soziale und
    motivationale Entwicklung von Schülerinnen und Schülern
    im schulischen Kontext.. 31

Michael Schurig & Veronika Busch

IV   Entwicklung der Musikpräferenz von
    Grundschulkindern
    Individuelle, soziale und musikbezogene Einflüsse 63

Andreas Lehmann-Wermser, Claudia Jessel-Campos
& Valerie Krupp-Schleußner

V   Wege zur Musik
    Kulturelle Teilhabe bei Grundschulkindern 97

Sabrina Kulin & Knut Schwippert

VI   Wege zur Kooperation
Rahmenbedingungen, Merkmale und Beziehungsstrukturen
bei der Kooperation zwischen Grundschule und Musikschule 129

*Veronika Busch, Andreas Lehmann-Wermser, Sonja Nonte
& Knut Schwippert*

VII Verbindungen – Kontexte – Empfehlungen:
Das Fazit aus dem SIGrun-Projekt 163

*Michael Schurig, Klaudia Schulte, Andreas Lehmann-Wermser,
Samuel Campos & Knut Schwippert*

Anhang A
    Der Datenpool 179

Sabrina Kulin

Anhang B
    Auszug aus dem Kodierleitfaden 187

Autorinnen und Autoren 193

Vorwort

In der Geschichte der Musikpädagogik hat es bisher nur wenige Forschungsprojekte gegeben, in denen Vertreterinnen und Vertreter aus Musikpädagogik, Musikwissenschaft und Erziehungswissenschaft sich gemeinsam Phänomenen gewidmet und dabei zugleich qualitative und quantitative Methoden verwendet haben. Nur in einer solchen breiten Kooperation ist heute ein umfassender Blick auf einen wichtigen Bereich kultureller – oder spezifischer: musikalischer – Bildung möglich; nur so ist es möglich, zugleich Grundlagenforschung zu betreiben *und* Anregungen für die Praxis zu geben. Die Programme ‚Jedem Kind ein Instrument' (JeKi) zum Instrumentalunterricht in den verschiedenen Bundesländern sind für solch einen kooperativen wissenschaftlichen Ansatz ein sehr dankbarer Forschungsgegenstand: Unter Einsatz umfangreicher Ressourcen ist an den Grundschulen ein für Deutschland neues und lebhaft diskutiertes Programm in Gang gebracht worden, das in vielerlei Hinsicht klar strukturiert und abgegrenzt ist, im öffentlichen Diskurs präsent ist und für die Wissenschaft ein große Zahl offener Fragen bereit hält.

Wir freuen uns, hiermit den Abschlussband eines Forschungsverbundes der Universitäten Bremen und Hamburg vorlegen zu können, der wie oben beschrieben sich auf vielfältige Weise dem Instrumentalunterricht widmet. In diesem Sinne richtet sich dieser Band an ein breites Publikum: an interessierte Lehrkräfte, an Organisierende im Bereich kultureller und musikalischer Bildung, aber auch an die jeweiligen wissenschaftlichen Fachgemeinden aus den Erziehungswissenschaften, der Musikpsychologie und der Musikdidaktik. Ein so breiter Ansatz, wie er im Forschungsprojekt ‚Studie zum Instrumentalunterricht in Grundschulen' (SIGrun) verfolgt wird, fordert allerdings auch den Leserinnen und Lesern einiges ab. Nicht nur gilt es, die jeweiligen Perspektiven und Paradigmen nachzuvollziehen und zu verstehen, sondern auch die Diskurse und gelegentlich auch den jeweiligen ‚Jargon' nachzuvollziehen. Wir haben gelegentlich zusätzliche Informationen in den Kapiteln gegeben, die den jeweiligen Spezialisten entbehrlich oder gar überflüssig erscheinen mögen. Im Interesse einer breiten Leserschaft allerdings schien uns dies angebracht. Umgekehrt gibt es in allen Kapiteln Passagen, die vermutlich nur für Spezialisten im Detail von Interesse sind, um die wissenschaftliche Qualität und die Relevanz für weitergehende Forschung zu beurteilen. Auch ohne alle Einzelheiten nachzuvollziehen, kann das Buch aber für Wissenschaft und Praxis hilfreich sein.

Dieses Buch hätte ohne die Förderung des *Bundesministeriums für Bildung und Forschung* (BMBF) nicht entstehen können. Durch die Finanzierung des Projekts, die Qualifizierungsmaßnahmen für den wissenschaftlichen Nachwuchs und die Förderung auch des wissenschaftlichen Austauschs der Projekte im Profil untereinander konnten wesentliche Fortschritte erzielt werden. Zugleich ist hier der Ort, allen an der Erhebung beteiligten Schülerinnen und Schülern, deren Eltern und Lehrkräften sowie den Schulleitungen für ihre bereitwillige und großzügige Unterstützung des Projekts sehr herzlich zu danken. Ebenso danken wir den zahlreichen Helferinnen und Helfern in Hamburg und Bremen, die die Umsetzung dieses umfangreichen Projekts überhaupt erst ermöglicht haben. Im Verlauf der vier Forschungsjahre haben Nicola Bunte, Samuel Campos, Claudia Jessel-Campos, Susanne Naacke, Sonja Nonte, Sabrina Kulin, Klaudia Schulte, Michael Schurig, Julika Strauß sowie Marlena Szczerba als wissenschaftliche Mitarbeiterinnen und Mitarbeiter das Projekt zu unterschiedlichen Zeiten tatkräftig vorangetrieben. Zudem konnten wir uns bei der Bewältigung der Fülle an Aufgaben auf die konstruktive Zusammenarbeit mit Kolleginnen und Kollegen und auch auf die zuverlässige Arbeit der studentischen Hilfskräfte verlassen. In Bremen gilt unser Dank Jule Becker, Bettina Beutler-Prahm, Maike Beythien, Heike Gebauer, Jesper Hohagen, Niklas Keil, Henning Kramer, Sophie Langer, Friedemann Lenz, Anna-Luise Rehm, Ruth Rosenau, Seidi Siegfried, Clemens Wöllner, Anna Wolf und Hendrik Ziegeler. In Hamburg gilt dies in gleicher Weise für Tabea Axtmann, Katarina Busch, Julia Gerick, Michaela Hauenschild, Katrin Schulz-Heidorf, Mona Lessau, Tamara Mann, Thien Nguyen, Juliane Pfeiffer, Saskia Rothmann, Torben Rieckmann und Charlott Schnabel. Ein besonderer Dank geht freilich an Heike Poppendieker, die die gründliche Einrichtung des Manuskripts besorgt hat. Ohne die Unterstützung und Anregungen von Beate Plugge und Ulla Heckel vom Waxmann Verlag wäre dieses Buch kaum erfolgreich zum Abschluss gekommen – auch dafür unseren herzlichen Dank.

Bremen, Hamburg, Göttingen im Sommer 2014

Andreas Lehmann-Wermser
Knut Schwippert
Veronika Busch
Sonja Nonte

Andreas Lehmann-Wermser, Veronika Busch, Knut Schwippert
& Sonja Nonte

I Das Programm ‚Jedem Kind ein Instrument' als Forschungsgegenstand

1 Ausgangssituation

Die öffentliche Wahrnehmung kultureller Bildung im Allgemeinen und des Musik- und Instrumentalunterrichts im Besonderen ist durchaus widersprüchlich. Einerseits wird deren Bedeutung für Kinder und Jugendliche hervorgehoben, wie es beispielsweise in den Reden aller Bundespräsidenten der vergangenen 20 Jahre nachzulesen ist (Lehmann-Wermser, 2013). Nie zuvor in der Geschichte der Bundesrepublik sind so viele Programme mit öffentlichen Mitteln, aber auch von Stiftungen gefördert worden wie seit der Jahrtausendwende. Allein die *Bertelsmann Stiftung* fördert über 300 Grundschulen in sechs Bundesländern im Modell der ‚Musikalischen Grundschule'. Wettbewerbe, Projekte oder zahlreiche *educational programs* der Kulturorchester versuchen, Schülerinnen und Schüler zu erreichen und dauerhaft an den Konzertbetrieb zu binden. Auch die Ausweitung des Ganztagsschulwesens hat diese Entwicklung befördert. So ist die Zahl von Kooperationsprojekten zwischen allgemeinbildenden Schulen einerseits und außerschulischen Partnern zwischen 2006 und 2012 von 7 955 auf 12 572 (Deutscher Musikrat, o. J.) gestiegen. Andererseits ist die Umsetzung der Musikerziehung in Schulen strukturell gefährdet, da Musik an den Grundschulen zu etwa 80 Prozent fachfremd unterrichtet wird und es insbesondere an Grund- und Hauptschulen zu einem hohen Ausfall des Musikunterrichts kommt (Hammel, 2011). Die Verkürzung der Gymnasialschulzeit (G8) wird als Ursache dafür genannt, dass weniger Zeit für kulturelle Bildung zur Verfügung steht und die Musikschulen ihre Klientel nicht länger erreichen können.

Vor diesem Hintergrund sind jene Programme interessant, die auf nachhaltige musikalische Bildung bei Kindern und Jugendlichen zielen. Meist wird dieses Ziel über eine instrumentale oder vokale Ausbildung in der Primar- oder Sekundarstufe angestrebt. Zu diesen Programmen gehört etwa das ‚Monheimer Modell' im Rheinland (Schulten & Lothwesen, 2009), die schon erwähnte ‚Musikalische Grundschule' (Hemming, Heß & Wilke, 2008), ‚primacanta' in Hessen (Spychiger & Aktas, 2011), ‚MUBIKIN' in Nürnberg (Lehmann-Wermser, Hammel & Krupp, 2014) und eben ‚Jedem Kind ein Instrument' in Nordrhein-Westfalen (NRW).

2 ‚Jedem Kind ein Instrument'

Bereits seit 2007 stellt diese Initiative im Ruhrgebiet ein Programm bereit, das möglichst vielen Kindern in Grundschulen in NRW Instrumentalunterricht zukommen lassen will. Ursprünglich aus einer lokalen Initiative der Bochumer Musikschule hervorgegangen, nehmen inzwischen gut 58 000 Schülerinnen und Schüler aus 41 Kommunen Nordrhein-Westfalens daran teil (Stand: Februar 2014). Während die Anfänge von einer ebenfalls lokalen Stiftung finanziell getragen wurden, fungiert seit 2011 das Land als Träger. Insgesamt sind ca. 50 Millionen Euro in das Programm geflossen.[1] Auch wegen seiner Größe hat das Programm viel Aufmerksamkeit erfahren und so viele Nachahmer gefunden, dass das Kürzel ‚JeKi' inzwischen als Synonym für entsprechende Programme bundesweit verwendet wird. Auch das in dem hier präsentierten Forschungsprojekt untersuchte Programm in Hamburg nimmt ausdrücklich auf das Bochumer Vorbild Bezug. Von daher ist es von besonderem Interesse, zwei Programme (NRW und Hamburg) mit vielen Gemeinsamkeiten und wichtigen Unterschieden in ein Forschungsprojekt einzubeziehen – selbst wenn der Vergleich nicht explizit angestrebt ist.

Am nordrhein-westfälischen JeKi-Programm lassen sich einige der pädagogischen und strukturellen Merkmale verdeutlichen, die für fast alle Initiativen gelten. Zunächst einmal sind die Programme auf einer institutionellen Ebene fast immer Kooperationsmodelle, in denen schulische Träger und Institutionen mit außerschulischen Partnern zusammenarbeiten. Meist sind das, wie bei JeKi, lokale private oder kommunale Musikschulen, doch werden auch andere Modelle etwa mit Vereinen oder Einzelpersonen praktiziert (vgl. Lehmann-Wermser, Naacke & Nonte, 2013). Zweitens arbeiten in den Programmen Lehrkräfte der allgemeinbildenden Schulen mit außerschulischem Personal zusammen. Im ersten Programmjahr unterrichten die Personen der jeweiligen Institutionen gemeinsam Instrumentenkunde. Im Vordergrund dieser Zusammenarbeit stehen die Abstimmung von organisationalen Aspekten bei der Umsetzung der musikalischen Angebote sowie die Verständigung über erzieherische und didaktische Vorgehensweisen. International wird diese Arbeit in multiprofessionellen Teams thematisiert und beforscht, weil eine Vielzahl von Fragen auf unterschiedlichen Ebenen davon berührt ist. Formales und non-formales Lernen treffen aufeinander: Fest angestellte Lehrkräfte mit einer spezifischen professionellen Ausbildung (und einer vergleichsweise besseren Bezahlung) arbeiten dabei mit nur punktuell an der Schule eingesetzten und oft nicht speziell für die Arbeit in Schulkontexten Ausgebildeten zusammen; haben die einen ein längerfristiges und viele Stunden der Wochen strukturierendes Curriculum, so arbeiten die anderen nur ein- oder zweimal in der Woche und im 45-Minuten-Takt mit den Kindern der jeweiligen Schule; sind für die schulischen Lehrkräfte die Strukturen in zeitlicher und räumlicher Sicht klar und festgelegt, so müssen die außerschulischen Musiklehrkräfte erst Rahmenbedingungen füllen oder schaffen (Klassenräume für den Unterricht finden, Schlüssel besorgen etc.). Auch in dem JeKi-Forschungsprofil des

---

[1] Informationen zum Programm und seiner Geschichte, zu den Teilnehmenden und den Programmstandards finden sich unter www.jedem-kind.de.

Bundesministeriums für Bildung und Forschung (BMBF; vgl. Abschnitt 4 in diesem Kapitel) und in der hier vorgestellten ‚Studie zum Instrumentalunterricht in Grundschulen' (SIGrun) hat sich die Fragestellung nach der Qualität der Kooperation deshalb niedergeschlagen (vgl. z. B. Kap. VI in diesem Band und Niessen & Lehmann, 2012).

Und schließlich verstehen sich fast alle Projekte und Programme als sozial kompensatorische Maßnahme. Die Debatten um kulturelle Bildung thematisieren in Deutschland fast immer die Frage, wie Kinder und Jugendliche aus eher ‚bildungsfernen' Schichten an Kultur (und Kunst) herangeführt werden können.[2] Wie bei allen Bildungsangeboten existieren auch für die musikalische und kulturelle Bildung erhebliche soziale Disparitäten, die zum Teil mit der finanziellen Ausstattung von Familien erklärt werden können, aber auch mit Bildungsaspirationen und Vorstellungen von ‚guter Erziehung' zusammenhängen (vgl. Vogt, 2013). Vor diesem Hintergrund versuchen etliche Programme, speziell diejenigen Kinder zu erreichen, die sonst wohl keinen Instrumentalunterricht erhalten oder ihn bald wieder aufgeben würden. Trotz vieler Gemeinsamkeiten bestehen in der Struktur und Organisation Unterschiede zwischen den JeKi-Programmen in Hamburg und NRW, die im Folgenden dargestellt werden sollen.

3 JeKi in Nordrhein-Westfalen und Hamburg

JeKi beginnt in NRW bereits mit dem ersten Schuljahr. Je eine Lehrkraft aus Musik- und Grundschule unterrichtet im ‚Tandem' das sogenannte ‚Instrumentenkarussell'.[3] Dabei werden jene Instrumente spielerisch vorgestellt, auf denen die Kinder ab dem zweiten Schuljahr Unterricht erhalten können.[4] Zusätzlich erfolgt ein allgemeiner Musikunterricht, der erste Fähigkeiten im Singen und Spielen sowie eine Einführung in musikalische Begrifflichkeiten vermitteln soll. Die Organisatoren sprechen diesbezüglich (und etwas unglücklich) von ‚Grundmusikalisierung'. Erst nach dem ersten Schuljahr entscheiden sich Kinder (und deren Eltern) für die Teilnahme am JeKi-Unterricht, der in kleinen Gruppen als ein zusätzliches Angebot ab dem zweiten Schuljahr erfolgt und neben dem schulischen Unterricht und Tagesablauf zu integrieren ist. Die Entscheidung für den JeKi-Unterricht ist von Eltern und Kindern jährlich neu zu fällen. Deshalb ist die Frage, wer wie lange teilnimmt, besonders interessant (s. Busch, Dücker & Kranefeld, 2012). Nach dem Willen der Programmverantwortlichen sollten finanzielle

---

2 Der Bericht des Teilprojekts Kulturelle Teilhabe (Kap. V) in diesem Band erläutert diese Ausrichtung ausführlicher (vgl. auch Lehmann-Wermser, 2013).
3 Genauere Hinweise finden sich auf der Homepage der Stiftung *Jedem Kind ein Instrument* unter www.jedemkind.de.
4 Zu diesen Instrumenten zählen im Wesentlichen jene traditionellen Instrumente der westeuropäischen Tradition, die auch in den Musikschulen angeboten werden: z. B. Gitarre, Querflöte, Geige, Cello. Erweitert wird dieses Spektrum durch Keyboard und Schlagzeug, die Wege zur populären Musik öffnen. Um Kinder aus Familien mit jüngerer Migrationsgeschichte anzusprechen, sollen zusätzlich auch traditionelle Instrumente besonders der Türkei (wie Bağlama) angeboten werden, doch kommen diese Angebote aus verschiedenen Gründen nicht immer zustande.

Gründe dabei insofern nur eine untergeordnete Rolle spielen, als die Musikinstrumente nicht gekauft werden müssen und der Unterricht relativ preisgünstig für 20 Euro im zweiten Schuljahr und 35 Euro im dritten und vierten Schuljahr im Monat angeboten wird. Empfänger von staatlichen Transferleistungen (wie Arbeitslosengeld) können vollständig von den monatlichen Gebühren befreit werden. An dieser Stelle kann allerdings nicht vertieft werden, ob wirklich alle Bedürftigen erreicht werden. In Gesprächen an den Schulen wurde verschiedentlich vermutet, bereits das Ausfüllen eines Antrags auf Befreiung sei für einige Familien ein abschreckendes Signal und konstituiere damit eine selektive Funktion; nachzuprüfen war das im Rahmen dieser Studie allerdings nicht. Ab dem dritten Schuljahr spielen die Kinder neben dem JeKi-Unterricht zusätzlich im ‚Ensemble Kunterbunt' und treten regelmäßig in Konzerten auf. Das JeKi-Programm wird durchaus ambitioniert pädagogisch und didaktisch strukturiert und begleitet. Entsprechende Lehr-Materialien sind über die Jahre hinweg erarbeitet, erprobt und in einem renommierten Verlag veröffentlicht worden. Programmstandards und ein Qualitätskreislauf sind integraler Teil des Programms.[5]

Das Hamburger Programm unterscheidet sich in mehreren Punkten wesentlich vom nordrhein-westfälischen. Zum einen ist es von der *Behörde für Schule und Berufsbildung* initiiert und folglich von Beginn an staatlicherseits strukturiert worden. Stärker noch als in NRW ist dabei versucht worden, sozial kompensatorisch zu wirken. Auf eine erste Ausschreibung im Jahr 2008 hin konnten sich hamburgische Schulen für die Teilnahme am JeKi-Programm bewerben. Unter allen eingegangenen Bewerbungen wurden speziell jene von der Behörde ausgewählt, deren Schülerschaft in ihrer sozialen Zusammensetzung eine besonders schwierige Ausgangslage konstituierte. Insgesamt 61 Schulen nehmen seit 2009 an JeKi teil, wobei im Unterschied zum nordrhein-westfälischen Programm die Organisation ausgewählter Programmaspekte und die Fortbildungen zentral durch eine Stabsstelle bei der *Behörde für Schule und Berufsbildung* erfolgen. Entscheidender ist freilich, dass die JeKi-Stunden Teil einer besonderen Stundentafel und somit Teil des regulären schulischen Unterrichts sind. Die Teilnahme daran ist für die Schülerinnen und Schüler der beteiligten Klassen verpflichtend, aber auch kostenfrei. Die entsprechenden Stunden können so besser in den Schulablauf integriert werden. Aus verschiedenen Gründen wird das Modell gegenüber NRW um ein Jahr verschoben durchgeführt: Vor allem wäre der organisatorische und finanzielle Aufwand kaum zu leisten gewesen, sodass die insgesamt kürzere Programmdauer hier Entlastung schafft. Das Instrumentenkarussell wird erst im zweiten Schuljahr in einem Lehr-Tandem durchgeführt, und der Instrumentalunterricht erfolgt in den Kleingruppen im dritten und vierten Schuljahr. Welche Materialien verwendet werden – und das bedeutet auch, welches didaktische Konzept verfolgt wird –, ist dagegen den Schulen freigestellt. Zur Wahl stehen in erster Linie die von der JeKi-Stiftung entwickelten Materialien und die in einem vergleichbaren Projekt seit einigen Jahren schon von der

---

5   Nach Abschluss der ersten Förderphase des Forschungsprofils und den ersten teils kritischen wissenschaftlichen Veröffentlichungen sind grundlegende Veränderungen diskutiert und angekündigt worden.

Musikhochschule Hamburg und einigen Schulen, den sogenannten ‚Dörner-Schulen', entwickelten eigenständigen Materialien.

Angesichts der großen publizistischen Aufmerksamkeit und der umfangreichen öffentlichen Mittel besteht ein großes Interesse, die Bedingungen und Merkmale der JeKi-Programme und des Instrumentalunterrichts in Schulen wissenschaftlich zu begleiten und gesicherte Erkenntnisse etwa zu Gelingensbedingungen und unterschiedlichen Wirkungen der Förderung zu gewinnen.

4 Das Forschungsprofil JeKi des BMBF

Seit einigen Jahren fördert das BMBF in dem Rahmenprogramm ‚Empirische Bildungsforschung' unterschiedliche Schwerpunkte, die teils fachbezogener und teils fachübergreifender Natur sind. Im Jahr 2008 erfolgte eine Ausschreibung für ein spezielles Forschungsprofil, das sich ausschließlich dem JeKi-Kontext widmen sollte und mit etwa fünf Millionen Euro ausgestattet war. Erstmalig in der Geschichte der Musikpädagogik in Deutschland wurde eine so hohe Summe zur wissenschaftlichen Förderung bereitgestellt, wobei von Anfang an eine Koordinierungsstelle (an der Universität Bielefeld), eine zentrale Sammlung und Verwaltung der Daten (an der Universität Bremen, s. Anhang A in diesem Band) und eine gezielte Nachwuchsförderung mitgeplant wurden. Musikpädagogik hat als geisteswissenschaftliche Disziplin eine lange Tradition in Deutschland. Später als andere Fachdidaktiken hat sie die ‚empirische Wende' rezipiert und neue Paradigmen für sich nutzbar machen können. Der Nutzen, den dieses Fach aus dem Forschungsprofil hat ziehen können, ist groß – ein Disziplinen übergreifendes Projekt, wie das hier vorgestellte, ist durch solche Förderung erst möglich geworden, verfügen doch die Erziehungswissenschaft und Systematische Musikwissenschaft über entsprechende Traditionen, von denen die Musikpädagogik profitieren kann.

Das Forschungsprofil spiegelt sicherlich das Interesse, das allgemein den sogenannten ‚kleinen' Fächern entgegengebracht wird, aber auch die Aufmerksamkeit, die speziell der kulturellen und musikalischen Bildung zuteil wird. Seit der in Forschungskreisen durchaus umstrittenen Studie von Bastian, Kormann, Hafen und Koch (2000), die vielfältige Wirkungen musikalischer Förderung bei Grundschulkindern in den Blick nahmen, standen musikpädagogische Projekte im Grundschulalter besonders im Mittelpunkt.[6] In den vergangenen Jahren sind in großem Umfang öffentliche Ressourcen in Förderprogramme wie JeKi geflossen, sodass ein nachvollziehbares Interesse der Mittelgeber darin besteht, die Basis im Bereich der Grundlagenforschung zu verbreitern, bestehende Ansätze zu evaluieren, aber auch Steuerungswissen für künftige Projekte zu erhalten.

---

6 Der ‚Bastian-Studie' wird u. a. vorgeworfen, dass die als Kontrollgruppe bezeichneten Klassen zum einen als Stichprobe zu klein gewesen seien, dass aber auch das Studiendesign strengen Kriterien einer experimentellen Anordnung nicht genügen würde (s. Knigge, 2007; Rittelmeyer, 2012).

Im Jahr 2009 konnten insgesamt 12 Forschungsverbünde die Arbeit aufnehmen, wobei sehr unterschiedliche Disziplinen und Perspektiven vertreten waren.[7] Die meisten Projekte sind 2012 ausgelaufen, und umfangreiche Forschungsberichte liegen vor.[8] Einige Projekte hatten allerdings längere Laufzeiten bzw. wurden mit neuen Fragestellungen weitergeführt. Die ‚Studie zum Instrumentalunterricht an Grundschulen', die in diesem Band vorgestellt wird, ist in dieses JeKi-Forschungsprofil eingebunden.

Im folgenden Kapitel II wird zunächst der Projektverbund und das Projektdesign vorgestellt. Danach werden in den Kapiteln III, IV, V und VI die dazugehörigen vier Teilprojekte ausführlich in Anlage, Methodik und Ergebnissen dargestellt, ehe anschließend im Kapitel VII übergreifende Verbindungen zwischen den Teilprojekten aufgezeigt und Empfehlungen sowohl für die Praxis als auch für die Forschung gegeben werden. Im Anhang werden abschließend die Aufgaben des Datenpools beschrieben, der sowohl innerhalb des Verbundprojekts SIGrun als auch übergreifend für das gesamte JeKi-Forschungsprofil von zentraler Bedeutung war. Außerdem finden sich hier ausführliche Angaben zur Praxis des Kodierens im Teilprojekt Kooperation.

Literatur

Bastian, H. G., Kormann, A., Hafen, R. & Koch, M. (2000). *Musik(erziehung) und ihre Wirkung. Eine Langzeitstudie an Berliner Grundschulen* (Musikpädagogik). Mainz: Schott.

Busch, T., Dücker, J. & Kranefeld, U. (2012). JeKi-Unterricht – nein danke? Eine Analyse der Entscheidungen für oder gegen die Teilnahme am Programm ‚Jedem Kind ein Instrument'. In A. Niessen & J. Knigge (Hrsg.), *Musikpädagogisches Handeln* (S. 213–236). Essen: Die Blaue Eule.

Deutscher Musikrat (o.J.). *Deutsches Musikinformationszentrum. Statistiken.* Online verfügbar unter: www.miz.org [04.06.2014].

Hammel, L. (2011). *Selbstkonzepte fachfremd unterrichtender Musiklehrerinnen und Musiklehrer an Grundschulen. Eine Grounded Theory-Studie.* Münster: Lit.

Hemming, J., Heß, F. & Wilke, K. (2008). *Abschlussbericht zur Evaluation des Modellversuchs ‚Musikalische Grundschule'* (im Auftrag der Bertelsmann Stiftung). Gütersloh: Bertelsmann. Verfügbar unter: http://www.bertelsmann-stiftung.de/cps/rde/xbcr/bst/Evaluationsbericht_Musikalische-Grundschule_2005-2007.pdf [21.07.2014].

Knigge, J. (2007). *Intelligenzsteigerung und gute Schulleistung durch Musikerziehung. Die Bastian-Studie im öffentlichen Diskurs.* Saarbrücken: VDM-Verlag.

Lehmann-Wermser, A. (2013). Music education in Germany. On politics and rhetorics. *Arts Education Policy Review, 114* (3), 126–134.

Lehmann-Wermser, A., Hammel, L. & Krupp, V. (2014). *Evaluationsbericht des MUBIKIN-Programms der Stadt Nürnberg.* Unveröffentlichter Bericht.

---

7   Nähere Informationen zu diesem Verbund und zu den einzelnen Projekten finden sich auf der Internetseite der Koordinierungsstelle des JeKi-Forschungsprofils unter www.jeki-forschungsprogramm.de.

8   Eine Bibliografie aller Projekte findet sich unter www.jeki-forschungsprogramm.de/publikationen/.

Lehmann-Wermser, A., Naacke, S. & Nonte, S. (2013). *Hammer, Geige, Bühne. Kulturelle Bildung an Ganztagsschulen*. Baltmannsweiler: Schneider-Verlag Hohengehren.

Niessen, A. & Lehmann, K. (2012). Positives Potential im Tandem. Ergebnisse einer Interviewstudie zur Aufgabenverteilung im ersten JeKi-Jahr. *Üben & Musizieren, 2*, 46–48.

Rittelmeyer, C. (2012). *Warum und wozu ästhetischer Bildung? Über Transferwirkungen künstlerischer Tätigkeiten. Ein Forschungsüberblick*. Oberhausen: Athena.

Schulten, M. L. & Lothwesen, K. S. (2009). *MoMo verbindet! Musik erleben und lernen in der ‚Musikschule für alle'. Abschlussbericht der wissenschaftlichen Evaluation zum Programm ‚Monheimer Modell – Musikschule für alle'*. Stadt Monheim. Verfügbar unter: http://www.monheim.de/fileadmin/user_upload/Media/Dokumente/Freizeit_Tourismus/Kultur/evaluation_momo_abschluss_lang.pdf [04.06.2014].

Spychiger, M. & Aktas, U. (2011). *Primacanta – Jedem Kind eine Stimme. Eine Intervention in 3. Und 4. Klassen. Erster Zwischenbericht über die wissenschaftliche Begleitung*. Unveröffentlichtes Manuskript, Hochschule für Musik und Darstellende Kunst, Frankfurt a.M.

Vogt, J. (2013). Schwierige Gleichheit. Vom Nutzen gerechtigkeitsphilosophischer Überlegungen für die Musikpädagogik. In St. Gies & F. Heß (Hrsg.), *Kulturelle Identität und soziale Distinktion. Herausforderungen für Konzepte musikalischer Bildung* (S. 45–58). Innsbruck: Helbling.

Knut Schwippert, Veronika Busch, Andreas Lehmann-Wermser
& Sonja Nonte

II Das Verbundprojekt SIGrun im Überblick

1 Forschungsstand

Im deutschsprachigen Raum sind empirische Arbeiten, die sich auf das Phänomen des Instrumentalunterrichts in Schulen konzentrieren, selten. Bei den vorliegenden Untersuchungen lassen sich die Befunde oftmals nur schwer verallgemeinern, da sie sich auf ausgewählte Einzelschulen oder auf relativ kleine Stichproben beziehen. Trotzdem werden die Befunde in der (Fach-)Öffentlichkeit aufgegriffen und vielfältig als Grundlage zur Beschreibung und Interpretation verallgemeinerter Effekte herangezogen. Zur Bündelung zentraler empirischer Arbeiten veröffentlichte das *Bundesministerium für Bildung und Forschung* (BMBF) zwei Expertisen (vgl. BMBF, 2006, 2009), in denen die Forschung zu den Effekten von Musik auf außermusikalische Faktoren zusammengefasst wird. In dem ersten Bericht ('Macht Mozart schlau?'), der primär die kognitiven Effekte des Musizierens fokussiert, wird deutlich, dass nicht nur die Forschungsbefunde in Bezug auf musikalische Aktivitäten sowie die Qualität der Studien sehr uneinheitlich sind, sondern vor allem auch große Unterschiede in der Definition musikalischer Aktivitäten (Musikhören vs. Musizieren) bestehen. Bei den gemessenen Effekten handelt es sich hiernach oft um kurzfristige Leistungssteigerungen, die durch das Hören von Musik erzielt werden, nicht jedoch um die langfristige Steigerung kognitiver Fähigkeiten. Über diese Nachhaltigkeit der Effekte musikalischen Trainings auf kognitive Bereiche ist wenig bekannt. Der zweite Forschungsbericht ('Pauken mit Trompeten') fokussiert insbesondere auf Effekte des Musizierens im schulischen Bereich, z. B. auf Lernstrategien, Lernmotivation sowie soziale Kompetenzen. Darüber hinaus werden neurowissenschaftliche Erkenntnisse systematisiert. Auch in diesem zweiten Bericht wird eine große Uneinheitlichkeit der Ergebnisse deutlich: So zeigen sich einerseits keine Effekte in Bezug auf die Lernmotivation und nur geringe und in ihren Kausalrichtungen ungeklärte Zusammenhänge zwischen der Teilnahme am Musikunterricht und schulischen Fähigkeiten (vgl. Schellenberg, 2004). Andererseits liegen Befunde einer Untersuchung vor, die Vorteile der Kontrollgruppe (Teilnahme an einer Theatergruppe) hinsichtlich der Steigerung von sozialen Kompetenzen beschreibt (vgl. Schellenberg, 2006). Positive Befunde experimenteller Studien in Zusammenhang mit weiteren schulischen Faktoren wie dem Fähigkeitsselbstkonzept (vgl. Wehrum, Degé, Schwarzer & Stark, 2009) werden aufgrund ihres methodischen Ansatzes kontrovers diskutiert (Vitouch, 2006).

Im Kontext des bundesweiten Ausbaus von Ganztagsschulen innerhalb des Investitionsprogramms ‚Zukunft Bildung und Betreuung' (IZBB) wurde eine bundesländer- und schulformübergreifende wissenschaftliche Begleitung dieses Prozesses anhand der ‚Studie zur Entwicklung von Ganztagsschulen' (StEG) initiiert (Laufzeit erste Phase: 2005–2009).[1] Neben dieser großangelegten Längsschnittstudie wurden weitere Studien mit dem Fokus auf unterschiedliche Aspekte im Ganztagsschulbereich vom BMBF gefördert. Die ‚Studie zur musisch-kulturellen Bildung an Ganztagsschulen' (MUKUS) ist eines dieser zusätzlichen Projekte. Hier wurde die Breite an musikalischen und kulturellen Angeboten und Aktivitäten an allgemeinbildenden Schulen in der Sekundarstufe I in mehreren Bundesländern explorativ erfasst (Lehmann-Wermser, Naacke, Nonte & Ritter, 2010). Neben der standardisierten Befragung von Schülerinnen, Schülern, Lehrkräften und Kooperationspartnern kamen an ausgewählten Einzelfallschulen ergänzend qualitative Erhebungsverfahren zum Einsatz. Besonders im Hinblick auf den Zugang von bildungsdistanten Schülergruppen zu musisch-kulturellen Angeboten konnten erste Hinweise auf eine positive Wirkung gefunden werden. Auch die positive Ausprägung von Klimamerkmalen (Klassenklima, Schulklima) steht in einem statistisch abgesicherten Zusammenhang mit dem Vorhandensein musikalischer Angebote. Insgesamt ist das Angebot an allgemeinbildenden Schulen stark ausdifferenziert und die Stichprobe dementsprechend heterogen, sodass beobachtete systematische Zusammenhänge und Wirkungsmechanismen nur über begrenzte Aussagekraft verfügen.

Eine ausführlich diskutierte Studie im musikpädagogischen Bereich ist die bereits erwähnte ‚Bastian-Studie' (Bastian, Kormann, Hafen & Koch, 2000). In den Jahren 1992 bis 1998 wurde an sechsjährigen Grundschulen in Berlin der Einfluss von erweiterter Musikerziehung auf allgemeine und individuelle Entwicklungsverläufe von Grundschülern im Vergleich zu Kindern ohne entsprechendes Treatment untersucht. Die Stichprobe umfasste fünf Modellschulen ($n = 123$ Kinder) sowie zwei Vergleichsschulen ($n = 47$ Kinder). Neben der Erfassung kognitiver Fähigkeiten und der Konzentrationsfähigkeit wurden das Selbstkonzept, das soziale Verhalten, die Schulleistungen sowie die emotionale Labilität erfasst. Weiterhin wurden musikspezifische Fähigkeiten und Merkmale wie die musikalische Begabung, das Verhältnis zur Musik, die Feinmotorik und das kreativ-schöpferische Denken in den Blick genommen. Insgesamt ist die Stichprobengröße, besonders die der Vergleichsgruppe, vergleichsweise klein. Unterschiede zwischen den Gruppen können dementsprechend nicht ausreichend abgesichert werden. Damit bleibt die Verallgemeinerbarkeit der Befunde und somit die Aussagekraft dieser Studie begrenzt.

Eine erste wissenschaftliche Begleitung und Evaluation des Programms JeKi erfolgte von 2005 bis 2007 durch Beckers und Beckers (2008). Die deskriptiven Befunde weisen auf die große Bedeutung von förderlichen Rahmenbedingungen und einer guten Organisation der Kooperation für die Umsetzung von JeKi hin; eine Festlegung einheitlicher Rahmenbedingungen sowie von Mindeststandards wird daher empfohlen. Auf

---

1 Detaillierte Informationen zu StEG und IZBB finden sich unter: www.ganztagsschulen.org/de/868.php und www.projekt-steg.de

den Unterricht bezogen werden insbesondere Erwartungen bezüglich methodisch-didaktischer Kompetenzen an die Musikschullehrkräfte gestellt. Gerade in den Grundschulen hat sich gezeigt, dass für den Instrumentalunterricht die Heterogenität der unterrichteten Kleingruppen sowohl für den Kenntnisstand der Kinder als auch für die Bereitschaft zum Üben prägend ist. Dies sind Herausforderungen, die sich den Musikschullehrkräften in den ihnen vertrauten Lerngruppen außerhalb der Grundschule nicht in diesem Ausmaß stellen. Ähnliche Befunde weist die Evaluation des Projekts ‚MoMo verbindet! Musik erleben und lernen in der Grundschule für alle' von Schulten und Lothwesen (2009) auf. Darüber hinaus deuten die Befunde von Beckers und Beckers (2008) darauf hin, dass die Förderung durch JeKi insbesondere jene Kinder erreicht, deren Eltern ohnehin musikalisch interessiert sind und ihre Kinder entsprechend fördern. Da diese Befunde zu einem Zeitpunkt dokumentiert wurden, zu dem JeKi zunächst als Pilotprogramm an vereinzelten Schulen durchgeführt wurde und noch nicht breitflächig implementiert war, bleibt abzuwarten, inwiefern ein Grundgedanke von JeKi erfüllt wird: Jedem Kind, unabhängig von häuslicher Förderung und sozialer Herkunft, das Instrumentalspiel zu ermöglichen.

2 Konzeption und Durchführung der Studie

Das Verbundprojekt SIGrun besteht aus einer interdisziplinär zusammengesetzten Forschergruppe (Musikpädagogik, Musikwissenschaft und empirische Bildungsforschung) und gliedert sich in fünf Teilprojekte (siehe Abb. II.1), die im Folgenden kurz vorgestellt werden. Anschließend werden die Stichprobe, das Studiendesign sowie das methodische Vorgehen und die verwendeten Instrumente der Datenerhebung erläutert. Ausführliche Informationen zu den spezifischen Forschungsfragen und -methoden sowie den Ergebnissen der einzelnen Teilprojekte finden sich nachfolgend in den jeweiligen Kapiteln.

2.1 Teilprojekte

Teilprojekt Transfer

In dem Teilprojekt Transfer werden Transferwirkungen von JeKi anhand des vielschichtigen Längsschnitt-Stichprobendesigns des SIGrun-Verbundprojekts quantitativ untersucht. Dabei geht es neben kognitiven Fähigkeiten vor allem auch um Einstellungen und Selbstkonzepte, für die auf der Basis der umfangreichen Daten erklärende Faktoren gefunden werden sollen. Neben der Betrachtung individueller Entwicklungen werden Unterrichts- und Klasseneffekte in die Untersuchung einbezogen und damit auch Einflüsse und Wirkungen ‚guten Unterrichts'.

Teilprojekt Präferenz

Das Teilprojekt Präferenz verfolgt die Fragestellung, inwieweit sich Instrumentalunterricht auf die musikalische Präferenzentwicklung von Grundschulkindern auswirkt. Gemäß der sogenannten ‚Offenohrigkeits'-Hypothese (Hargreaves, 1982) ist die Entwicklung der Musikpräferenz im Verlauf der Grundschulzeit von einer zunehmenden Popularmusikorientierung gekennzeichnet, während die generelle Offenheit für eine Vielzahl an musikalischen Stilkategorien abnimmt (zusammenfassend Kloppenburg, 2005; Gembris, 2005). Während diese Entwicklung bislang eher kontextunabhängig beschrieben wurde und zum Teil keine Personenmerkmale erfasst wurden, soll in diesem Teilprojekt die Entwicklung in ihrer sozial- und individualpsychologischen Bedeutsamkeit untersucht werden.

Teilprojekt Kulturelle Teilhabe

Im Zusammenhang mit musikalischer Bildung fällt immer wieder der Begriff der kulturellen Teilhabe, der – meist gekoppelt an Zielsetzungen der Förderung von Kindern und Jugendlichen aus bildungsdistanten Familien – breite Unterstützung findet, allerdings meist eher unbestimmt bleibt. Daher untersucht das Teilprojekt Kulturelle Teilhabe, welche Zugänge zu Kultur allgemein und zu Musik im Besonderen Kinder in der Grundschule finden, ob sich ‚Muster' von kultureller Teilhabe abbilden lassen und welcher Einfluss dem JeKi-Instrumentalunterricht dabei zukommt.

Teilprojekt Kooperation

Der Zusammenarbeit von schulischen und außerschulischen Akteuren kommt im Prozess der Durchführung der JeKi-Programme eine wichtige Rolle zu. Die Ganztagsschulforschung der letzten Jahre (z. B. Holtappels, Klieme, Rauschenbach & Stecher, 2007; Lehmann-Wermser et al., 2010) hat ergeben, wie relevant diese Zusammenarbeit für die Qualität von zusätzlichen Angeboten ist. Diese Erkenntnis ist mutmaßlich auch auf die JeKi-Angebote zu übertragen, selbst wenn diese in Halbtagsschulen realisiert sein sollten. Das Teilprojekt Kooperation widmet sich entsprechend der Frage, welche Faktoren für eine zufriedenstellende Kooperation der beteiligten Akteure ausschlaggebend sind, und nimmt zudem die Beziehungsstrukturen der Kooperationsbeteiligten sowie deren Zusammenhang mit organisatorischen, schulischen und individuellen Merkmalen in den Blick.

Teilprojekt Datenpool

Als ‚Drehscheibe' im Projekt SIGrun fungierte das Teilprojekt Datenpool. Die Koordinierung der Auswahl bzw. der Konstruktion der in den Teilprojekten und zu den verschiedenen Erhebungszeitpunkten genutzten Erhebungsinstrumente war Aufgabe des Datenpools. Darüber hinaus hat das Teilprojekt Datenpool eine zentrale Servicefunktion bei der Kontaktaufnahme mit den teilnehmenden Schulen, der Koordinierung der Erhebungszeitfenster und der mit den Datenerhebungen einhergehenden Logistik hinsichtlich der Bereitstellung von Test- und Befragungsinstrumenten sowie der Koordinierung von geschulten Testleiterinnen und Testleitern. Durch den Datenpool wurden schließlich auch die Daten, die in den verschiedenen Erhebungswellen auf Schul-, Klassen- und Individualebene in den verschiedenen Teilprojekten erhoben wurden, zusammengeführt. Somit wurde ein alle Teilprojekte und Erhebungszeitpunkte umfassender gemeinsamer Datenkorpus erschaffen, der schließlich die gemeinsame Datenbasis des vorliegenden Berichts darstellt. Die Koordinierung der Datenerhebung, -aufbereitung und -analyse wurden von Projektmitarbeiterinnen und Projektmitarbeitern an der Universität Bremen übernommen.[2]

Abbildung II.1: Visualisierung des Forschungsverbunds SIGrun mit seinen Teilprojekten und ihren jeweiligen zentralen Merkmalen

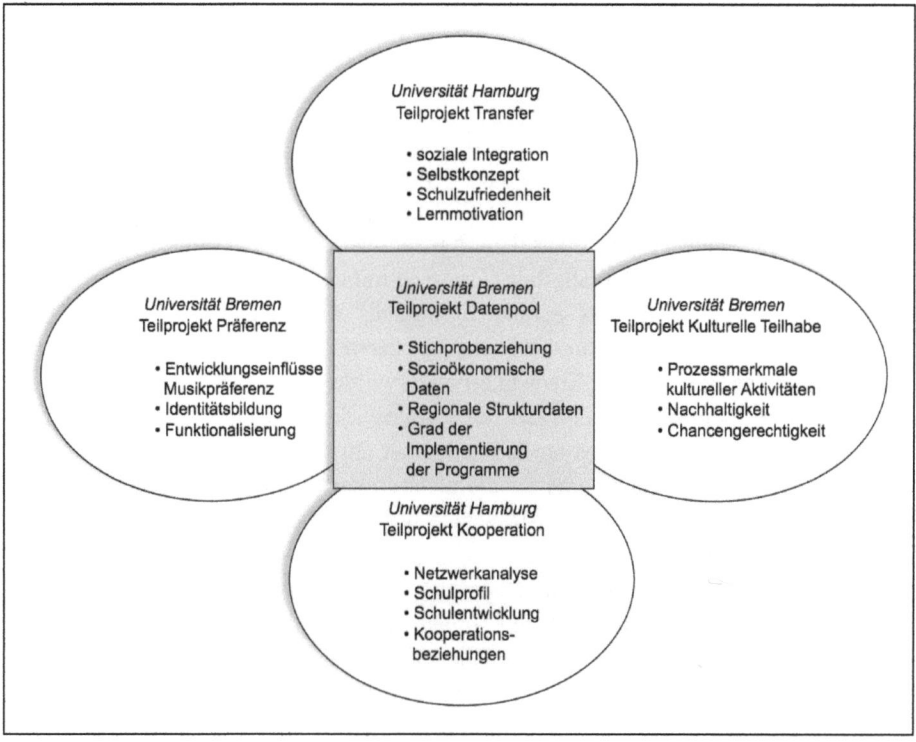

---

2   Daneben übernahm der Datenpool auch koordinierende und beratende Aufgaben für das gesamte JeKi-Forschungsprogramm. Die Arbeit im Datenpool wird im Anhang A ausführlicher geschildert.

2.2 Stichprobe

Bei dem Verbundprojekt SIGrun handelt es sich um eine quasi-experimentelle Studie mit nichtäquivalentem Kontrollgruppendesign. Die Erfassung der Daten in ihrem natürlichen Setting, den Schulklassen, war dabei von zentraler Bedeutung, um Effekte, die auf die Klassenzugehörigkeit zurückzuführen sind, erfassen zu können. Schülerinnen und Schüler einer Klasse teilen ein gemeinsames soziales Umfeld, was dazu führt, dass sie sich hinsichtlich bestimmter Merkmale ähnlicher sind als Schülerinnen und Schüler aus verschiedenen Klassen (Ditton, 1993; Schwippert, 2002, 2008).

Ein weiteres bedeutendes Merkmal des Studiendesigns ist die Implementation von Vergleichsgruppen. Die Schulen wurden zunächst nach Regionen und zusätzlich alphabetisch sortiert gelistet. Ziel des Stichprobenverfahrens war es, dass rechnerisch jede Schule, unabhängig von ihrer Größe, die gleiche Wahrscheinlichkeit hat, ein Element der Stichprobe zu werden. Sind Schulen in bestimmten Regionen überproportional häufig vertreten, dann haben Schulen in diesen Regionen absolut gesehen größere Chancen, Bestandteil der Stichprobe zu werden; relativ stellt diese Verteilung jedoch ein realistisches Abbild der Population dar (Cochran, 1972). Bei der verwendeten Methode *random start equal interval* wird zunächst eine Zufallszahl (*random*) generiert, die Wertigkeiten zwischen 0 und 1 annehmen kann (Foy & Joncas, 2003). Die erste Schule wird ausgewählt, indem die sich aus dem Populations- (N) und gewünschtem Stichprobenumfang (n) ergebene Intervallgröße ($I = N / n$) mit der Zufallszahl multipliziert wird (Startschule = *random* * I). Das gerundete Ergebnis weist dann den Listenplatz der Schule aus, die das erste Element der Stichprobe darstellt. Die zweite Schule ergibt sich aus dem Wert, der für das erste Element ermittelt wurde, plus das zuvor ermittelte Intervall. Die dritte Schule aus dem Wert des zweiten Elements plus dem Intervall usw. (Schulte, Lehmann-Wermser, Nonte & Schwippert, 2010, in Anlehnung an Foy & Joncas, 2003). Für den Fall, dass eine Schule nicht an der Studie teilnehmen konnte oder wollte, wurde die rechnerisch nächste Schule der ursprünglichen Liste angefragt (Ersatzschule; vgl. Tab. II.1). In den ausgewählten Grundschulen legten in der Regel die Schulleitungen oder JeKi-Koordinatoren fest, welche Klassen an der Befragung im Kontext der Studie SIGrun teilnehmen sollten. Zusätzlich zu den beiden Stichproben der JeKi-Schulen in Hamburg und der JeKi-Schulen in Nordrhein-Westfalen (NRW) wurde noch eine weitere durch das beschriebene Stichprobenverfahren ermittelt. Hierbei handelt es sich um Grundschulen in Nordrhein-Westfalen, die ihren Schülerinnen und Schülern besondere Bewegungseinheiten ermöglichen und sonstige Sportangebote bereithalten. Im Jahr 2007 zeichnete das *Ministerium für Schule und Weiterbildung* 50 der etwa 400 am Bewerbungsverfahren beteiligten, sogenannten ‚bewegungsfreudigen Schulen' mit einem Gütesiegel sowie einem Geldpreis aus (Schulministerium NRW – Das Bildungsportal, 2007). Die Liste dieser 50 Schulen, die im Folgenden als Sportschulen bezeichnet werden, wurde als Grundlage für die systematische Stichprobenziehung nach dem bereits beschriebenen Verfahren genutzt. Schließlich wurde noch eine weitere Gruppe für das SIGrun-Projekt ausgewählt. Hierbei handelt es sich um Hamburger Grundschulen, die bereits auf langjährige Erfahrung bei der Umsetzung von musikalischen Angeboten zurückblicken können, jedoch explizit keine JeKi-Schulen sind. Eine systematische Stichprobenziehung nach dem zuvor beschriebenen Vorgehen konnte hier nicht erfolgen, da die Schulen mit Musikprofilen, im Folgenden als Instrumentalschulen bezeichnet, bisher kaum systematisch erfasst wurden. Dementsprechend erfolgte die Ermittlung dieser Schulen über die Recherche von Schulhomepages (Nonte, 2013). In der Untersuchung wurden dann alle Schulen berücksichtigt, die eine Teilnahmebereitschaft signalisierten. Diese Vergleichsgruppe sowie die Vergleichsgruppe der Sportschulen wurden ausgewählt, um bei den folgenden Analysen Artefakten entgegen zu wirken. Hierzu zählen der Hawthorne-Effekt (Carey, 1967; Pennock, 1930), wonach das Wissen, an einem Programm oder einer Studie teilzunehmen, durch die damit verbundene höhere Motivation zu besseren Testleitungen führt, und der Schooling-Effekt (Cahan & Cohen, 1989; Cronbach, 1984), wonach zusätzlicher Unterricht durch die kognitive Aktivierung per se zu einer Leistungssteigerung führt. Zusätzlich zu den hier aufgeführten vier unabhängigen Stichproben (JeKi-Schulen in Hamburg, JeKi-Schulen in Nordrhein-Westfalen, Sportschulen und Instrumentalschulen) konnten in Nordrhein-Westfalen aufgrund der freiwilligen Teilnahme am JeKi-Instrumentalunterricht Kinder identifiziert werden, die nicht an dem Programm teilnahmen und so zu einer natürlichen Vergleichsgruppe zusammengefasst werden konnten.

Für die Längsschnittstudie über vier Erhebungszeitpunkte liegen für $n = 735$ Schülerinnen und Schüler Daten zu allen vier Erhebungszeitpunkten vor. An bis zu drei Erhebungszeitpunkten beteiligten sich $n = 837$ Schülerinnen und Schüler und an zwei oder weniger Erhebungszeitpunkten bis zu $n = 550$ Schülerinnen und Schüler. Die genaue Anzahl der befragten Schülerinnen und Schüler, Eltern, Lehrkräfte und Schulleitungen zu den verschiedenen Erhebungszeitpunkten kann Tabelle II.2 entnommen werden.

Tabelle II.1: Teilnahme- und Ausfall-Quoten auf Schulebene

	Klasse 1	Klasse 2	Klasse 3	Klasse 4	Ausfall gesamt	Ersatzschulen	gültige gesamt
JEKI NRW	11	12[a]	11	11	1	0	11
Sport NRW	4	4	4	4	0	0	4
Sport/JeKi NRW	2	2	2	2	0	0	2
JeKi HH	10	10	10	10	0	0	10
Instrumental HH	3	4	3	2	2	1	2
Anzahl Schulen gesamt	30	32	30	29	3	1	29

Anmerkung. [a] Eine JeKi-Schule in NRW konnte nicht an der ersten Erhebung teilnehmen.

Auf Schulebene wird ersichtlich, dass die Stichprobe der Instrumentalschulen in Hamburg über die Zeit besonders stark zusammenschrumpft. Diese Gruppe von anfangs $n = 3$ Schulen ($n = 127$ Kinder) wurde durch den bekannten Effekt des Stichprobenausfalls in Längsschnittuntersuchungen zunehmend kleiner. Am Ende der vierten Klasse konnte lediglich eine Schule identifiziert werden, die zu allen vier Erhebungszeitpunkten beteiligt war ($n = 46$ Kinder). In dieser Gruppe füllten zum letzten Erhebungszeitpunkt zudem nur vier Eltern (von ursprünglich $n = 107$ zum ersten Erhebungszeitpunkt) einen Fragebogen aus. Diese Vergleichsgruppe kann aufgrund der kleinen Stichprobe und des hohen Stichprobenausfalls nicht als solche genutzt werden. Die Fälle fließen lediglich in diejenigen Analysen auf Individualebene ein, bei denen die Gruppenzuordnung nicht relevant ist.

Zusätzlich zu den zuvor beschriebenen intendierten Stichproben wurden Kinder aus zwei Schulen in einer weiteren Gruppe separat erfasst, die zunächst bei der Planung der Studie nicht vorgesehen war. Es handelt sich dabei um die Gruppe ‚Sport/JeKi NRW', die sich darin begründet, dass zwei der Sportschulen im Verlauf der Studie zusätzlich an dem JeKi-Programm teilnahmen.

2.3 Studiendesign und methodisches Vorgehen

Das Längsschnittdesign von SIGrun ermöglicht es, in Anlehnung an psychologische Interventionsstudien, den Status quo vor der Implementation des Instrumentalunterrichts zu erfassen sowie die Veränderungen, die aus dem Einsatz des Treatments resultieren, abzubilden. Anhand Abbildung II.2 wird deutlich, dass in SIGrun die Effekte verschiedener Maßnahmen untersucht werden, die zum einen unterschiedlichen Konzepten unterliegen, aber zum anderen auch zu verschiedenen Zeitpunkten umgesetzt werden.

Abbildung II.2: Versuchs- und Vergleichsschulen zu vier Erhebungszeitpunkten sowie Implementation von JeKi-Instrumentalunterricht

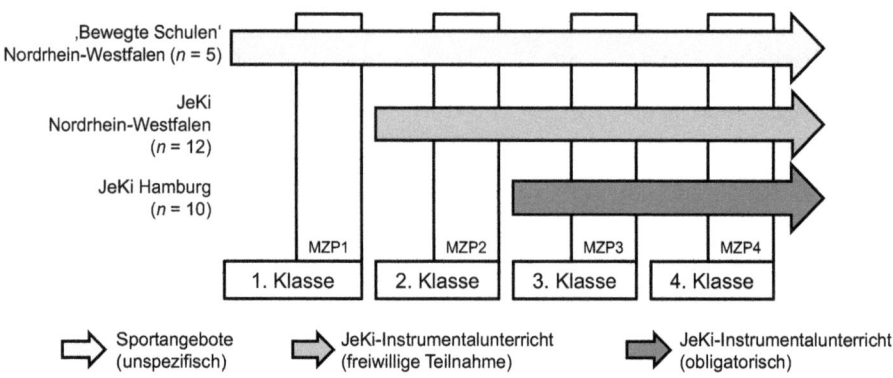

Um diesem Aspekt Rechnung zu tragen, wurden qualitative und quantitative Verfahren eingesetzt, die zudem die jeweiligen Besonderheiten der Stichprobenzusammensetzung berücksichtigten. Zusätzlich zu dieser methodischen Vielfalt wurden möglichst viele verschiedene schulische Akteure in die Befragungen einbezogen. So wurden in SIGrun Schülerinnen und Schüler, deren Eltern, Grundschullehrkräfte (mit dem Fach Musik sowie die jeweiligen Klassenlehrkräfte), Instrumentallehrkräfte von den Musikschulen sowie die Schulleitungen mit Hilfe von standardisierten Fragebögen befragt. Des Weiteren wurden qualitative Verfahren eingesetzt, die einen vertiefenden Blick auf zentrale Aspekte kultureller Teilhabe und Kooperationsstrukturen sowie Perspektiven auf die Entwicklung von Präferenzen der Kinder eröffnen sollten (vgl. Tab. II.2 und Tab. II.3). Durch die Zusammenführung der Ergebnisse der verschiedenen Teilprojekte im Sinne einer Ergebnistriangulation (vgl. Erzberger & Kelle, 2003; Flick, 2011, S. 83 f.) werden zusätzliche Auswertungsmöglichkeiten eröffnet und damit verbundene neue Erkenntnisse erwartet.

Tabelle II.2: Studiendesign von SIGrun

Schuljahr		2008/09 Klasse 1	2009/10 Klasse 2	2010/11 Klasse 3	2011/12 Klasse 4
Quantitative Erhebungen	SuS	1 143	1 244	1 180	1 066
	Eltern	914	761	735	508
	GLK / MLK	149	134	126	85
	Schulleitung	29	26	26	22
Qualitative Erhebungen	SuS			31^1 60^2	28^1 63^2
	Eltern			25^1 56^3 2^4	10^1 19^3 2^4
	GLK / MLK / Schulleitung			23^1	18^1 8^5

Anmerkungen. SuS = Schülerinnen und Schüler; GLK = Grundschullehrkraft; MLK = Musiklehrkraft. Die hochgestellten Zahlen verweisen auf folgende Erhebungsmethoden: 1 = Interviews: Teilprojekte Präferenz und Kulturelle Teilhabe; 2 = Malmappen; 3 = Fotos; 4 = Tagebücher; 5 = Interviews: Teilprojekt Kooperation.

Die quantitativen Daten wurden in den Klassen eins bis vier jeweils am Ende des Schuljahres erfasst. Die Schülerinnen und Schüler wurden somit 2009 am Ende der ersten, 2010 am Ende der zweiten, 2011 am Ende der dritten und schließlich 2012 am Ende der vierten Klassenstufe befragt. Geschulte Testleiterinnen und Testleiter besuchten die Kinder in ihren Schulen und befragten sie jeweils im Klassenkontext zu ihren sozialen und emotionalen Schulerfahrungen sowie zu Einstellungen und Interessen im Zusammenhang mit Musik. Da Kinder zum Ende des ersten Schuljahres noch nicht über eine ausreichende Lesekompetenz verfügen, um selbständig schriftliche Anweisungen in Tests bzw. Befragungen zu verstehen, wurde die Befragungssituation so konzipiert, dass die einzelnen Items von den Testleitern laut vorgelesen wurden. Die eindeutige Zuordnung der Items zu den Antworten der Kinder wurde über den Abdruck von kleinen Bildern gewährleistet. Die Testleitungen benannten das Bild und lasen anschließend den zugehörigen Text vor. Pausen im Erhebungsverfahren wurden großzügig eingeplant und standardisiert über die Klassen hinweg vorgegeben. Ab der dritten Klasse wurde die Befragung von der Testleitung nur noch moderiert. Hier war es den Kindern erlaubt, weite Teile des Fragebogens selbständig zu bearbeiten. Zusätzlich zu den standardisierten Fragebögen wurden standardisierte Testverfahren zur Erfassung der kognitiven Grundfähigkeiten der Kinder eingesetzt. Diese wurden nach Angaben des Testmanuals durchgeführt. Des Weiteren kam ein sogenannter ‚Klingender Fragebogen' zur Erfassung musikalischer Vorlieben zum Einsatz (vgl. u. a. Gembris & Schellberg, 2007). Hierbei wurden den Kindern kurze Musikstücke vorgespielt, die sie auf einem Bewertungsbogen auf einer einfachen altersgerechten Skala bewerten konnten. Die Fragebögen für die Eltern wurden den Schülerinnen und Schülern am Testtag zum Ausfüllen mitgegeben und einige Tage später von der Klassenlehrkraft wieder eingesammelt und dem Projektteam übermittelt. Auch die Fragebögen für die Grundschul- und Musikschullehrkräfte sowie für die Schulleitungen wurden am Erhebungstag ausgegeben und in einem frankierten Rückpaket einige Tage später an die Forscherinnen und Forscher zurückgesendet. Das qualitative Datenmaterial wurde zu zwei weiteren Erhebungszeitpunkten erhoben (vgl. Tab. II.2).

2.4 Instrumente der Datenerhebungen

Quantitative Erhebungen

Bei den quantitativen Erhebungen wurden die Kinder mit Hilfe eines altersgerechten standardisierten Fragebogens zu Interessen, Motiven und Einstellungen zur Musik und zum Instrumentalunterricht befragt (vgl. Tab. II.3). Das Antwortformat wurde in der Regel als vierstufige ikonograpisch verankerte Antwortskala mit Gesichtern unterschiedlichen Ausdrucks (Smiley-Skala) vorgegeben. Des Weiteren wurde der standardisierte ‚Fragebogen zur Erfassung emotionaler und sozialer Schulerfahrungen von Grundschulkindern erster und zweiter Klassen' (Rauer & Schuck, 2004) und ab Klasse drei der ‚Fragebogen zur Erfassung emotionaler und sozialer Schulerfahrungen (FEESS 3-4)' (Rauer & Schuck, 2003) eingesetzt. Zur Erfassung der kognitiven Grundfähigkeiten bearbeiteten die Kinder in den ersten beiden Klassen die Subskalen schlussfolgerndes und rechnerisches Denken des ‚Kognitiven Fähigkeits-Tests 1-3' (KFT 1-3) (Heller & Geisler, 1984) und in der dritten und vierten Klasse die zwei Subskalen Figurenanalogien (N2) und Wortanalogien (V3) des ‚Kognitiven Fähigkeits-Tests 4-12+R' (KFT 4-12+R) (Heller & Perleth, 2000). Die Daten bildeten die Grundlage für die Bestimmung von Personenfähigkeitsparametern anhand von dichotomen Raschmodellen, die als *Warm's weighted likelihood*-Schätzer (wle) (Warm, 1989) angegeben werden. Zusätzlich erhielten die Kinder zu jedem Messzeitpunkt einen ‚Klingenden Fragebogen', der in Anlehnung an Gembris und Schellberg (2007) erstellt wurde. Die Kinder hörten hierbei eine Reihe von kurzen Musik-Exzerpten unterschiedlicher Stilkategorien und gaben jeweils auf einer fünfstufigen Smiley-Skala ein Gefallensurteil pro Musik-Exzerpt ab. Die ansonsten im SIGrun-Studiendesign verwendete vierstufige Antwortskala wurde bei dem ‚Klingenden Fragebogen' zugunsten der Vergleichbarkeit mit früheren Studien zur kindlichen Musikpräferenz durch eine fünfstufige Skala ersetzt. Die standardisierte Fragebogenbefragung der Eltern umfasste neben demografischen Merkmalen auch musikbezogene Merkmale und Einstellungen sowie Aspekte der kulturellen Partizipation. Des Weiteren wurden die Eltern um ihre Einschätzung bezüglich der Lern- und Leistungsbereitschaft sowie hinsichtlich der Persönlichkeitseigenschaften ihres Kindes gebeten. Zusätzlich waren auch eigene Einstellungen und Interessen im Hinblick auf kulturelle Veranstaltungen oder Betätigungen im Kontext von Musik von Interesse.

Qualitative Erhebungen

Bei den qualitativen Erhebungen erschienen multiple methodische Zugänge notwendig, um insbesondere die Perspektive der Kinder auf verschiedene Gegenstandsbereiche angemessen erfassen zu können (vgl. Tab. II.3).

Tabelle II.3: Erhebungsinstrumente sowie Datenmaterial im Kontext von SIGrun

Methodik	Erhebungsgruppe	Instrumente
Quantitativ	SuS	Fragebögen ‚Klingender Fragebogen' Kognitiver Fähigkeitstest Fragebogen zu emotionalen und sozialen Schulerfahrungen
	Eltern Schulleitung	Fragebögen
	GLK / MLK	Fragebögen Egozentrierte Netzwerkanalyse
Qualitativ	SuS	Leitfadeninterviews Malmappen
	Eltern	Leitfadeninterviews Tagebücher Fotos
	GLK / MLK / Schulleitung	Experteninterviews Gruppendiskussion

Anmerkungen. SuS = Schülerinnen und Schüler; GLK = Grundschullehrkraft; MLK = Musikschullehrkraft.

Zu den Instrumenten der Datenerhebung zählten sogenannte Malmappen, in denen ausgewählte Kinder zu verschiedenen Zeitpunkten für sie bedeutsame „Erlebnisse mit Musik" festhalten sollten. Daneben dokumentierten die Eltern die musikalischen Aktivitäten der Kinder fotografisch oder in einem Tagebuch. Mayring (2010) folgend wurden vor allem aus den Zeichnungen induktiv Kategorien gebildet, die (an Akteuren und Situationen orientiert) zur Beschreibung von ‚Mustern kultureller Teilhabe' geeignet zu sein schienen. Des Weiteren wurden in den Teilprojekten Kulturelle Teilhabe und Präferenz zur Mitte des zweiten und des vierten Schuljahres Interviews mit Kindern, Eltern, Lehrkräften und Schulleitungen durchgeführt. Durch inhaltliche Bezugspunkte dieser beiden Teilprojekte wurde die Interviewerhebung mittels eines gemeinsamen Leitfadens als halbstandardisierte Interviews in kleinen Gruppen oder Einzelgesprächen realisiert. Bei dem Teilprojekt Kooperation wurden Mitte des vierten Schuljahres acht Interviews an drei Schulen geführt, in denen auch die Implementationsphase von JeKi und die Entwicklung der Kooperation in den Blick genommen wurden. Um auch in diesem Teilprojekt eine multiperspektivische Exploration zu ermöglichen, wurden ebenfalls verschiedene an JeKi beteiligte Personengruppen befragt (Schulleitungen, JeKi-Koordinatoren, JeKi-Lehrkräften, Grundschullehrkräften, Experte für die JeKi-Koordinierung in NRW). Die Auswertungen der Interviewdaten erfolgten unter anderem gemäß der qualitativen Inhaltsanalyse nach Mayring (2010).

Literatur

Bastian, H. G., Kormann, A., Hafen, R. & Koch, M. (2000). *Musik(erziehung) und ihre Wirkung. Eine Langzeitstudie an Berliner Grundschulen (Musikpädagogik)*. Mainz: Schott.

Beckers, E. & Beckers, R. (2008). *Faszination Musikinstrument – Musikmachen motiviert. Bericht über die zweijährige Evaluationsforschung zum Bochumer Projekt ‚Jedem Kind ein Instrument'* (Theorie und Praxis der Musikvermittlung, Bd. 7). Berlin: LIT.

BMBF (Bundesministerium für Bildung und Forschung). (Hrsg.). (2006). *Macht Mozart schlau? Die Förderung kognitiver Kompetenzen durch Musik* (Bildungsforschung, Bd. 18). Bonn: BMBF.

BMBF (Bundesministerium für Bildung und Forschung). (Hrsg.). (2009). *Pauken mit Trompeten: Lassen sich Lernstrategien, Lernmotivation und soziale Kompetenzen durch Musikunterricht fördern?* (Bildungsforschung, Bd. 32). Bonn: BMBF.

Cahan, S. & Cohen, N. (1989). Age versus schooling effects on intelligence development. *Child Development, 60*, 1239–1249.

Carey, A. (1967). The Hawthorne studies: A radical criticism. *American Sociological Review, 32* (3), 403–416.

Cochran, W. G. (1972). *Stichprobenverfahren*. Berlin: deGruyter.

Cronbach, L. J. (1984). *Essentials of psychological testing* (4. Aufl.). New York: Harper & Row.

Ditton, H. (1993). Neuere Entwicklungen zur Mehrebenenanalyse erziehungswissenschaftlicher Daten. Hierarchical Linear Modelling (HLM). *Empirische Pädagogik, 7* (3), 285–305.

Erzberger, C. & Kelle U. (2003). Making inferences in mixed methods: The rules of integration. In A. Tashakkori & C. Teddlie (Hrsg.), *Handbook of mixed methods in social & behavioral research* (S. 457–490). Thousand Oaks, Calif.: SAGE.

Flick, U. (2011). *Triangulation. Eine Einführung* (3. aktualisierte Aufl.). Wiesbaden: VS Verlag für Sozialwissenschaften.

Foy, P. & Joncas, M. (2003). *Progress in international reading literacy study – 2006*. School Sampling Manual (Version 1).

Gembris, H. (2005). Musikalische Präferenzen. In R. Oerter & T. H. Stoffer (Hrsg.), *Enzyklopädie der Psychologie, Vol. 2, Spezielle Musikpsychologie* (S. 279–342). Göttingen: Hogrefe.

Gembris, H. & Schellberg, G. (2007). Die Offenohrigkeit und ihr Verschwinden bei Kindern im Grundschulalter. *Musikpsychologie, 19*, 71–92.

Hargreaves, D. J. (1982). The development of aesthetic reactions to music. *Psychology of Music (Special issue)*, 51–54.

Heller, K. & Geisler, H.-J. (1984). Kognitiver Fähigkeits-Test, Grundschulform (KFT 1-3). *Diagnostica, 30* (3), 241–243.

Heller, K. & Perleth, C. (2000). *KFT 4-12+R: Kognitiver Fähigkeits-Test für 4. bis 12. Klassen, Revision*. Göttingen: Beltz.

Holtappels, H. G., Klieme, E., Rauschenbach, T. & Stecher, L. (Hrsg.). (2007). *Ganztagsschule in Deutschland. Ergebnisse der Ausgangserhebung der ‚Studie zur Entwicklung von Ganztagsschulen' (StEG)* (Studien zur ganztägigen Bildung). Weinheim: Juventa.

Kloppenburg, J. (2005). Musikpräferenzen. Einstellungen, Vorurteile, Einstellungsänderung. In H. de La Motte-Haber (Hrsg.), *Handbuch der Systematischen Musikwissenschaft, Bd. 3, Musikpsychologie* (S. 357–393). Laaber: Laaber-Verlag.

Lehmann-Wermser, A., Naacke, S., Nonte, S. & Ritter, B. (Hrsg.). (2010). *Musischkulturelle Bildung an Ganztagsschulen: Empirische Befunde, Chancen und Perspektiven.* (Studien zur ganztägigen Bildung). Weinheim: Juventa.

Mayring, P. (2010). *Qualitative Inhaltsanalyse. Grundlagen und Techniken* (11., aktualisierte und überarbeitete Aufl.). Weinheim: Beltz.

Nonte, S. (2013). Herausforderungen und Probleme bei der Entwicklung eines Instruments zur Selbsteinschätzung musikalischer Fähigkeiten im Grundschulalter. *Beiträge empirischer Musikpädagogik, 4* (2), 1–30.

Pennock, G. A. (1930). Industrial research at Hawthorne. *Personnel Journal, 8*, 296–313.

Rauer, W. & Schuck, K. D. (2003). *Fragebogen zur Erfassung emotionaler und sozialer Schulerfahrungen von Grundschulkindern dritter und vierter Klassen (FEESS 3-4). Manual*. Göttingen: Beltz Test GmbH.

Rauer, W. & Schuck, K. D. (2004). *FEESS 1-2. Fragebogen zur Erfassung emotionaler und sozialer Schulerfahrungen von Grundschulkindern erster und zweiter Klassen*. Göttingen: Beltz Test GmbH.

Schellenberg, E. G. (2004). Music lessons enhance IQ. *Psychological Science, 15*, 511–514.

Schellenberg, E. G. (2006). Long-term positive associations between music lessons and IQ. *Journal of Educational Psychology, 98*, 457–468.

Schulte, K., Lehmann-Wermser, A., Nonte, S. & Schwippert, K. (2010). *Aspekte der Stichprobenziehung einer Studie im musisch-kulturellen Kontext*. Poster präsentiert auf dem 22. Kongress der DGfE, 15. bis 17. März in Mainz.

Schulministerium NRW – Das Bildungsportal. (2007). Ministerin Sommer zeichnet 50 ‚bewegungsfreudige Schulen' aus. Verfügbar unter: http://www.schulministerium.nrw.de/ BP/Presse/Pressemitteilungen/Archiv/LP14/PM_2007/pm_31_01_2007_pdf.pdf [10.07.2010].

Schulten, M. & Lothwesen, K. (2009). *MoMo verbindet! Musik erleben und lernen in der ‚Musikschule für alle': Abschlussbericht der wissenschaftlichen Evaluation zum Programm ‚Monheimer Modell – Musikschule für alle'*. Verfügbar unter: http://www.monheim.de/kultur/musikschule/evaluation_momo_abschluss_lang.pdf [10.07.2010].

Schwippert, K. (2002). *Optimalklassen: Mehrebenenanalytische Untersuchungen. Eine Analyse hierarchisch strukturierter Daten am Beispiel des Leseverständnisses* (Pädagogische Psychologie und Entwicklungspsychologie, Bd. 27). Münster: Waxmann.

Schwippert, K. (2008). Interpretationen und Fehlinterpretationen von Daten: Mehrebenenanalysen in der Schul- und Unterrichtsforschung. In H. Hellmich (Hrsg.), *Lehr-Lernforschung und Grundschulpädagogik* (S. 157–167). Bad Heilbrunn: Klinkhardt.

Vitouch, O. (2006). Kognitive Einflüsse musikalischer Aktivitäten: Die Frage des Transfers. In R. Schumacher (Hrsg.), *Macht Mozart schlau? Die Förderung kognitiver Kompetenzen durch Musik* (Bildungsforschung, Bd. 18) (S. 138–148). Bonn: BMBF.

Warm, T. A. (1989). Weighted likelihood estimation of ability in item response theory. *Psychometrika, 54*, 427–450.

Wehrum, S., Degé, F., Schwarzer, G. & Stark, R. (2009). Positive Wirkungen von Musik auf Lernverhalten und Emotion. In Bundesministerium für Bildung und Forschung (Hrsg.), *Pauken mit Trompeten. Lassen sich Lernstrategien, Lernmotivation und soziale Kompetenzen durch Musikunterricht fördern?* (Bildungsforschung, Bd. 32) (S. 148–159). Berlin: BMBF.

Sonja Nonte & Knut Schwippert

III Transfereffekte von Instrumentalunterricht
Der Einfluss des Instrumentalunterrichts auf die soziale und motivationale Entwicklung von Schülerinnen und Schülern im schulischen Kontext

1 Theoretischer Hintergrund

Die Annahme, dass sich Musik auf Bereiche der Intelligenz, auf das Sozialverhalten oder auf die Konzentrationsleistung auswirkt, wird im wissenschaftlichen Kontext als Transfer-Effekt bezeichnet. Nach Mähler und Stern beinhaltet Transfer „die erfolgreiche Anwendung angeeigneten Wissens bzw. erworbener Fertigkeiten im Rahmen einer neuen, in der Situation der Wissens- bzw. Fertigkeitsaneignung noch nicht vorgekommenen Anforderung" (Mähler & Stern, 2006, S. 782 f.). Allgemein wird zwischen spezifischem Transfer und unspezifischem Transfer unterschieden. Um einen spezifischen Transfer handelt es sich dann, wenn eine Person neu erworbene Fertigkeiten oder inhaltliche Kenntnisse auf neue Situationen überträgt. Werden die neu erworbenen Fähigkeiten hingegen in anderen Kontexten oder Lernfeldern genutzt, dann handelt es sich um einen unspezifischen Transfer (Mähler & Stern, 2006).

Für den musikalischen Kontext liegen zahlreiche Annahmen über Transfereffekte des Musizierens und des Hörens von Musik vor. Der populärste, zugleich aber auch umstrittenste Transfereffekt, der sogenannte ‚Mozart-Effekt', wurde von Rauscher, Shaw und Ky (1993) im Kontext einer Experimentalstudie entdeckt. Sie untersuchten den Effekt des Musikhörens auf die kognitiven Fähigkeiten, insbesondere auf das räumlich-visuelle Vorstellungsvermögen, und stellten fest, dass Personen, die für die Dauer von zehn Minuten Musik von Mozart hörten, acht bis neun Punkte über den Testwerten der Personen lagen, die zehn Minuten Entspannungsmusik hörten, und acht bis neun Punkte über den Testwerten der Personen, die zehn Minuten in völliger Stille verbrachten. Dieser Effekt hielt jedoch lediglich für 10 bis 15 Minuten an und konnte in weiteren Studien auch auf andere Musikrichtungen übertragen werden (Schellenberg, 2006).

Die weit verbreitete Annahme, dass das Hören von klassischer Musik intelligent mache, veranlasste unter anderem das BMBF, dem Phänomen des Transfers des Musikhörens auf kognitive Fähigkeiten und dem Transfer des Musizierens auf kognitive Fähigkeiten in einem Sammelband mit dem Titel ‚Macht Mozart schlau? Die Förderung kognitiver Kompetenzen durch Musik' (BMBF, 2006) auf den Grund zu gehen. Die

Aufsätze zu verschiedenen Schwerpunktthemen verdeutlichen die Vielfältigkeit der angenommenen Transferwirkungen aktiver und rezeptiver musikalischer Betätigungen. Zudem verweisen sie auf die methodischen Herausforderungen, die mit dem Nachweis kausaler Effekte einhergehen. Allerdings liegen bisher kaum experimentelle Studien vor, die eine längerfristige Begleitung der Probanden und die damit verbundenen Annahmen – beispielsweise die Entwicklung der Intelligenz – in den Blick nehmen. So beschreibt Schumacher (BMBF, 2006), dass in der aktuellen Forschung derzeit überwiegend Korrelationsstudien vorzufinden sind, die keine Aussagen über die Wirkungsrichtung musikalischen Transfers zulassen.

Es erscheint plausibel, dass Transfereffekte vor allem dann vorzufinden sind, wenn es sich um einen spezifischen inhaltsnahen Transfer handelt. Da es sich bei der Hypothese, dass sich musikalische Aktivitäten auf die Intelligenz eines Menschen auswirken, um eine unspezifische Transferannahme handelt, scheint der Einfluss nur bedingt nachweisbar zu sein. Neben den beschriebenen Transfereffekten, die im Bereich der Psychologie zu verorten sind, rücken in zunehmendem Maße auch erziehungswissenschaftliche Fragestellungen in den Fokus. Hierbei geht es um die Bedeutung von musikalischen Aktivitäten für die Entwicklung des Kindes insbesondere im sozialen und motivationalen Bereich (weniger um die Entwicklung im kognitiven Bereich) und um die Bedeutung von Musik in institutionellen Kontexten, wie beispielsweise in der Schule. Im schulischen Kontext fasst Eder (2011) die – aus wissenschaftlicher Perspektive zum Teil nur schwer haltbaren – Annahmen über die Wirkung von Musik wie folgt zusammen:

> Musik in der Schule wird von ihren Anhänger/inne/n eine ganz erhebliche pädagogische Wirksamkeit zugeschrieben:
> ‚Mehr Musik sollte beeinflussen
> - die Intelligenz
> - die schulischen Leistungen
> - das Sozialverhalten
> - den Gemeinschaftssinn
> - die kreativen Fähigkeiten
> - die psychomotorischen Fähigkeiten
> - die Konzentration
> - das musikalische Interesse allgemein
> - das Freizeitverhalten'. (Eder, 2011, S. 165)

In den letzten Jahren hat der Anteil an allgemeinbildenden Schulen, die schwerpunktmäßig musisch-kulturelle Aktivitäten fördern, in Deutschland stetig zugenommen. Besonders oft sind es dabei im Sekundarbereich die traditionellen Gymnasien und Gesamtschulen, die Wert auf die Förderung der musikalischen Kompetenzen von Schülerinnen und Schülern legen (Edelstein, 2008; Nonte & Naacke, 2010). Im Kontext der ‚Studie zur musisch-kulturellen Bildung an Ganztagsschulen' (MUKUS) wurde der Anteil von weiterführenden Schulen mit einem musikalischen Schwerpunkt nach den Angaben des Deutschen Musikrats (2008) berechnet (Lehmann-Wermser, Naacke, Nonte & Ritter, 2010). Im Schuljahr 2007/2008 betrug dieser zwischen 0.2 Prozent für Hauptschulen und Schulen mit mehreren Bildungsgängen und bis zu 7 Prozent für Gesamtschulen. Für Gymnasien lag der Anteil an Schulen mit einer musikalischen Schwerpunktsetzung bei 6.1 Prozent. Aus Sicht der empirischen Bildungsforschung liegen bisher kaum Studien vor, die empirisch belastbare Aussagen über die Wirkung von Instrumentalunterricht im schulischen Kontext zulassen. Die Frage nach der Qualität der Angebote sowie nach möglichen Auswirkungen auf Schul- und Individualebene gewinnt jedoch zunehmend an Bedeutung. Ein möglicher Grund für das beschriebene Desiderat ist unter anderem, dass die erweiterte Schulautonomie zu einer vielschichtigen Bildungslandschaft mit unterschiedlichsten Konzepten und Umsetzungsstrategien an den Einzelschulen geführt hat und dadurch eine systematische empirische Überprüfung von Zusammenhängen erschwert wird. Die wenigen Studien im deutschsprachigen Raum wurden hinsichtlich der verwendeten Methodik oder aufgrund des verwendeten Studiendesigns zum Teil stark kritisiert. So handelte es sich bei der viel zitierten ‚Bastian-Studie' (Bastian, Kormann, Hafen & Koch, 2000) zwar um eine Längsschnittstudie, aus der ein sehr umfangreiches Datenmaterial hervorgegangen ist, jedoch wurden Treatment- und Kontrollgruppe nicht randomisiert ausgewählt – was in der schulischen Praxis auch nur schwer zu realisieren wäre und ethisch oft nicht zu vertreten ist (Goy et al., 2010). Problematisch im Hinblick auf die publizierten Befunde im Kontext der ‚Bastian-Studie' ist aber vor allem die vergleichsweise geringe Stichprobengröße der Kontrollgruppe ohne Instrumentalunterricht ($n = 47$) im Verhältnis zur Versuchsgruppe ($n = 123$). Es kann nicht ausgeschlossen werden, dass die Zusammensetzung der Schülerschaft in den beteiligten Klassen mit regelmäßigem Instrumentalunterricht zu einer Verzerrung der Ergebnisse führte. Ein weiteres Problem ist neben der Zusammensetzung der Schülerschaft und der uneinheitlichen Stichprobengröße der sogenannte *Schooling Effect* (Cahan & Cohen, 1989; Cronbach, 1984; Madaus, Airasian & Kellaghan, 1980), der kaum berücksichtigt wurde. Dieser Effekt besagt, dass Unterricht per se zu einer kognitiven Aktivierung führt, die mit einer Leistungssteigerung einhergeht. Damit führt ein Mehr an Beschulung, gleich welcher Art, auch zu einem allgemeinen Lernzuwachs, der durch die kognitive Aktivierung verursacht wird. In der psychologischen Forschung wird zur Kontrolle des *Schooling Effects* auf die Implementation einer Kontrollgruppe mit einem vergleichbaren Treatment in einem ähnlichen zeitlichen Umfang verwiesen.

Diesem Ansatz folgten Weber, Spychiger und Patry (1993), die einen Schulversuch mit erweitertem Musikunterricht mit bis zu 50 Schulklassen (1. bis 6. Klasse) in Volksschulen in der Schweiz wissenschaftlich begleiteten. Anstatt der vorgesehenen zwei Unterrichtsstunden Singen und Musik pro Woche erhielten die Kinder in den beteiligten Klassen fünf Unterrichtsstunden Musik, wobei die Zeit durch Einsparungen in den Fächern Mathematik, der Muttersprache und einem weiteren Hauptfach kompensiert wurde. Die Kinder, die nicht am Instrumentalunterricht teilnahmen, wurden während dieser Unterrichtszeiten regulär beschult. Weber et al. (1993) trugen die vermuteten Transfereffekte im schulischen Kontext in einem Schaubild (vgl. Abb. III.1) zusammen und veröffentlichten dies im Internet.

Abbildung III.1: Hypothetisches Zusammenhangsmuster von Erweitertem Musikunterricht und positiver Persönlichkeitsentwicklung (Weber et al., 1993)

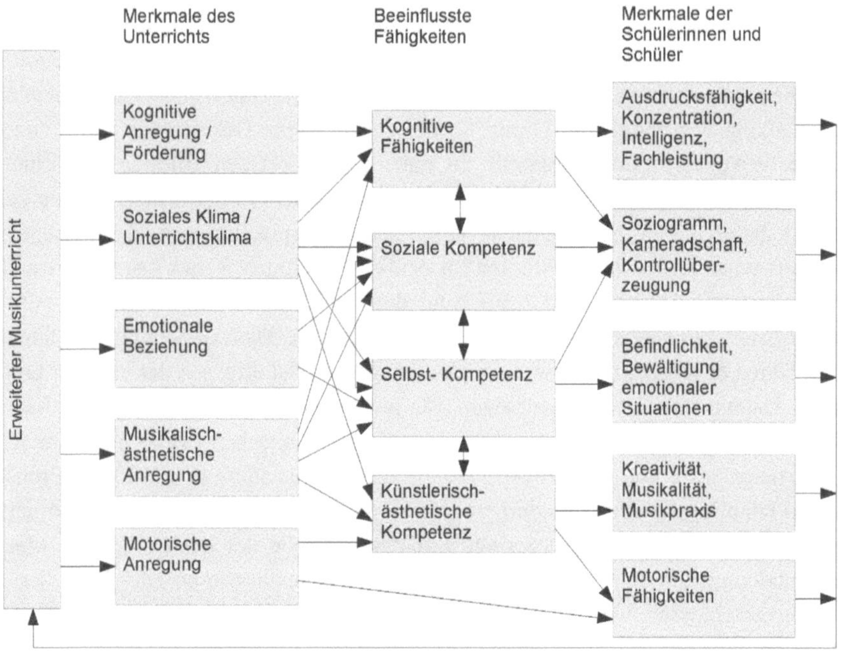

Die Effekte, die Weber et al. (1993) fanden, waren erstaunlich. Kinder, die am Instrumentalunterricht teilnahmen, hatten trotz des Unterrichtsausfalls gleiche oder größere Leistungszuwächse als Kinder, die keinen Instrumentalunterricht, dafür aber zusätzlichen Unterricht erhielten. Im sprachfreien Intelligenztest zeigten sich keine statistisch bedeutsamen Unterschiede zwischen der Versuchsgruppe und der Vergleichsgruppe. Positive Veränderungen des Klassenklimas konnten zwar für die Versuchsgruppe beobachtet werden, jedoch aufgrund einer fehlenden Vorab-Messung nicht eindeutig auf den erweiterten Musikunterricht zurückgeführt werden. Für die Schweizer Studie kann vermutet werden, dass die besondere Aufmerksamkeit, die den Kindern zuteilwurde, insgesamt zu einer Motivationssteigerung geführt hat, die in der Psychologie auch als *Hawthorne*-Effekt (Carey, 1967; Pennock, 1930) bezeichnet wird. Demzufolge führt das Wissen, an einem Programm oder einer Studie teilzunehmen, durch die damit verbundene höhere Motivation zu besseren Testleitungen.

Im Kontext der empirischen Bildungsforschung liefern die ‚Bastian-Studie' (Bastian et al., 2000) und der Schulversuch zu erweitertem Musikunterricht aus der Schweiz (Weber et al., 1993) erste Ansätze im deutschsprachigen Raum, Auswirkungen des Instrumentalunterrichts in einem institutionellen Setting wie der Schule in den Blick zu nehmen. Wie beschrieben wurde, weisen auch diese Studien konzeptionelle und methodische Schwachstellen auf, insbesondere weil die Verwendung von populationsbasierten Schätzmethoden eine repräsentative Datengrundlage und zugleich die Unabhängigkeit der Stichproben bei gleichzeitiger Varianzhomogenität innerhalb der Stichproben voraussetzt. Diese strengen Grundannahmen sind in den natürlichen Settings der Bildungsforschung kaum anzutreffen und können und sollen nicht künstlich erzeugt werden. Des Weiteren würde die Verwendung von experimentellen Designs zur Herstellung von Kausalität die soziale Wirklichkeit in ihrer Komplexität nur unzureichend abbilden können (Goy et al., 2010). Shulruf (2010) unternahm den Versuch, über eine Meta-Analyse von 29 Studien, die vorwiegend aus dem US-amerikanischen Raum stammen, kausale Zusammenhänge zwischen der Beteiligung an extracurricularen Angeboten und schulbezogenen Outcomes, wie den schulischen Leistungen oder Schulversagen, aufzudecken. Der vermutete Effekt von der Teilnahme an extracurricularen Angeboten im Bereich Musik, Darstellendes Spiel und Kunst auf die erfassten schulischen Outcomes war nicht bzw. nur auf sehr geringem Niveau nachweisbar. In Anlehnung an die von Abramson (1995) aufgestellten Kriterien zur Demonstration eines kausalen Effekts berichtet Shulruf (2010) einschränkend, dass keine der von ihm ausgewählten Studien alle sieben Kausalitätskriterien, wie beispielsweise die Annahme, dass eine Steigerung des Treatments mit einem größeren Effekt einhergehen müsse, erfüllte.

Nachdem zunächst die methodischen und konzeptionellen Herausforderungen bei der Analyse von Einflussfaktoren und Effektgrößen im Kontext des schulischen Instrumentalunterrichts beschrieben wurden, sollen im Folgenden die in der Literatur dokumentierten Transferannahmen vorgestellt werden. So lautet eine zentrale Annahme, dass die Teilnahme an bestimmten Förderprogrammen im Zusammenhang mit der Entwicklung des Fähigkeitsselbstkonzepts steht (Dickhäuser & Schrahe, 2006). Das Selbstkonzept beinhaltet eine zusammengesetzte Sicht auf das eigene Selbst. Dieses wird zum einen durch direkte Erfahrungen und zum anderen durch Rückmeldungen durch relevante Personen aus dem sozialen Umfeld, den sogenannten *significant others*, geformt (Bandura, 1986). Das Selbstkonzept liegt zudem multidimensional vor und ist hierarchisch strukturiert (Shavelson, Hubner & Stanton, 1976). Dies bedeutet, dass das allgemeine Selbstkonzept durch unterschiedliche Facetten oder Dimensionen zusammengesetzt ist, die sich hierarchisch immer weiter ausdifferenzieren. Das Selbstkonzept bei jungen Kindern liegt zunächst noch relativ undifferenziert vor und entwickelt sich erst im Laufe der Grundschulzeit zu einem multidimensionalen Konstrukt mit eindeutig trennbaren Facetten (Harter, 1982; Marsh, Barnes, Cairns & Tidman, 1984; Nonte, 2012). Förderprogramme sind in der Regel so konzipiert, dass sie sich zum Ziel setzen, die Fähigkeiten einer Person in einem bestimmten Bereich zu stärken und somit zu einer Erhöhung des zugehörigen Fähigkeitsselbstkonzepts beizutragen. In einigen Fällen geht man sogar davon aus, dass ein Anstieg des Fähigkeitsselbstkonzepts in einem bestimmten Bereich mit einem generellen Anstieg des allgemeinen Selbstkonzepts einhergeht (vgl. Dickhäuser & Schrahe, 2006). Dieses bleibt allerdings umstritten. Im schulischen Kontext konnte bisher lediglich für den Bereich des Sports ein Zusammenhang zwischen dem Fähigkeitsselbstkonzept und dem allgemeinen Selbstwert nachgewiesen werden (Dickhäuser & Schrahe, 2006; Marsh, 1986). Eine Intervention zeigt sich vor allem dann als erfolgreich, wenn sie direkt an der Stärkung des Selbstkonzepts ansetzt, und weniger, wenn die Intervention indirekt, beispielsweise über die Stärkung der sozialen Kompetenz erfolgt (O'Mara, Marsh, Craven & Debus, 2006). Dem Selbstkonzept wird zu Beginn der Grundschulzeit eine entscheidende Rolle im Zusammenhang mit der Leistungsentwicklung zuteil, wobei davon ausgegangen wird, dass der Einfluss eines spezifischen Selbstkonzepts auf das schulische oder sogar allgemeine Selbstkonzept mit der Relevanz des domänenspezifischen Bereichs an Bedeutung gewinnt (Marsh, 1986; Trautwein, 2003).

Es liegen verschiedene Studien vor, die einen Einfluss aktiver musikalischer Betätigung auf das musikalische Selbstkonzept beobachten konnten (Bernecker, Haag & Pfeiffer, 2006; Busch & Kranefeld, 2012; Fritzsche, Kröner & Pfeiffer, 2012; Kröner, Schwanzer & Dickhäuser, 2009; Pfeiffer, 2007; Spychiger, 2007; Spychiger, Gruber & Olbertz, o. J.; Vispoel, 1993, 1996). Dieser Zusammenhang nimmt mit dem Ausmaß an aktiver musikalischer Betätigung zu. Im Kontext von Mehrgruppen-Analysen anhand von Längsschnittdaten aus der vorliegenden Studie konnte beobachtet werden, dass das musikalische Selbstkonzept kein stabil zu erfassendes Konstrukt im Grundschulalter darstellt (Nonte, 2013). Die beobachteten, vermutlich qualitativen Veränderungen werden auf den zunehmenden Erfahrungshintergrund sowie auf differentielle kognitive Entwicklungsverläufe der Kinder zurückgeführt. Aus diesem Grund können Mittelwertunterschiede zwischen Kindern, die sich musikalisch betätigen, und Kindern, die an keinen derartigen Angeboten teilnehmen, nicht interpretiert werden, da sie nicht eindeutig auf das Erlernen eines Musikinstruments zurückführbar sind.

Eine weitere, jedoch unspezifische Transferannahme geht davon aus, dass das soziale Klima einer Klasse, insbesondere die Wahrnehmung des Klassenklimas sowie das Gefühl, sozial in die Klasse integriert zu sein, vom gemeinsamen Musizieren beeinflusst wird. Diese Annahme wurde bereits in zahlreichen Studien überprüft. So beobachteten Bähr und Schwab (2002) in einer Evaluationsstudie, dass Kinder einer Musikklasse deutlich besser sozial integriert waren als Kinder, die keine Musikklasse besuchten. Auch Bastian et al. (2000) beobachteten, dass gemeinsames Musizieren positiv zur sozialen Integration und zum Sozialverhalten von Schülerinnen und Schülern beiträgt. Dieser Befund findet sich auch in der Längsschnittstudie von Weber et al. (1993) wieder. Die bereits erwähnte, explorativ angelegte Studie MUKUS untersuchte unter anderem den Zusammenhang des Besuchs musisch-kultureller Ganztagsangebote mit der Schulzufriedenheit und der Schüler-Lehrer-Beziehung, die zentrale Dimensionen des Klassenklimas abbilden. Die Ergebnisse zeigten, dass Schülerinnen und Schüler, die Schulen mit einer Vielzahl an musischen Angeboten und Angeboten im Bereich des Darstellenden Spiels besuchen, ein höheres Maß an Schulzufriedenheit aufweisen sowie über eine positivere Wahrnehmung der Schüler-Lehrer-Beziehung verfügen als Schülerinnen und Schüler, die nicht an diesen Angeboten teilnehmen (Nonte & Naacke, 2010). Da die Daten im Querschnitt erfasst wurden, ist eine Aussage über kausale Zusammenhänge nicht möglich. So besteht die Möglichkeit, dass Schülerinnen und Schüler mit hohen Ausprägungen in der Wahrnehmung des Klassenklimas tendenziell eher Ganztagsangebote im Bereich der Musik und des Darstellenden Spiels wählen als Schülerinnen und Schüler, die das soziale Klima weniger positiv wahrnehmen.

Fragestellung des Teilprojekts Transfer

Aufgrund der theoretischen Vorannahmen stellt sich nun die Frage, welchen Einfluss der im Kontext des Programms JeKi angebotene Instrumentalunterricht auf die Entwicklung des Selbstkonzepts schulischer Fähigkeiten hat und wie sich die Teilnahme am Instrumentalunterricht auf das soziale Klima aus Sicht der Schülerinnen und Schüler auswirkt. Eine Überprüfung des Einflusses der Teilnahme am Instrumentalunterricht (JeKi sowie privat erteilter Unterricht) auf das musikalische Selbstkonzept wurde an anderer Stelle vorgenommen. Die Befunde deuten darauf hin, dass die kognitive Entwicklung der Kinder über die Zeit (Harter & Pike, 1984) sowie Prozesse des *Internal-External-Frame of Reference Models* (Marsh, 1986) dafür verantwortlich sind, dass das verwendete Erhebungsinstrument Mittelwertunterschiede ab der dritten Klasse nicht ausreichend reliabel und valide abbilden kann (Nonte, 2013). Für Kinder in der ersten und zweiten Grundschulklasse, die Instrumentalunterricht erhalten, liegt jeweils ein statistisch signifikanter Mittelwertunterschied gegenüber Kindern vor, die nicht am Instrumentalunterricht teilnehmen.

Im Folgenden werden die emotionalen und motivationalen Schülerinnen- und Schülermerkmale betrachtet, die als relevante Einflussgrößen für erfolgreiche schulische Lernprozesse betrachtet werden (Helmke, Rindermann & Schrader, 2008). Dazu gehört das Selbstkonzept der Schulfähigkeit (auch als schulisches Selbstkonzept bezeichnet), die soziale Integration, das von Schülerinnen und Schülern wahrgenommene Klassenklima und das Gefühl des Angenommenseins durch die Lehrkraft. Die zentralen Forschungshypothesen lauten:

- Die Teilnahme am JeKi-Instrumentalunterricht wirkt sich positiv auf die Entwicklung des Selbstkonzepts der Schulfähigkeit aus.
- Die Teilnahme am JeKi-Instrumentalunterricht wirkt sich positiv auf die Wahrnehmung der sozialen Integration, des Klassenklimas und auf das Gefühl des Angenommenseins durch die Lehrkraft aus.

Es wird angenommen, dass Transfereffekte in besonderem Maße für die Teilnahme am Instrumentalunterricht zu beobachten sind, nicht aber für die Teilnahme an Angeboten im Bereich des Sports. Des Weiteren ist von zentraler Bedeutung, ob der Instrumentalunterricht im schulischen Setting oder außerhalb der Schule (privat) erteilt wird. Da JeKi im Klassenkontext für alle Kinder die Funktion eines Trainings im schulischen Kontext hat (insbesondere in Hamburg, wo der Instrumentalunterricht für alle Kinder verbindlich ist), kann angenommen werden, dass sich das schulische Selbstkonzept bei den Kindern, die am JeKi-Instrumentalunterricht teilnehmen, positiv verändert. Falls solch ein Einfluss beobachtet werden kann, müsste an anderer Stelle überprüft werden, ob die Entwicklung des Selbstkonzepts schulischer Fähigkeiten über das musikalische Selbstkonzept vermittelt wird.

Auch für die Annahme, dass sich Instrumentalunterricht auf die Entwicklung der Wahrnehmung des sozialen Klimas auswirkt, ist die Zuordnung zur Kategorie JeKi-Instrumentalunterricht zentral. So kann davon ausgegangen werden, dass das gemeinsame Erlernen eines Musikinstruments im Klassenverbund und das damit verbundene gemeinsame Proben sowie gemeinsame Auftritte zu einer positiven Entwicklung der Wahrnehmung des sozialen Klimas sowie des Gefühls der sozialen Integration führen. Für Instrumentalunterricht, der privat erteilt wird, wird solch ein Zusammenhang nicht erwartet.

2 Studiendesign und Stichprobenbeschreibung

Ergänzend zur allgemeinen Darstellung des Studiendesigns von SIGrun (vgl. Kap. II.2) werden an dieser Stelle Informationen ergänzt, die zur Beantwortung der Forschungsfragen von Bedeutung sind.

In die Analysen gehen nur Fälle ein, für die mindestens für drei der vier Erhebungszeitpunkte gültige Daten vorliegen.[1] Insgesamt handelt es sich hierbei um einen Gesamtdatensatz auf Schülerebene von $n = 554$ (davon 297 Mädchen und 257 Jungen). Die zuvor beschriebenen vier Substichproben setzen sich wie folgt zusammen:

– JeKi NRW: 186 Schülerinnen und Schüler,
– Sport NRW: 112 Schülerinnen und Schüler,
– Sport/JeKi NRW: 57 Schülerinnen und Schüler,
– JeKi HH: 199 Schülerinnen und Schüler.

Die Erfassung der JeKi-Teilnahme über die Zeit gestaltete sich zum Teil schwierig. Zu den Erhebungen der ersten drei Jahre wurde die JeKi-Teilnahme lediglich im Elternfragebogen sowie in der Klassenliste, die von den Lehrkräften auszufüllen war, erfragt. Diese Antworten wiesen einen hohen Anteil an fehlenden Werten auf. Dies lag zum einen an dem geringen Rücklauf der Elternfragebögen sowie an fehlenden Angaben auf der Klassenliste. Erst am Ende der vierten Klasse wurden die Kinder nach der Teilnahme am JeKi-Instrumentalunterricht in der vierten und retrospektiv der dritten Klasse gefragt. Relevant ist die Frage der Teilnahme lediglich für die Substichproben in Nordrhein-Westfalen, da dort die Teilnahme auf freiwilliger Basis erfolgt. Geben die Kinder an, in der dritten und/oder vierten Klasse am JeKi-Instrumentalunterricht teilgenommen zu haben, dann folgt daraus, dass sie auch in der zweiten Klasse Instrumentalunterricht erhalten haben. Kinder, die in der dritten und vierten Klasse nicht teilnehmen, haben möglicherweise in der zweiten Klasse JeKi-Instrumentalunterricht (für ein Schuljahr) erhalten, sind danach aber aus dem Programm ausgestiegen. Diese Gruppe von Kindern konnte aus den beschriebenen Gründen nicht separat erfasst werden.

---

1 Diese Angaben weichen von der in Kapitel II.2 angegebenen Gesamtstichprobengröße ab.

3 Methoden und verwendete Instrumente

Neben der Erfassung von allgemeinen Hintergrundmerkmalen wie die Anzahl an Geschwistern, dem häuslichen Bücherbesitz sowie dem Besitz an allgemeinen Wohlstandsgütern anhand von Elternfragebögen wurden für die Befragung der Schülerinnen und Schüler ebenfalls standardisierte Messinstrumente eingesetzt (s. Tab. III.1).

Tabelle III.1: Standardisierte und normierte Fragebögen und Tests im Kontext von SIGrun

	Ende Klasse 1	Ende Klasse 2	Ende Klasse 3	Ende Klasse 4
Kognitiver Fähigkeits-Test (KFT 1-3; Heller & Geisler, 1984) – schlussfolgerndes Denken (Subtest 3) – rechnerisches Denken (Subtest 4)	• •	• •	• •	
Kognitiver Fähigkeits-Test für 4. bis 12. Klassen, Revision (Heller & Perleth, 2000) – Figuralanalogien (Subtest N2) – Wortanalogien (Subtest V3)			•	• •
Fragebogen zur Erfassung emotionaler und sozialer Schulerfahrungen von Grundschulkindern erster und zweiter Klassen (FEESS 1-2; Rauer & Schuck, 2004)	•	•		
Fragebogen zur Erfassung emotionaler und sozialer Schulerfahrungen von Grundschulkindern dritter und vierter Klassen (FEESS 3-4; Rauer & Schuck, 2003)			•	•

Obwohl Normwerte für die verwendeten Kognitiven Fähigkeits-Tests vorliegen, wurden die Personenfähigkeitsparameter zu jedem Erhebungszeitpunkt getrennt anhand dichotomer Raschmodelle (OPL) berechnet. Es zeigte sich für den ‚Kognitiven Fähigkeits-Test KFT 1-3', dass bereits viele der getesteten Kinder am Ende der ersten Klasse hohe Werte in den Subtests ‚schlussfolgerndes Denken' und ‚rechnerisches Denken' erreichten und die Testitems insbesondere den unteren Fähigkeitsbereich gut abdeckten. Es zeichneten sich leichte Deckeneffekte für die eingesetzten Items ab. Am Ende der zweiten Klasse konnten dann deutliche Deckeneffekte beobachten werden. Aus diesem Grund wurde die Testung in der dritten Klasse um den Subtest ‚Figurenanalogien' des ‚Kognitiven Fähigkeits-Tests für 4. bis 12. Klassen (Revisions-Version)' ergänzt. Am Ende der vierten Klasse wurde vollständig auf die Version KFT 4-12+R mit den Subtests ‚Figurenanalogien' und ‚Wortanalogien' umgestellt. Die Berechnung der Normwerte für die ‚Fragebögen zur Erfassung emotionaler und sozialer Schulerfahrung von Grundschulkindern' erster und zweiter sowie dritter und vierter Klassen (FEESS 1-2; FEESS 3-4) erfolgte nach Manual. Die Vorgabe lautete, dass ein Skalenwert nur dann gebildet werde, wenn alle Items vollständig vorliegen. Wurde ein einzelnes Item nicht beantwortet, dann erfolgte eine Ersetzung per Zufallsverfahren. In die Analysen gingen die im Manual ausgegebenen Klassennormen der Subskalen ‚Klassenklima' („Kinder, die anders sind, haben es schwer in unserer Klasse"), ‚soziale Integration' („Die anderen hören zu, wenn ich etwas sage"), ‚Gefühl des Angenommenseins durch die Lehrkraft' („Meine Lehrer helfen mit, wenn ich Hilfe brauche") und ‚Selbstkonzept der Schulfähigkeit' („Ich kann gut vor der ganzen Klasse erzählen") ein. Die interne Konsistenz dieser Skalen zu den verschiedenen Erhebungszeitpunkten kann als moderat bis gut betrachtet werden und nimmt über die Zeit zu (*Cronbachs alpha* = 0.66 bis 0.91). Des Weiteren wurde die von den Lehrkräften anhand eines Fragebogens eingeschätzte Schüler-Lehrer-Beziehung in die Analysen aufgenommen. Die vierstufige Likert-Skala umfasst fünf Items (z. B. „Schüler und Lehrkräfte kommen meistens gut miteinander aus") und weist eine gute interne Konsistenz von *Cronbachs alpha* ≥ 0.83 auf. Da keine statistisch signifikanten Veränderungen über die Zeit vorlagen, wurden die Skalenwerte über die letzten drei Erhebungszeitpunkte gemittelt und auf Klassenebene aggregiert.

Die Auswahl der Analysemethoden zur Beantwortung der zuvor aufgeführten Forschungsfragen orientiert sich an den Anforderungen, die sich aus dem Studiendesign ergeben. Die vorliegenden Fragebogendaten werden mit Hilfe von populationsbasierten Schätzverfahren ausgewertet, die zum einen Messfehler berücksichtigen und zum anderen der Clusterung der Stichprobe gerecht werden. In der Forschungspraxis hat sich in den vergangenen Jahren zunehmend die Methode der Mehrebenenanalysen etabliert. Diese ermöglicht es, Zusammenhänge zwischen interessierenden Variablen auf verschiedenen Aggregatniveaus zu betrachten. Die gemeinsamen Varianzanteile werden dabei in Varianzanteile zwischen verschiedenen Clustern (*between*) und innerhalb von Clustern (*within*) zerlegt (Ditton, 1993; Raudenbush & Bryk, 2002; Schwippert, 2002). Herkömmliche regressionsanalytische Verfahren (OLS) leisten dies in der Regel nicht. Zur Beantwortung der Forschungsfrage werden verschiedene Mehrebenen-Wachstumskurvenmodelle im Strukturgleichungsansatz geschätzt. Zum einen wird dabei das interessierende Konstrukt latent modelliert, zum anderen der adäquate Umgang mit Messfehlern (insbesondere über die Zeit, da die Messungen nicht als unabhängig voneinander betrachtet werden dürfen) gewährleistet. Des Weiteren kann anhand des gewählten Verfahrens die Clusterstruktur der Stichprobe abgebildet werden. Für die Berechnung wird die Software Mplus 7.11 (Muthén & Muthén, 1998–2013) verwendet. Ein Vorteil bei der Verwendung von Mplus ist das dort implementierte Schätzverfahren *Full Information Maximum Likelihood* (FIML), welches fehlende Werte modellbasiert berücksichtigt (Lüdtke, Robitzsch, Trautwein & Köller, 2007). Alle kontinuierlichen Variablen wurden vor der Berechnung in Mplus z-standardisiert, um die Interpretation und die Vergleichbarkeit der geschätzten Werte zu erleichtern. Des Weiteren wurden die Parameter mit Hilfe des *maximum likelihood* Verfahrens (MLR) geschätzt, welches robust gegenüber nicht normalverteilten Daten und abhängigen Beobachtungen ist (Yuan & Bentler, 2000). Zur Beurteilung der Güte der geschätzten Modelle wurden der *Chi-Quadrat-Test*, der *Comparative Fit Index* (*CFI*), der *Tucker Lewis Index* (*TLI*) sowie der *Root Mean Square Error of Approximation* (*RMSEA*) gewählt. Dabei werden die von Yu (2002) vorgeschlagenen Richtwerte für eine gute Modellpassung verwendet ($TLI \geq 0.95$, $CFI \geq 0.95$, $RMSEA \leq 0.06$). Für einen Vergleich der Modelle untereinander verweisen Singer und Willet (2003) zudem auf die *Deviance* (*Deviance* = -2*(*Loglikelihood*)), wobei geringere Werte auf eine bessere Modellpassung hindeuten.

4 Ergebnisse

4.1 Deskriptive Befunde zur Teilnahme am Instrumentalunterricht

Die deskriptive Verteilung der Teilnahme der Schülerinnen und Schüler am JeKi-Instrumentalunterricht ist Abbildung III.2 zu entnehmen.

Abbildung III.2: Teilnahme an JeKi (Schülerfragebogen) und Teilnahme am Instrumentalunterricht allgemein kumuliert über die vier Erhebungszeitpunkte (Elternfragebogen)

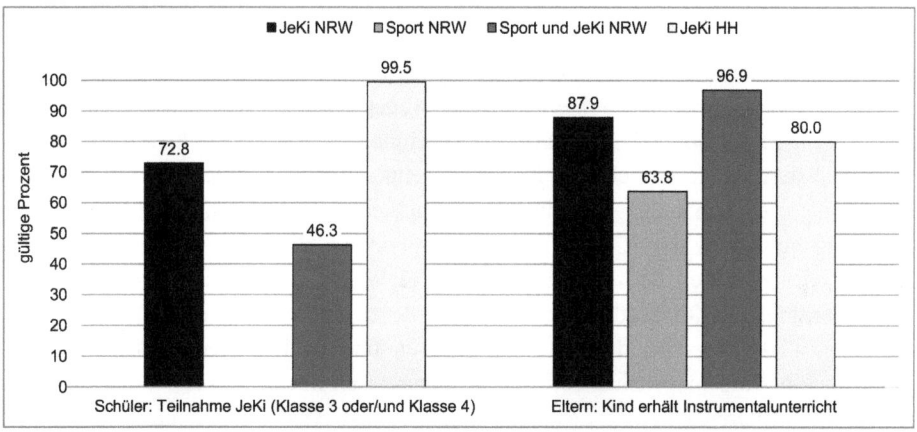

Aus der Substichprobe ‚JeKi Hamburg' ($n = 196$) nehmen 99.5 Prozent der Kinder am Instrumentalunterricht teil. Nur ein Kind gibt an, dass es keinen Instrumentalunterricht erhält. In Nordrhein-Westfalen ($n = 151$) nehmen 72.8 Prozent der Kinder aus der Substichprobe am JeKi-Instrumentalunterricht teil. In den Schulen in Nordrhein-Westfalen, die JeKi-Schule und Sportschule zugleich sind ($n = 41$), erhalten 46.3 Prozent der Kinder Instrumentalunterricht im Kontext von JeKi. An den Sportschulen (‚Sport NRW'; $n = 40$) gibt erwartungsgemäß keines der Kinder an, JeKi-Unterricht zu erhalten. Die Angaben der Eltern zu der Frage „Erhält Ihr Kind derzeit Unterricht auf einem Instrument?" wurden über die vier Erhebungszeitpunkte zu einem Index zusammengefasst (0 = kein Unterricht, 1 = Instrumentalunterricht zu einem Erhebungszeitpunkt etc.) und anschließend dichotomisiert (0 = kein Unterricht, 1 = Instrumentalunterricht zu mind. einem Erhebungszeitpunkt). Die Angaben beziehen sich demnach auf alle Formen des Instrumentalunterrichts (privat, JeKi, sonstige außerschulischen Angebote). Die Antworten der Eltern erscheinen in einigen Fällen inkonsistent. So zeigt ein Blick auf die

Substichprobe ‚JeKi Hamburg', dass etwa 20 Prozent der Eltern (Anteil an gültigen Fällen) nicht darüber informiert zu sein scheinen, dass an den jeweiligen Schulen Instrumentalunterricht im schulischen Kontext als obligatorisches Angebot durchgeführt wird. Aufgrund des relativ hohen Anteils an fehlenden Werten (von 28.6 % in der Substichprobe ‚Sport NRW' bis zu 57.5 % der Substichprobe ‚JeKi NRW') bzw. eines geringen Rücklaufs der Elternfragebögen können die Angaben zur Teilnahme am Instrumentalunterricht nicht valide erfasst werden. Sie liefern lediglich Hinweise auf die relative Verteilung der Teilnahmequoten am Instrumentalunterricht allgemein.

Die Teilnahmequoten für JeKi in Nordrhein-Westfalen liegen zwischen 9.1 Prozent und 100 Prozent auf Klassenebene und variieren zwischen den Schulen stark ($M = 69.1$; $SD = 24.9$).

4.2 Entwicklung sozialer und leistungsbezogener Merkmale über die Zeit anhand von Mehrebenen-Wachstumskurvenmodellen

Bevor die Entwicklung der Kinder in verschiedenen Bereichen anhand von Mehrebenen-Wachstumskurvenmodellen analysiert wird, stellt sich die Frage, wie hoch der Anteil der Varianz der abhängigen Variable ist, der zwischen Klassen liegt (*intraclass correlation coefficient, ICC*). Wachstumskurvenmodelle werden als hierarchische Modelle realisiert, da die zu mehreren Erhebungszeitpunkten beobachteten Werte derselben Person nicht als unabhängig voneinander betrachtet werden dürfen. In diesem Zusammenhang beschreibt der *ICC* in Wachstumskurvenmodellen den Anteil der Gesamtvarianz, der zwischen Personen liegt (Singer & Willet, 2003). Diese Definition lässt sich allerdings nur für Modelle anwenden, in denen die Veränderung (*slope*) und der Ausgangswert (*intercept*) der Wachstumskurven für alle Personen konstant gehalten werden. Ein Vorschlag, Clustereffekte in hierarchisch-linearen Wachstumskurvenmodellen mit variierenden Ausgangs- und Veränderungswerten zu berechnen, stammt von Raudenbush und Bryk (2002). Demnach müsse der Prozentanteil der Varianz zwischen Schulen bzw. Klassen für den Ausgangswert und die Veränderung separat bestimmt werden. Im vorliegenden Fall handelt es sich um ein hierarchisches Modell mit drei Ebenen, bei dem auf Ebene 1 die beobachteten Werte der verschiedenen Messzeitpunkte innerhalb von Kindern geschachtelt sind und Unterschiede zwischen Kindern (Ebene 2) beobachtet werden. Die Kinder wiederum besuchen mit anderen Kindern gemeinsam eine Klasse (Ebene 3). Tabelle III.2 ist zu entnehmen, welche Varianzanteile der Merkmale des sozialen Klimas, der sozialen Integration, des Gefühls des Angenommenseins durch die Lehrkraft und des Selbstkonzepts der Schulfähigkeit in Bezug auf die Ausgangswerte und die Veränderungen zwischen den Klassen beobachtet werden können (vgl. Raudenbush & Bryk, 2002).

Tabelle III.2: Prozentualer Anteil an Varianz für den Ausgangswert und das Wachstum der jeweiligen abhängigen Variablen zwischen Klassen (lineare Mehrebenen-Wachstumskurvenmodelle)

	Varianz im Ausgangswert von Schülerinnen und Schülern zwischen Klassen	Varianz im linearen Wachstum von Merkmalen bei Schülerinnen und Schülern zwischen Klassen
Klassenklima	44%	3%
Soziale Integration	29%	23%
Gefühl des Angenommenseins durch die Lehrkraft	21%	24%
Selbstkonzept der Schulfähigkeit	9%	23%

Anmerkung. Berechnung von Varianzanteilen nach Raudenbush & Bryk (2002, S. 239).

Die Berücksichtigung von geclusterten Daten wird insbesondere dann empfohlen, wenn große Varianzanteile zwischen den Clustern vorliegen. An dieser Stelle betrifft das die Konstrukte soziale Integration, Gefühl des Angenommenseins durch die Lehrkraft und Selbstkonzept der Schulfähigkeit (vgl. Tab. III.2). Obgleich die Varianz des Wachstums für das Klassenklima gering ist, wird aufgrund der Varianz im Ausgangswert zwischen den Klassen ein Mehrebenen-Wachstumskurvenmodell berechnet. Die Spezifikation dieser Modelle mit Hilfe der Software Mplus sieht vor, dass die zu verschiedenen Erhebungszeitpunkten beobachteten Messwerte innerhalb einer Person (*within*) geclustert sind (vgl. Abb. III.3). Auf einer weiteren Ebene fließen Informationen in das Regressionsmodell ein, die der Klassenebene zugeordnet werden (*between*). In diesem Modell werden vier latente Variablen berechnet: der Ausgangswert und der Wachstumsparameter auf Individualebene sowie der Ausgangswert und der Wachstumsparameter auf Klassenebene. Es wird angenommen, dass diese vier latenten Variablen normalverteilt sind. Des Weiteren werden die Wachstumsparameter auf einen vorher festgelegten Wert fixiert. Das bedeutet, dass der Einfluss der Zeit über alle Personen als gleichförmig angenommen wird. Da im vorliegenden Fall die wiederholten Beobachtungen in einem vergleichbaren zeitlichen Abstand (von etwa einem Jahr) gemacht wurden, konnten die Zeitabstände als äquidistant (0, 1, 2, 3) kodiert werden. Da die Wachstumsparameter fixiert sind, werden die Varianzen dieser Variablen ebenfalls auf 1 fixiert. Ein weiteres Merkmal des Mehrebenen-Wachstumskurvenmodells ist die Annahme, dass die Residualvarianz nicht zwischen den verschiedenen Messzeitpunkten variiert. Aus diesem Grund wird sie ebenfalls fixiert (vgl. Abb. III.3).

Abbildung III.3: Schematische Darstellung des linearen Mehrebenen-Wachstumskurvenmodells am Beispiel der abhängigen Variable Klassenklima

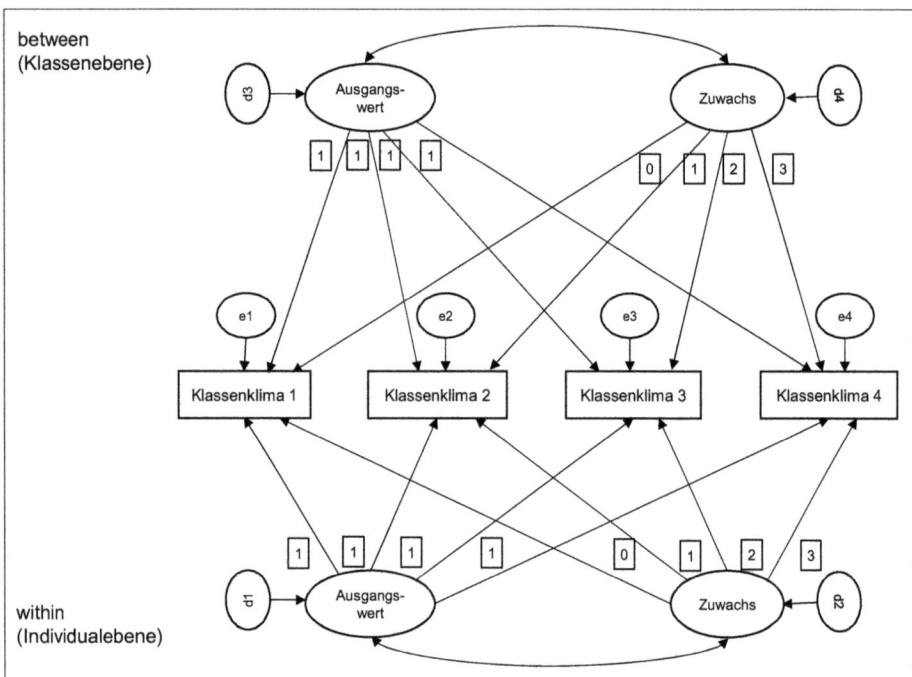

Entwicklung des sozialen Klimas und des Selbstkonzepts der Schulfähigkeit

Die Entwicklung in der Wahrnehmung des sozialen Klimas (Klassenklima, soziale Integration sowie Gefühl des Angenommenseins durch die Lehrkraft) aus Schülerperspektive wird über lineare Mehrebenen-Wachstumskurvenmodelle geschätzt. Um zu überprüfen, ob eine Modellierung von linearen Wachstumskurven für die interessierenden Merkmale sinnvoll ist und die jeweilige Art von Veränderungsannahme zutrifft, werden insgesamt drei Modelle berechnet. In einem ersten Modell wird für die abhängigen Variablen jeweils ein Modell mit der Annahme einer linearen zeitlichen Entwicklung ohne weitere Einflussfaktoren auf Individual- oder Klassenebene geschätzt. Dieses lineare Wachstumskurvenmodell schätzt den mittleren Wachstumskoeffizienten sowie den mittleren Ausgangswert und gibt die Varianz des Ausgangswertes und die Varianz in der Veränderung über die Zeit getrennt für die Individual- sowie Klassenebene aus. Beide Wachstumskurvenparameter werden als latente Variablen geschätzt. Im zweiten Schritt wird ein sogenanntes *Intercept-Only-Model* (*No-Change-Model*) geschätzt, welches zwar Varianz im Ausgangswert zulässt, aber die Veränderungswerte auf 1 fixiert und somit davon ausgeht, dass keine Veränderung über die Zeit stattfindet. In einem dritten Modell wird schließlich ein quadratischer Wachstumsterm geschätzt. Die Ergebnisse der drei Modelle für das Klassenklima finden sich in Tabelle III.3.

Tabelle III.3: *Linear Growth-*, *Intercept-Only-* und *Quadratic Growth-Curve*-Modelle des von Schülerinnen und Schülern wahrgenommenen Klassenklimas (geschätzte Parameter sowie Standardfehler in Klammern)

	Klassenklima					
	Modell 1 Linear Growth		Modell 2 Intercept-Only		Modell 3 Quadratic Growth Curve	
	within	between	within	between	within	between
Mittelwerte						
Ausgangswert	-0.066 n.s.		-0.044 n.s.		-0.067 n.s.	
Wachstum	0.013 n.s.		0.000 n.s.		0.014 n.s.	
quadratisch					0.000 n.s.	
Varianzen						
Ausgangswert	0.244 ***	0.194 **	0.216 ***	0.165 ***	0.252 ***	0.187 **
Wachstum	0.027 **	0.023 *	0.000 n.s.	0.000 n.s.	0.068 n.s.	0.151 **
quadratisch					-0.005 n.s.	0.013 **
Fitwerte	$\chi^2(15) = 61.920, p = 0.001$ CFI = 0.841; TLI = 0.873; RMSEA = 0.075 Deviance = 5692.976		$\chi^2(17) = 97.392, p = 0.001$ CFI = 0.728; TLI = 0.808; RMSEA = 0.092 Deviance = 5728.08		$\chi^2(8) = 33.456, p = 0.001$ CFI = 0.914; TLI = 0.871; RMSEA = 0.076 Deviance = 5665.30	

Anmerkungen. Deviance = -2*(*Loglikelihood*) (vgl. Singer & Willet, 2003, S. 116); *** $p < 0.001$; ** $p < 0.01$; * $p < 0.05$; n.s. = nicht signifikant.

Der Vergleich der Modelle in Tabelle III.3 zeigt, dass das Modell 2 ohne Veränderungsannahme (*Intercept-Only-Model*) vergleichsweise schlechter die beobachteten Daten beschreibt als das Modell 1 mit der Annahme eines linearen Wachstums. Es zeigt sich deutlich, dass die gängigen Güteindizes (*CFI, TLI, RMSEA*) sowie die *Deviance* (Singer & Willet, 2003) des Modells 1 bessere Anpassungswerte aufweisen als Modell 2. Die Entscheidung für das lineare Wachstumskurvenmodell oder das quadratische Wachstumskurvenmodell gestaltet sich hingegen schwieriger. Obgleich die Fit-Werte für das quadratische Modell 3 bessere Anpassungswerte aufweisen als das lineare Wachstumskurvenmodell und zusätzlich die *Deviance* aufgrund geringerer Werte für die Annahme des quadratischen Wachstumskurvenmodells spricht, deutet eine Warnung bei der Schätzung dieses Modells auf einen Verstoß der Modellannahme hin. Des Weiteren erschwert sich insbesondere unter Hinzunahme von Einflussfaktoren die Interpretation quadratischer Wachstumskurvenmodelle. Da der Mittelwert des quadratischen Wachstumsfaktors nicht signifikant ist, sprechen einige Anwender davon, das lineare Wachstumskurvenmodell dem quadratischen vorzuziehen (Geiser, 2010; Muthén, 2010). Aufgrund des modellbasierten Hinweises auf eine Fehlspezifikation sowie die lediglich geringfügig besseren Fit-Werte dieses Modells gegenüber dem linearen Wachstumskurvenmodell und den anwendungsbezogenen Hinweisen wird für die weiteren Analysen auf das lineare Mehrebenen-Wachstumskurvenmodell zurückgegriffen.

Analog zum Klassenklima wird auch für die anderen Konstrukte soziale Integration, Selbstkonzept der Schulfähigkeit und Gefühl des Angenommenseins durch die Lehrkraft ein lineares Wachstum über die Zeit angenommen (s. Tab. III.4).

Tabelle III.4: Fit-Werte für *Linear Growth-*, *Intercept-Only-* und *Quadratic Growth-Curve-*Modelle im Vergleich

	Linear Growth	Intercept-Only	Quadratic Growth Curve
soziale Integration			
	$\chi^2(15) = 38.383, p = 0.001$ CFI = 0.942; TLI = 0.953; RMSEA = 0.053 Deviance = 5722.78	$\chi^2(17) = 96.252, p = 0.001$ CFI = 0.803; TLI = 0.861; RMSEA = 0.092 Deviance = 5771.09	$\chi^2(8) = 28.790, p = 0.001$ CFI = 0.948; TLI = 0.922; RMSEA = 0.068 Deviance = 5707.39
Gefühl des Angenommenseins			
	$\chi^2(15) = 39.051, p = 0.001$ CFI = 0.906; TLI = 0.924; RMSEA = 0.054 Deviance = 5691.87	$\chi^2(17) = 81.481, p = 0.001$ CFI = 0.747; TLI = 0.821; RMSEA = 0.083 Deviance = 5739.03	$\chi^2(8) = 17.596, p = 0.025$ CFI = 0.962; TLI = 0.944; RMSEA = 0.047 Deviance = 5667.38
Selbstkonzept der Schulfähigkeit			
	$\chi^2(15) = 83.074, p = 0.001$ CFI = 0.849; TLI = 0.879; RMSEA = 0.091 Deviance = 5726.54	$\chi^2(17) = 119.937, p = 0.001$ CFI = 0.771; TLI = 0.838; RMSEA = 0.105 Deviance = 5755.34	$\chi^2(8) = 59.739, p = 0.001$ CFI = 0.885; TLI = 0.827; RMSEA = 0.108 Deviance = 5698.09

Anmerkungen. Deviance = -2*(*Loglikelihood*) (vgl. Singer & Willet, 2003, S. 116). Angenommene Modelle sind grau unterlegt.

In einem nächsten Schritt werden die Wachstumskurvenmodelle unter Einbeziehung der theoretisch abgeleiteten Einflussfaktoren (JeKi-Teilnahme, kognitive Fähigkeiten, sozioökonomischer Hintergrund, Schüler-Lehrer-Beziehung etc.) zur Vorhersage der Veränderung des jeweiligen Merkmals geschätzt.

Entwicklung des Klassenklimas

Die Ergebnisse des linearen Mehrebenen-Wachstumskurvenmodells für das von Schülerinnen und Schülern wahrgenommene Klassenklima sind in Tabelle III.5 wiedergegeben. Die Fit-Werte der geschätzten Modelle liegen außerhalb der von Yu (2002) im Kontext von Strukturgleichungsmodellen vorgeschlagenen Grenzwerte. Obgleich die Fit-Werte darauf hinweisen, dass die beobachteten Daten die theoretisch abgeleiteten Wachstumskurvenmodelle nicht ausreichend beschreiben, sollen – wie Geiser (2010) für diese Datenlage empfiehlt – an dieser Stelle inhaltlichen Überlegungen den statistischen Entscheidungskriterien vorgezogen werden. Da es sich bei Mehrebenen-Wachstumskurvenmodellen um komplexe statistische Verfahren handelt und die Substichproben zum Teil vergleichsweise klein werden, sollen an dieser Stelle keine weiteren Versuche unternommen werden, Modellmodifikationen vorzunehmen. Einschränkungen der daraus resultierenden Befunde werden abschließend erläutert und diskutiert.

Tabelle III.5: Lineares Mehrebenen-Wachstumskurvenmodell zu vier Erhebungszeitpunkten mit Einflussfaktoren auf Individual- und Kontextebene zur Vorhersage der Entwicklung des Klassenklimas (*Random-Intercept-and-Slope-Modelle*)

	Modell 1	Modell 2	Modell 3	Modell 4
Wachstumsparameter	b	b	b	b
Ausgangswert	-0.040 n.s.	-0.209 n.s.	-0.118 n.s.	-
Veränderung	0.013 n.s.	0.060 n.s.	-0.095 n.s.	-
Individualebene (*within*)				
Ausgangswert wird vorhergesagt durch				
JeKi		0.207 n.s.	0.194 n.s.	0.355 *
KFT			0.219 ***	0.205 **
Bildungshintergrund			-0.065 n.s.	-0.093 n.s.
Veränderung wird vorhergesagt durch				
JeKi		-0.084 n.s.	-0.101 n.s.	-0.096 n.s.
KFT			-0.070 **	-0.070 **
Bildungshintergrund			0.066 *	0.071 *
Kovarianz Ausgangswert mit Veränderung	0.028 *	-0.023 n.s.	-0.028 n.s.	-0.033 n.s.
Varianzparameter (Residualvarianz)				
Ausgangswert	0.248 ***	0.219 ***	0.223 ***	0.230 ***
Veränderung	0.027 **	0.028 **	0.033 **	0.035 **
Klassenebene (*between*)				
Ausgangswert wird vorhergesagt durch				
Schüler-Lehrer-Beziehung				0.122 *
JeKi NRW[a]				-0.228 n.s.
JeKi HH[a]				-0.540 *
JeKiSport NRW[a]				-0.369 n.s.
Veränderung wird vorhergesagt durch				
Schüler-Lehrer-Beziehung				-0.019 n.s.
JeKi NRW[a]				-0.164 n.s.
JeKi HH[a]				-0.030 n.s.
JeKiSport NRW[a]				-0.116 n.s.
Kovarianz Ausgangswert mit Veränderung	0.018 n.s.	-0.035 *	-0.028 n.s.	-0.019 n.s.
Varianzparameter (Residualvarianz)				
Ausgangswert	0.173 ***	0.242 ***	0.201 **	0.155 *
Veränderung	0.023 *	0.016 *	0.015 n.s.	0.012 n.s.
Fit-Werte				
Chi-Square	61.920	53.742	59.355	70.566
df	15	17	21	29
p	0.001	0.001	0.001	0.001
RMSEA	0.075	0.069	0.067	0.061
CFI	0.841	0.853	0.846	0.839
TLI	0.873	0.862	0.824	0.778
Deviance	5692.98	4716.42	4233.72	3960.30
n	554	460	413	390

Anmerkungen. *** $p < 0.001$; ** $p < 0.01$; * $p < 0.05$; n.s. = nicht signifikant. [a] Referenzkategorie: ‚Sport NRW'. Deviance = $-2*(Loglikelihood)$ (vgl. Singer & Willet, 2003, S. 116).

Für das Klassenklima kann ein durchschnittlicher Ausgangswert von $M = -0.066$ ($SE = 0.072$) beobachten werden, der somit nicht signifikant von Null verschieden ist (Modell 1). Der Wachstumsparameter beträgt $M = 0.013$ ($SE = 0.643$) und ist ebenfalls nicht signifikant. Das bedeutet, dass im Mittel kein statistisch bedeutsamer Zuwachs im Klassenklima sowie keine statistisch bedeutsame Abweichung vom mittleren Ausgangswert zu verzeichnen sind. Der Ausgangswert und die Entwicklung der Wahrnehmung des Klassenklimas variieren allerdings unterschiedlich stark zwischen den Individuen, aber auch zwischen den Klassen. Eine Kovarianz zwischen dem Ausgangswert und der Veränderung über die Zeit liegt nicht vor.

In einem nächsten Schritt werden theoriegeleitet Einflussfaktoren auf Individual- und Klassenebene in das lineare Wachstumskurvenmodell aufgenommen. Zunächst wird die Teilnahme am JeKi-Programm bis zur dritten bzw. vierten Klasse als Erklärungsvariable auf Individualebene aufgenommen. Hierbei geht es darum zu überprüfen, ob JeKi die Variabilität zwischen der Stärke der Veränderung über die Zeit vorhersagen kann (Modell 2). Es zeigt sich kein signifikanter Einfluss, obgleich die Residualvarianz auf Individualebene für den Ausgangswert abnimmt und so eine Aufnahme des Prädiktors JeKi gerechtfertigt erscheint.

In einem weiteren Schritt wird das Modell um zwei weitere Einflussfaktoren auf Individualebene ergänzt: die kognitiven Grundfähigkeiten gemittelt über die Zeit und der höchste Bildungsabschluss in der Familie (Modell 3). Auch unter Kontrolle dieser Merkmale hat die Teilnahme am JeKi-Instrumentalunterricht bis zur dritten bzw. vierten Klasse keinen Effekt auf die Wahrnehmung des Klassenklimas auf Individualebene. Die gemittelten kognitiven Grundfähigkeiten (KFT) auf Individualebene bestimmen jedoch den Ausgangswert in der Wahrnehmung des Klassenklimas zum ersten Erhebungszeitpunkt. Kinder mit höher ausgeprägten kognitiven Grundfähigkeiten weisen eine im Mittel positivere Einschätzung des Klassenklimas auf als Kinder mit geringeren kognitiven Fähigkeiten (geschätzter Wert = 0.219; $SE = 0.059$; $p \leq 0.001$). Der Wert der kognitiven Fähigkeiten ist des Weiteren eine signifikante Einflussgröße für die Veränderung des Klassenklimas über die Zeit. Kinder mit höheren kognitiven Fähigkeiten weisen allerdings eine im Mittel geringere Einschätzung des Klassenklimas über die Zeit auf als Kinder mit niedrigen kognitiven Fähigkeiten (geschätzter Wert = -0.070; $SE = 0.026$; $p \leq 0.01$). Der höchste Bildungsabschluss in der Familie ist zudem ein signifikanter Einflussfaktor für die Entwicklung der Wahrnehmung des Klassenklimas über die Zeit, nicht jedoch für den Ausgangswert am Ende der ersten Klasse. Kinder aus bildungsnahen Elternhäusern weisen über die Zeit eine positivere Wahrnehmung des Klassenklimas auf als Kinder aus bildungsfernen Elternhäusern (geschätzter Wert = 0.066; $SE = 0.033$; $p \leq 0.05$).

Nachdem schrittweise Variablen zur Vorhersage der Entwicklung des Klassenklimas über die Zeit auf Individualebene aufgenommen wurden, werden in einem weiteren Schritt theoretisch abgeleitete Einflussgrößen auf Klassenebene spezifiziert. Hierzu gehören zum einen die auf Klassenebene aggregierte und über die ersten beiden Erhebungszeitpunkte gemittelte Schüler-Lehrer-Beziehung aus Lehrersicht und Variablen zur Erfassung der Gruppenzugehörigkeit (Modell 4). In Nordrhein-Westfalen erfolgt die

Teilnahme am JeKi-Instrumentalunterricht auf freiwilliger Basis, geht jedoch mit monatlichen Kosten von 20 bis 35 Euro einher („JeKi NRW'). In Hamburg ist die JeKi-Teilnahme obligatorisch und kostenfrei („JeKi HH'). Eine weitere Gruppe umfasst Kinder aus Nordrhein-Westfalen, die Schulen mit einer Schwerpunktsetzung im Bereich Sport besuchen, an denen sie auf freiwilliger Basis zudem am JeKi-Instrumentalunterricht teilnehmen können („JeKiSport NRW'). Die Vergleichsgruppe in dem Modell 3 fasst Schulen zusammen, die keinen Instrumentalunterricht anbieten, dafür jedoch besondere Sportangebote („Sport NRW'). Dementsprechend müssen die Werte im Modell 3 als Referenzwerte im Vergleich zu Kindern an Sportschulen interpretiert werden. Im Vergleich zu Kindern, die der Gruppe ‚Sport NRW' zugehören, eine Klasse mit einer durchschnittlich mittleren Schüler-Lehrer-Beziehung besuchen, eine mittlere Ausprägung der kognitiven Grundfähigkeiten aufweisen mit einem durchschnittlichen höchsten Bildungsabschlusses in der Familie, zeigt sich ein Einfluss für die Teilnahme an JeKi in Bezug auf den Ausgangswert der Wahrnehmung des Klassenklimas zum ersten Erhebungszeitpunkt (geschätzter Wert = 0.355; SE = 0.153; $p \leq 0.05$), nicht jedoch für die Entwicklung über die Zeit. Die zuvor berichteten Einflüsse der kognitiven Grundfähigkeiten und des höchsten Bildungsabschlusses bleiben in einem ähnlichen Umfang wie in Modell 2 bestehen. Auf Klassenebene zeigt sich die Schüler-Lehrer-Beziehung als bedeutsam. So haben Kinder (mit mittleren Ausprägungen in allen zuvor genannten Bereichen) in Klassen, in denen die dort unterrichtenden Lehrkräfte von einer positiven Schüler-Lehrer-Beziehung berichten, höhere Ausgangswerte in der Wahrnehmung des Klassenklimas (geschätzter Wert = 0.122; SE = 0.053; $p \leq 0.05$). Die Entwicklung über die Zeit wird davon jedoch nicht beeinflusst.

Zuletzt stellt sich die Frage, ob die Ausgangswerte und die Veränderung der Wahrnehmung des Klassenklimas über die Zeit auf die Zugehörigkeit zu einer bestimmten Gruppe und damit auf die Teilnahme an einem spezifischen Programm zurückgeführt werden können. Hier kann lediglich für die Gruppenzugehörigkeit zur Gruppe ‚JeKi Hamburg' ein signifikanter Effekt beobachtet werden. Kinder an JeKi-Schulen in Hamburg haben unter Kontrolle der Schüler-Lehrer-Beziehung, der kognitiven Grundfähigkeiten und des höchsten Bildungsabschlusses in der Familie deutlich geringere Ausgangswerte in der Wahrnehmung des Klassenklimas als Kinder an Sportschulen (geschätzter Wert = -0.540; SE = 0.243; $p \leq 0.05$). Die Entwicklung über die Zeit wird von der Gruppenzugehörigkeit nicht beeinflusst.

Entwicklung der sozialen Integration

Die Fit-Werte für das lineare Wachstumskurvenmodell (Modell 1) der Veränderung des Gefühls der sozialen Integration können als moderat bis gut bezeichnet werden. Obgleich sich diese Werte nach Aufnahme von Einflussfaktoren auf Individual- und Klassenebene, mit Ausnahme der *Deviance*, verschlechtern, sollen die Ergebnisse der theoriegeleiteten Annahmen vorgestellt werden (s. Tab. III.6).

Das lineare Wachstumskurvenmodell weist die Teilnahme an JeKi in der dritten und vierten Klasse als nicht bedeutsam zur Vorhersage der Entwicklung der sozialen Integration aus (Modell 2). Relevant im Zusammenhang mit der Einschätzung der sozialen Integration auf Individualebene sind die kognitiven Grundfähigkeiten zur Vorhersage des Ausgangswerts (Modell 3). Kinder mit höheren kognitiven Fähigkeiten haben einen im Mittel höheren Ausgangswert in der Skala soziale Integration als Kinder mit geringen kognitiven Fähigkeiten (geschätzter Wert = 0.176; SE = 0.059; $p \leq 0.01$). Auch hier liegt eine Kovarianz des Ausgangswerts und der Veränderung vor. Je niedriger der Ausgangswert im sozialen Klima am Ende der ersten Klasse, desto stärker ist das Wachstum über die Zeit (geschätzter Wert = -0.048; SE = 0.020; $p \leq 0.05$). In Modell 4 werden die Schüler-Lehrer-Beziehung sowie die Gruppenzugehörigkeit auf Klassenebene in das Modell aufgenommen. Unter Kontrolle dieser Merkmale zeigt sich auf Individualebene ein positiver Effekt für die Teilnahme am JeKi-Instrumentalunterricht in der dritten und vierten Klasse. Schülerinnen und Schüler an JeKi-Schulen in Klassen mit mittleren Schüler-Lehrer-Beziehungen haben, sofern sie am JeKi-Instrumentalunterricht teilnehmen, einen höheren Ausgangswert in der Wahrnehmung der sozialen Integration als Schülerinnen und Schüler an Sportschulen, die nicht am JeKi-Instrumentalunterricht teilnehmen (geschätzter Wert = 0.366; SE = 0.181; $p \leq 0.001$). Auch die kognitiven Grundfähigkeiten der Kinder bleiben unter Kontrolle der Variablen auf Klassenebene signifikante Einflussfaktoren zur Vorhersage des Ausgangswerts. Auf Klassenebene ist keiner der aufgeführten Einflussgrößen signifikant. Neben einer statistisch bedeutsamen Kovarianz von Ausgangswert und Veränderung auf Individualebene zeigt sich hier auch eine positive Kovarianz auf Klassenebene. Kinder in Klassen mit geringen mittleren Ausgangswerten entwickeln über die Zeit eine positivere Einschätzung der sozialen Integration als Kinder in Klassen mit hohen Ausgangswerten.

Tabelle III.6: Lineares Mehrebenen-Wachstumskurvenmodell zu vier Erhebungszeitpunkten mit Einflussfaktoren auf Individual- und Kontextebene zur Vorhersage der Entwicklung der sozialen Integration (*Random-Intercept-and-Slope-Modelle*)

	Modell 1	Modell 2	Modell 3	Modell 4
Wachstumsparameter	b	b	b	b
Ausgangswert	-0.059 n.s.	-0.170 n.s.	-0.341 n.s.	-
Veränderung	0.017 n.s.	0.040 n.s.	0.064 n.s.	-
Individualebene (*within*)				
Ausgangswert wird vorhergesagt durch				
JeKi		0.222 n.s.	0.201 n.s.	0.366 *
KFT			0.176 **	0.164 **
Bildungshintergrund			0.022 n.s.	-0.035 n.s.
Veränderung wird vorhergesagt durch				
JeKi		-0.073 n.s.	-0.088 n.s.	-0.032 n.s.
KFT			-0.012 n.s.	-0.014 **
Bildungshintergrund			-0.004 n.s.	-0.005 *
Kovarianz Ausgangswert mit Veränderung	-0.026 n.s.	-0.044 *	-0.048 *	-0.053 *
Varianzparameter (Residualvarianz)				
Ausgangswert	0.347 ***	0.321 ***	0.314 ***	0.318 ***
Veränderung	0.053 ***	0.052 ***	0.059 ***	0.058 **
Klassenebene (*between*)				
Ausgangswert wird vorhergesagt durch				
Schüler-Lehrer-Beziehung				0.098 n.s.
JeKi NRW[a]				-0.223 n.s.
JeKi HH[a]				-0.482 n.s.
JeKiSport NRW[a]				-0.153 n.s.
Veränderung wird vorhergesagt durch				
Schüler-Lehrer-Beziehung				-0.013 n.s.
JeKi NRW[a]				-0.128 n.s.
JeKi HH[a]				-0.051 n.s.
JeKiSport NRW[a]				-0.104 n.s.
Kovarianz Ausgangswert mit Veränderung		-0.041 *	-0.040 n.s.	-0.041 *
Varianzparameter (Residualvarianz)				
Ausgangswert	0.140 **	0.170 **	0.137 *	0.123 n.s.
Veränderung	0.016 *	0.012 *	0.012 n.s.	0.015 n.s.
Fit-Werte				
Chi-Square	38.383	39.247	47.023	83.270
df	15	17	21	29
p	0.001	0.002	0.001	0.001
RMSEA	0.053	0.053	0.055	0.069
CFI	0.942	0.936	0.911	0.829
TLI	0.953	0.940	0.899	0.764
Deviance	5722.78	4723.54	4212.15	3920.57
n	554	460	413	390

Anmerkungen. *** $p < 0.001$; ** $p < 0.01$; * $p < 0.05$; n.s. = nicht signifikant. [a] Referenzkategorie: ‚Sport NRW'. Deviance = -2*(*Loglikelihood*) (vgl. Singer & Willet, 2003, S. 116).

Entwicklung des Gefühls des Angenommenseins durch die Lehrkraft

Die Fit-Werte für das lineare Mehrebenen-Wachstumskurvenmodell zur Vorhersage des Gefühls des Angenommenseins sind insbesondere für den *CFI* und den *TLI* als mäßig bis schlecht zu bewerten. Lediglich der *RMSEA* und die *Deviance* mit zunehmender Komplexität weisen gute Anpassungswerte auf. Wie bereits für die vorigen Modelle berichtet, werden auch hier theoretisch begründete Modelle vorgestellt, bei denen die relativ schlechte Modellanpassung an dieser Stelle nicht weiter verbessert werden soll. In dem linearen Mehrebenen-Wachstumskurvenmodell zur Vorhersage des Gefühls des Angenommenseins variieren zunächst die Ausgangswerte auf Individual- und Klassenebene sowie das Wachstum auf Individual- und Klassenebene (s. Tab. III.7, Modell 1). Eine signifikante Veränderung über die Zeit liegt nicht vor. Auf Individual- und Klassenebene liegt zudem eine negative Kovarianz von Ausgangswert und Wachstum vor. Das bedeutet, dass Kinder mit hohen Ausprägungen in der Bewertung des Gefühls des Angenommenseins durch die Lehrkraft in Klassen mit hohen Ausprägungen vergleichsweise geringere Zuwächse über die Zeit haben als Kinder mit geringen Werten, die sich zudem noch in Klassen mit eher geringen Ausprägungen befinden (Modell 1). In Modell 2 wird der Einflussfaktor JeKi auf Individualebene aufgenommen. Es zeigt sich kein Einfluss auf das Gefühl des Angenommenseins durch die Lehrkraft. In Modell 3 werden zusätzlich die kognitiven Fähigkeiten sowie der höchste Bildungsabschluss in der Familie berücksichtigt. Der Ausgangswert für das Gefühl des Angenommenseins wird von den kognitiven Fähigkeiten eines Kindes mitbestimmt. Kinder mit hohen kognitiven Fähigkeiten haben einen höheren Ausgangswert als Kinder mit geringen Fähigkeiten (geschätzter Wert = 0.233; $SE = 0.060$; $p \leq 0.001$). Die kognitiven Fähigkeiten bestimmen auch die Entwicklung des Gefühls des Angenommenseins. Das Gefühl des Angenommenseins von Kindern mit hohen Werten für kognitive Fähigkeiten entwickelt sich über die Zeit im Mittel geringer als von Kindern mit niedrigen Werten für kognitive Fähigkeiten (geschätzter Wert = -0.076; $SE = 0.029$; $p \leq 0.01$). Der höchste Bildungsabschluss in der Familie ist für die Ausprägung des Gefühls des Angenommenseins durch die Lehrkraft ohne Bedeutung. Im Modell 3 werden die Einflussfaktoren auf Klassenebene hinzugenommen. Der Einfluss der kognitiven Grundfähigkeiten auf Individualebene bleibt bestehen. Auf Klassenebene kann die Schüler-Lehrer-Beziehung aus Lehrerperspektive als signifikante Einflussgröße für die Einschätzung des Gefühls des Angenommenseins interpretiert werden. Kinder in JeKi-Klassen mit mittleren kognitiven Fähigkeiten und mit einer positiven Einschätzung der Schüler-Lehrer-Beziehung aus Sicht der Lehrkraft weisen einen positiveren Ausgangswert auf als Kinder mit mittleren kognitiven Fähigkeiten in Klassen mit geringeren Werten bezüglich der Schüler-Lehrer-Beziehung (geschätzter Wert = 0.117; $SE = 0.052$; $p \leq 0.05$). Für die Veränderung des Gefühls über die Zeit ist das Gegenteil anzunehmen. Kinder in Klassen mit einer von den Lehrkräften als positiv eingeschätzten Schüler-Lehrer-Beziehung unterliegen einer im Mittel geringeren positiven Veränderung über die Zeit als Kinder in Klassen mit einer als negativ von den Lehrkräften wahrgenommenen Schüler-Lehrer-Beziehung. Die Gruppenzugehörigkeit ist an dieser Stelle nicht weiter von Bedeutung.

Tabelle III.7: Lineares Mehrebenen-Wachstumskurvenmodell zu vier Erhebungszeitpunkten mit Einflussfaktoren auf Individual- und Kontextebene zur Vorhersage der Entwicklung des Gefühl des Angenommenseins (Random-Intercept-and-Slope-Modelle)

	Modell 1	Modell 2	Modell 3	Modell 4
Wachstumsparameter	b	b	b	b
Ausgangswert	-0.019 n.s.	0.017 n.s.	-0.143 n.s.	-
Veränderung	0.010 n.s.	-0.018 n.s.	0.014 n.s.	-
Individualebene (within)				
Ausgangswert wird vorhergesagt durch				
JeKi		-0.057 n.s.	-0.067 n.s.	0.111 n.s.
KFT			0.233 ***	0.225 ***
Bildungshintergrund			0.019 n.s.	-0.011 n.s.
Veränderung wird vorhergesagt durch				
JeKi		0.041 n.s.	0.032 n.s.	0.081 n.s.
KFT			-0.076 **	-0.080 **
Bildungshintergrund			0.001 n.s.	0.000 n.s.
Kovarianz Ausgangswert mit Veränderung	-0.057 *	-0.066 **	-0.060 *	-0.068 **
Varianzparameter (Residualvarianz)				
Ausgangswert	0.363 ***	0.400 ***	0.372 ***	0.395 ***
Veränderung	0.050 ***	0.057 ***	0.060 ***	0.063 ***
Klassenebene (between)				
Ausgangswert wird vorhergesagt durch				
Schüler-Lehrer-Beziehung				0.117 *
JeKi NRW[a]				-0.262 n.s.
JeKi HH[a]				-0.350 n.s.
JeKiSport NRW[a]				-0.173 n.s.
Veränderung wird vorhergesagt durch				
Schüler-Lehrer-Beziehung				-0.053 *
JeKi NRW[a]				-0.083 n.s.
JeKi HH[a]				-0.126 n.s.
JeKiSport NRW[a]				-0.035 n.s.
Kovarianz Ausgangswert mit Veränderung	-0.026 *	-0.032 *	-0.011 n.s.	-0.005 n.s.
Varianzparameter (Residualvarianz)				
Ausgangswert	0.094 **	0.106 ***	0.057 n.s.	0.089 n.s.
Veränderung	0.016 **	0.019 *	0.009 n.s.	0.065 n.s.
Fit-Werte				
Chi-Square	39.051	45.681	49.053	67.655
df	15	17	21	29
p	0.001	0.001	0.001	0.001
RMSEA	0.047	0.061	0.057	0.058
CFI	0.906	0.894	0.906	0.881
TLI	0.924	0.900	0.892	0.835
Deviance	5691.87	4736.64	4194.07	3944.34
n	554	460	413	390

Anmerkungen. *** $p < 0.001$; ** $p < 0.01$; * $p < 0.05$; n.s. = nicht signifikant. [a] Referenzkategorie: ‚Sport NRW'. Deviance = -2*(Loglikelihood) (vgl. Singer & Willet, 2003, S. 116).

Entwicklung des Selbstkonzepts der Schulfähigkeit

Das letzte Modell bildet die Entwicklung des Selbstkonzepts der Schulfähigkeit über die Zeit ab (Tab. III.8). Zunächst zeichnet sich auch hier ab, dass die Fit-Werte *CFI* und *TLI* darauf hindeuten, dass das Modell die Daten nicht ausreichend beschreibt. Auch der *RMSEA* unterstützt diesen Eindruck. Die *Deviance* weist wie zuvor darauf hin, dass die Modelle mit zunehmender Komplexität bevorzugt werden sollten. Auch hier stehen theoretische und nicht empirische Entscheidungskriterien im Vordergrund. Das lineare Mehrebenen-Wachstumskurvenmodell des Selbstkonzepts der Schulfähigkeit deutet darauf hin, dass der Ausgangswert und die Stärke des Wachstums zwischen den Kindern variieren (Modell 1). Die Teilnahme am JeKi-Instrumentalunterricht kann auch in den Modellen mit Einflussfaktoren (Modell 2 und Modell 3) nicht das Wachstum des Selbstkonzepts über die Zeit sowie den Ausgangswert im Selbstkonzept der Kinder vorhersagen. Anstatt des höchsten Bildungsabschlusses in der Familie zeigte sich anhand von Voranalysen, dass die Anzahl an heimischen Büchern als Indikator für kulturelles Kapital eine signifikante Einflussgröße zur Vorhersage des Selbstkonzept der Schulfähigkeit darstellt.

Im Folgenden wird der heimische Bücherbesitz als Einflussfaktor in das Modell aufgenommen. Auf Individualebene zeigen sich wie für die Wachstumskurven zuvor die kognitiven Fähigkeiten sowie der heimische Bücherbesitz als relevante Einflussgrößen für den Ausgangswert. Kinder mit hohen kognitiven Fähigkeiten haben höhere Ausgangswerte als Kinder mit geringen kognitiven Fähigkeiten (geschätzter Wert = 0.237; *SE* = 0.047; $p \leq 0.001$). Allerdings weisen Kinder mit einer hohen Anzahl an heimischen Büchern geringere Ausgangswerte im Selbstkonzept der Schulfähigkeit auf als Kinder mit einer geringeren Anzahl an Büchern (geschätzter Wert = -0.114; *SE* = 0.039; $p \leq 0.01$). Die Entwicklung über die Zeit wird von den kognitiven Fähigkeiten oder dem heimischen Bücherbesitz jedoch nicht beeinflusst. Im Modell 4 werden analog zum bisherigen Vorgehen die von den Lehrkräften eingeschätzte Schüler-Lehrer-Beziehung sowie die Gruppenzugehörigkeit aufgenommen. Der Einfluss der kognitiven Grundfähigkeiten und des heimischen Bücherbesitzes auf Individualebene bleibt bestehen. Zusätzlich kann auf Klassenebene ein signifikanter Einfluss der Schüler-Lehrer-Beziehung auf die Ausprägung des Selbstkonzepts der Schulfähigkeit zum ersten Erhebungszeitpunkt berichtet werden. Kinder in Klassen, in denen Lehrkräfte unterrichten, die die Schüler-Lehrer-Beziehung positiv bewerten, haben einen vergleichsweise höheren Ausgangswert als Kinder in Klassen, in denen die Lehrkraft von einer negativen Schüler-Lehrer-Beziehung berichtet (geschätzter Wert = 0.105; *SE* = 0.052; $p \leq 0.05$).

Tabelle III.8: Lineares Mehrebenen-Wachstumskurvenmodell zu vier Erhebungszeitpunkten mit Einflussfaktoren auf Individual- und Kontextebene zur Vorhersage der Entwicklung des Selbstkonzepts der Schulfähigkeit (*Random-Intercept-and-Slope-Modelle*)

	Modell 1	Modell 2	Modell 3	Modell 4
Wachstumsparameter	b	b	b	b
Ausgangswert	-0.004 n.s.	-0.143 *	0.116 n.s.	-
Veränderung	0.008 n.s.	0.065 n.s.	-0.067 n.s.	-
Individualebene (*within*)				
Ausgangswert wird vorhergesagt durch				
JeKi		0.147 n.s.	0.153 n.s.	0.287 n.s.
KFT			0.237 ***	0.218 ***
Anzahl heimischer Bücher			-0.114 **	-0.132 ***
Veränderung wird vorhergesagt durch				
JeKi		-0.063 n.s.	-0.071 n.s.	-0.084 n.s.
KFT			0.011 n.s.	0.008 n.s.
Anzahl heimischer Bücher			0.034 n.s.	0.041 *
Kovarianz Ausgangswert mit Veränderung	-0.029 n.s.	-0.031 n.s.	-0.036 n.s.	-0.046 n.s.
Varianzparameter (Residualvarianz)				
Ausgangswert	0.366 ***	0.383 ***	0.374 ***	0.370 ***
Veränderung	0.046 ***	0.048 n.s.	0.048 ***	0.054 ***
Klassenebene (*between*)				
Ausgangswert wird vorhergesagt durch				
Schüler-Lehrer-Beziehung				0.105 *
JeKi NRW[a]				-0.174 n.s.
JeKi HH[a]				-0.210 n.s.
JeKiSport NRW[a]				-0.203 n.s.
Veränderung wird vorhergesagt durch				
Schüler-Lehrer-Beziehung				-0.045 n.s.
JeKi NRW[a]				-0.018 n.s.
JeKi HH[a]				0.026 n.s.
JeKiSport NRW[a]				0.022 n.s.
Kovarianz Ausgangswert mit Veränderung	-0.026 n.s.	-0.032 n.s.	-0.011 n.s.	-0.005 n.s.
Varianzparameter (Residualvarianz)				
Ausgangswert	0.036 n.s.	0.046 n.s.	0.068 n.s.	0.015 n.s.
Veränderung	0.014 **	0.016 **	0.125 *	0.013 n.s.
Fit-Werte				
Chi-Square	83.074	73.525	79.257	99.754
df	15	17	21	29
p	0.025	0.009	0.001	0.001
RMSEA	0.091	0.085	0.080	0.077
CFI	0.849	0.847	0.861	0.824
TLI	0.879	0.856	0.841	0.757
Deviance	5726.54	4798.66	4487.73	4213.99
n	554	460	434	409

Anmerkungen. *** $p < 0.001$; ** $p < 0.01$; * $p < 0.05$; n.s. = nicht signifikant. [a] Referenzkategorie: ‚Sport NRW'. *Deviance* = -2*(*Loglikelihood*) (vgl. Singer & Willet, 2003, S. 116).

5 Fazit und Diskussion

Die Frage nach dem Einfluss des JeKi-Instrumentalunterrichts auf die Entwicklung des Selbstkonzepts schulischer Fähigkeiten sowie auf verschiedene Dimensionen des sozialen Klimas aus Sicht der Schülerinnen und Schüler wurde anhand von linearen Mehrebenen-Wachstumskurvenmodellen im Strukturgleichungsansatz überprüft.

Zunächst zeigt sich anhand der Modelle, dass eine gleichförmige lineare Veränderung über die Zeit für die betrachteten Dimensionen soziale Integration, Gefühl des Angenommenseins durch die Lehrkraft und Klassenklima sowie Selbstkonzept der Schulfähigkeit kaum gegeben ist (keiner der betrachteten Wachstumskoeffizienten ist signifikant). Obgleich im Mittel keine statistisch relevante Veränderung über die Zeit vorliegt, zeigen sich relativ deutliche Unterschiede (Varianz) in den individuellen Entwicklungsverläufen. Diese differentiellen Entwicklungsverläufe wurden an anderer Stelle bereits analysiert und publiziert (Nonte & Schwippert, in Druck). Sie sind so zu interpretieren, dass die Teilnahme am Instrumentalunterricht für alle Schülerinnen und Schüler, insbesondere aber für Kinder mit kumulierten Risikofaktoren (geringe kognitive Grundfähigkeiten, geringes elterliches Bildungsniveau, geringes ökonomisches Kapital), im Hinblick auf den Aspekt der Wahrnehmung der eigenen sozialen Integration gewinnbringend sein kann.

Die Varianz im Ausgangswert des Klassenklimas wird insbesondere von der Teilnahme am JeKi-Instrumentalunterricht und von den kognitiven Fähigkeiten sowie von der Schüler-Lehrer-Beziehung und der Zugehörigkeit zur Gruppe ‚JeKi Hamburg' vorhergesagt. Die Varianz in der Veränderung des Klassenklimas über die Zeit wird über die kognitiven Fähigkeiten und über den höchsten Bildungsabschluss in der Familie beeinflusst. Kinder mit höheren kognitiven Fähigkeiten bewerten zwar zunächst das Klassenklima positiver, fallen jedoch in der Bewertung über die Zeit gegenüber der Entwicklung der Kinder mit geringeren Ausgangswerten ab. Diese Beobachtung bezieht sich auf das Gefühl des Angenommenseins. Kinder mit geringen kognitiven Fähigkeiten weisen zwar ein geringeres Ausgangsniveau, jedoch eine positivere Entwicklung über die Zeit auf als Kinder mit höher ausgeprägten kognitiven Fähigkeiten.

Sozioökonomische Einflussfaktoren, wie der höchste Bildungsabschluss in der Familie und der heimische Bücherbesitz, zur Vorhersage der Varianz in den Ausgangswerten und/oder im Wachstum können für das Klassenklima (Wachstum) und für das Selbstkonzept der Schulfähigkeit (Ausgangswert und Wachstum) beobachtet werden. Auf Klassenebene wurde die Schüler-Lehrer-Beziehung aus Sicht der Lehrkräfte in die Modelle aufgenommen. Es zeigten sich signifikante Einflüsse auf das Klassenklima (Ausgangswert), auf das Gefühl des Angenommenseins (Ausgangswert und Wachstum) und auf das Selbstkonzept der Schulfähigkeit (Ausgangswert). Des Weiteren wurde die Gruppenzugehörigkeit als Einflussfaktor für die verschiedenen Dimensionen aufgenommen. Es konnte ein signifikant negativer Einfluss für die Zugehörigkeit zu der Substichprobe ‚JeKi Hamburg' im Vergleich zur Zugehörigkeit zu einer Sportschule in Nordrhein-Westfalen für den Ausgangswert des Klassenklimas beobachtet werden. Für alle anderen Dimensionen hat die Gruppenzugehörigkeit keine Bedeutung.

Die Tatsache, dass sich die Teilnahme an JeKi auf den Ausgangswert der Dimensionen Klassenklima und soziale Integration auswirkt, nicht aber auf die Veränderung über die Zeit, kann darauf hindeuten, dass Kinder, die am JeKi-Instrumentalunterricht bis zur dritten oder vierten Klasse teilnehmen, bereits am Ende der ersten Klasse über eine positivere Einschätzung der sozialen Integration und des Klassenklimas verfügen. Mit anderen Worten bedeutet dies, dass Kinder insbesondere dann den Instrumentalunterricht weiterverfolgen (sofern sie eine Wahl haben wie im JeKi-Programm in Nordrhein-Westfalen), wenn sie von Beginn an das Klassenklima sowie die soziale Integration positiv bewerten. Hinzu kommt, dass Kinder an JeKi-Schulen in Hamburg (mit obligatorischer JeKi-Teilnahme) das Klassenklima zum ersten Erhebungszeitpunkt (Ausgangswert) im Vergleich zu Sportschulen in Nordrhein-Westfalen signifikant schlechter bewerten. Die Mehrebenen-Wachstumskurvenmodelle zeigen, dass die Teilnahme am JeKi-Instrumentalunterricht in der dritten bzw. vierten Klasse allgemein mit einem höheren Ausgangswert des sozialen Klimas (Klassenklima und soziale Integration) einhergeht. Da der JeKi-Instrumentalunterricht in Nordrhein-Westfalen ab der zweiten Klasse und in Hamburg ab der dritten Klasse erteilt wird, muss davon ausgegangen werden, dass nicht der Instrumentalunterricht die Einschätzung des Klassenklimas und der sozialen Integration beeinflusst, sondern die Teilnahme am Instrumentalunterricht (in Nordrhein-Westfalen) durch die Ausprägungen der Klimadimensionen vorhergesagt wird. Die Teilnahme am JeKi-Instrumentalunterricht wirkt sich in keinem der hier vorgestellten Modelle auf das Wachstum der jeweiligen Dimensionen aus. Damit kann die Hypothese verworfen werden, dass die Teilnahme am JeKi-Instrumentalunterricht das Klassenklima, die soziale Integration, das Gefühl des Angenommenseins durch die Lehrkraft und das Selbstkonzept schulischer Fähigkeiten positiv beeinflusst. Dennoch konnte an anderer Stelle gezeigt werden, dass insbesondere die Gruppe von Kindern aus Elternhäusern mit kumulierten Risikofaktoren von der Teilnahme am Instrumentalunterricht hinsichtlich des Gefühls der sozialen Integration profitiert (Nonte & Schwippert, in Druck).

Die Schätzung von Mehrebenen-Wachstumskurvenmodellen unterliegt komplexen statistischen Verfahren. Die vorliegenden Modelle, besonders unter Hinzunahme von Einflussfaktoren, weisen nur mäßige bis schlechte Fit-Werte auf. Daraus kann gefolgert werden, dass die theoretisch abgeleiteten Einflussgrößen die Veränderung über die Zeit nur unzureichend abbilden. In zukünftigen Analysen sollten Veränderungen des sozialen Klimas neben der Erfassung von standardisierten Fragebogenitems zusätzlich mit anderen, möglicherweise qualitativen Verfahren kombiniert werden.

Auch für die längsschnittliche Erfassung des Selbstkonzepts der Schulfähigkeit scheint die Annahme eines linearen Wachstums fragwürdig. So beobachteten Martschinke und Kammermeyer (2006) im Rahmen der KILIA-Studie, dass sich zu Beginn der ersten Klasse nach dem sogenannten Self-Enhancement-Ansatz das Selbstkonzept der Kinder auf die Leistung auswirkt. Der Skill-Development-Ansatz, bei dem sich die Leistung auf das Selbstkonzept auswirkt, deutet sich ab etwa der zweiten Klasse an und setzt sich in der dritten und vierten Klasse durch. Somit ist weniger von einer quantitativen Veränderung über die Zeit als vielmehr von einer qualitativen Veränderung auszugehen, die unterschiedlichen Einflussfaktoren unterliegt als die in den vorliegenden Modellen aufgenommenen (Nonte, 2012). Da es sich bei den vorliegenden Modellen um Daten aus einer längsschnittlichen Befragung von Kindern der ersten bis vierten Klassen handelt, kann zudem angenommen werden, dass die vorliegenden Antworten je nach dem Alter der Kinder unterschiedliche Qualitäten aufweisen. Ein Versuch der Überprüfung der Validität und Reliabilität über die Zeit ist der Ansatz der Überprüfung von Messinvarianz (Meredith, 1993; Schulte, Nonte & Schwippert, 2013; Steenkamp & Baumgartner, 1998). Da es sich bei dem FEESS um ein standardisiertes Erhebungsinstrument mit zusätzlich ausgegebenen Normwerten handelt, wurde auf eine Invarianzüberprüfung im vorliegenden Fall verzichtet. In die Analysen gingen die Klassennormwerte der jeweiligen Skalen als manifeste Variablen ein, um die Komplexität der Modelle zu verringern.

Aktuell werden insbesondere im Kontext des ‚Nationalen Bildungspanels' (NEPS) längsschnittliche Daten über den Lebensverlauf erfasst und analysiert. Diese Daten bilden eine Vergleichsgrundlage für Evaluationsstudien wie die vorliegende Studie und ermöglichen es, zukünftig das Wissen über Veränderungsprozesse im sozialen und emotionalen Bereich der ersten Grundschuljahre zu erweitern. Des Weiteren bleibt die Frage offen, ob Jeki-Kinder im Übergang zu einer weiterführenden Schule Merkmale aufweisen, die sie von Kindern ohne früheren schulischen Instrumentalunterricht unterscheiden. So kann angenommen werden, dass die im Instrumentalunterricht vermittelten Strukturen sowie Kompetenzen in solch einer vulnerablen Übergangsphase ausgleichend und regulierend wirken können. Möglicherweise kann ein Effekt für die Teilnahme an JeKi auch erst zeitverzögernd oder gar kumuliert betrachtet werden. Die Nachhaltigkeit der Teilnahme an JeKi wird derzeit in der Folgestudie ‚Wirkungen und langfristige Effekte musikalischer Angebote' (WilmA) in den Blick genommen.

Literatur

Abramson, H. J. (1995). *Survey methods in community medicine.* New York: Churchill Livingstone.

Bähr, J. & Schwab, C. (2002). Vom Modellversuch zum Projekt: Kooperation von Schule und Musikschule in Hessen. In S. Helms (Hrsg.), *Allgemein bildende Schule und Musikschule in europäischen Ländern* (Musik im Diskurs, Bd. 17, S. 67–78). Kassel: Bosse.

Bandura, A. (1986). *Social foundations of thought and action. A social cognitive theory.* Englewood Cliffs, NJ: Prentice-Hall.

Bastian, H. G., Kormann, A., Hafen, R. & Koch, M. (2000). *Musik(erziehung) und ihre Wirkung. Eine Langzeitstudie an Berliner Grundschulen* (Musikpädagogik). Mainz: Schott.

Bernecker, C., Haag, L. & Pfeiffer, W. (2006). Musikalisches Selbstkonzept. Eine empirische Untersuchung. *Diskussion Musikpädagogik, 29,* 53–57.

BMBF (Bundesministerium für Bildung und Forschung). (Hrsg.). (2006). *Macht Mozart schlau? Die Förderung kognitiver Kompetenzen durch Musik* (Bildungsforschung, Bd. 18). Bonn: BMBF.

Busch, T. & Kranefeld, U. (2012). Sind Mädchen die besseren Optimisten im Umgang mit Musik? Prädiktoren des musikalischen Selbstkonzepts in der Klassenstufe 2. *Beiträge empirischer Musikpädagogik, 3* (1), 1–28.

Cahan, S. & Cohen, N. (1989). Age versus schooling effects on intelligence development. *Child Development, 60,* 1239–1249.

Carey, A. (1967). The Hawthorne studies: A radical criticism. *American Sociological Review, 32,* 403–416.

Cronbach, L. J. (1984). *Essentials of psychological testing* (4. Aufl.). New York: Harper & Row.

Deutscher Musikrat (Hrsg.). (2008). *Musik Almanach 2007/08. Daten und Fakten zum Musikleben in Deutschland.* Regensburg: ConBrio.

Dickhäuser, O. & Schrahe, K. (2006). Sportliches Fähigkeitsselbstkonzept und allgemeiner Selbstwert. Zur Bedeutung von Wichtigkeit. *Zeitschrift für Sportpsychologie, 13* (3), 98–103.

Ditton, H. (1993). Neuere Entwicklungen zur Mehrebenenanalyse erziehungswissenschaftlicher Daten. Hierarchical Linear Modelling (HLM). *Empirische Pädagogik, 7,* 285–305.

Edelstein, W. (2008). Ganztagsschule: ein entwicklungspädagogischer Systemwechsel? In A. Henschel (Hrsg.), *Jugendhilfe und Schule. Handbuch für eine gelingende Kooperation* (S. 83–93). Wiesbaden: VS Verlag für Sozialwissenschaften.

Eder, F. (2011). Wie gut sind Musikhauptschulen? In H. Altrichter, M. Heinrich & K. Soukup-Altrichter (Hrsg.), *Schulentwicklung durch Schulprofilierung? Zur Veränderung von Koordinationsmechanismen im Schulsystem* (S. 165–192). Wiesbaden: VS Verlag für Sozialwissenschaften.

Fritzsche, E. S., Kröner, S. & Pfeiffer, W. (2012). Chorknaben und andere Gymnasiasten – Determinanten musikalischer Aktivitäten an Gymnasien mit unterschiedlichen Schulprofilen. *Journal for Educational Research Online, 3* (2), 94–118.

Geiser, C. (2010). *Datenanalyse mit Mplus. Eine anwendungsorientierte Einführung.* Wiesbaden: VS Verlag für Sozialwissenschaften.

Goy, M., Gröhlich, C., Strietholt, R., Stubbe, T. C., Bos, W. & Kanders, M. (2010). Panelstudien als Antworten auf Forschungsdesiderate in der Sekundarstufe I. In N. Berkemeyer, W. Bos, H. G. Holtappels, N. McElvany & R. Schulz-Zander (Hrsg.), *Jahrbuch der Schulentwicklung Band 16. Daten, Beispiele und Perspektiven* (S. 37–70). Weinheim: Juventa.

Harter, S. (1982). The perceived competence scale for children. *Child Development, 53,* 87–97.

Harter, S. & Pike, R. (1984). The pictorial scale of perceived competence and social acceptance for young children. *Child Development, 55,* 1969–1982.

Heller, K. & Geisler, H.-J. (1984). Kognitiver Fähigkeits-Test, Grundschulform (KFT 1-3). *Diagnostica, 30,* 241–243.

Heller, K. & Perleth, C. (2000). *KFT 4-12+R – Kognitiver Fähigkeits-Test für 4. bis 12. Klassen, Revision.* Göttingen: Beltz.

Helmke, A., Rindermann, H. & Schrader, F.-W. (2008). Wirkfaktoren akademischer Leistungen in Schule und Hochschule. In W. Schneider & M. Hasselhorn (Hrsg.), *Handbuch der Pädagogischen Psychologie* (Handbuch der Psychologie, Bd. 10) (S. 145–155). Göttingen: Hogrefe.

Kröner, S., Schwanzer, A. D. & Dickhäuser, O. (2009). Jenseits von Mozart – eine Pilotstudie zu Determinanten musikalischer Aktivitäten während der Grundschulzeit. *Psychologie in Erziehung und Unterricht, 56*, 224–238.

Lehmann-Wermser, A., Naacke, S., Nonte, S. & Ritter, B. (Hrsg.). (2010). *Musisch-kulturelle Bildung an Ganztagsschulen. Empirische Befunde, Chancen und Perspektiven* (Studien zur ganztägigen Bildung). Weinheim: Juventa.

Lüdtke, O., Robitzsch, A., Trautwein, U. & Köller, O. (2007). Umgang mit fehlenden Werten in der psychologischen Forschung: Probleme und Lösungen. *Psychologische Rundschau, 58*, 103–117.

Madaus, G. F., Airasian, P. W. & Kellaghan, R. (1980). *School effectiveness*. New York: McGraw-Hill.

Mähler, C. & Stern, E. (2006). Transfer. In D. H. Rost (Hrsg.), *Handwörterbuch: Pädagogische Psychologie* (3. Aufl.) (S. 782–793). Weinheim: Beltz.

Marsh, H. W. (1986). Global self-esteem: Its relation to specific facets of self-concept and their importance. *Journal of Personality and Social Psychology, 51*, 1224–1236.

Marsh, H. W., Barnes, J., Cairns, L. & Tidman, M. (1984). Self-description questionnaire: Age and sex effects in the structure and level of self-concept for preadolescent children. *Journal of Educational Psychology, 76*, 940–956.

Martschinke, S. & Kammermeyer, G. (2006). Selbstkonzept, Lernfreude und Leistungsangst und ihr Zusammenspiel im Anfangsunterricht. In A. Schründer-Lenzen (Hrsg.), *Risikofaktoren kindlicher Entwicklung. Migration, Leistungsangst und Schulübergang* (S. 125–139). Wiesbaden: VS Verlag für Sozialwissenschaften.

Meredith, W. (1993). Measurement invariance, factor analysis and factorial invariance. *Psychometrica, 58*, 525–543.

Muthén, B. O. & Muthén, L. K. (1998–2013) *Mplus* [Computer software].

Muthén, L. K. (2010). *Mplus Discussion. Nonlinear LGM*. Verfügbar unter: http://www.statmodel.com/discussion/messages/14/167.html?1371138352 [20.01.2014].

Nonte, S. (2012). Die Überprüfung von geschlechtsbezogener Messinvarianz des Fähigkeitsselbstkonzepts von Grundschülern in der Schuleingangsphase. *Empirische Pädagogik, 26*, 478–503.

Nonte, S. (2013). Herausforderungen und Probleme bei der Entwicklung eines Instruments zur Selbsteinschätzung musikalischer Fähigkeiten im Grundschulalter. *Beiträge empirischer Musikpädagogik, 4* (2), 1–30.

Nonte, S. & Naacke, S. (2010). MUKUS – Die Ergebnisse. In A. Lehmann-Wermser, S. Naacke, S. Nonte & B. Ritter (Hrsg.), *Musisch-kulturelle Bildung an Ganztagsschulen. Empirische Befunde, Chancen und Perspektiven* (Studien zur ganztägigen Bildung) (S. 53–210). Weinheim: Juventa.

Nonte, S. & Schwippert, K. (in Druck). Teilprojekt ‚Transfer' – Effekte von JeKi-Programmen auf die Entwicklung sozialer und motivationaler Aspekte von Kindern mit kumulierten Risikofaktoren. In Bundesministerium für Bildung und Forschung (BMBF) (Hrsg.), *Ergebnisse zur JeKi-Begleitforschung*.

O'Mara, A. J., Marsh, H. W., Craven, R. G. & Debus, R. L. (2006). Do self-concept interventions make a difference? A synergistic blend of construct validation and meta-analysis. *Educational Psychologist, 41* (3), 181–206.

Pennock, G. A. (1930). Industrial research at Hawthorne. *Personnel Journal, 8*, 296–313.

Pfeiffer, W. (2007). Das musikalische Selbstkonzept. Effekte und Wirkungen. *Diskussion Musikpädagogik, 33,* 40–44.

Raudenbush, S. W. & Bryk, A. S. (2002). *Hierarchical Linear Models. Applications and data analysis methods* (Advanced Quantitative Techniques in the Social Sciences Series, Vol. 1) (2. Aufl.). Thousand Oaks: Sage.

Rauer, W. & Schuck, K. D. (2003). *Fragebogen zur Erfassung emotionaler und sozialer Schulerfahrungen von Grundschulkindern dritter und vierter Klassen (FEESS 3-4). Manual.* Göttingen: Beltz Test GmbH.

Rauer, W. & Schuck, K. D. (2004). *FEESS 1-2. Fragebogen zur Erfassung emotionaler und sozialer Schulerfahrungen von Grundschulkindern erster und zweiter Klassen.* Göttingen: Beltz Test GmbH.

Rauscher, F. H., Shaw, G. L. & Ky, K. N. (1993). Music and spatial task performance. *Nature, 365,* 611.

Schellenberg, E. G. (2006). Long-term positive associations between music lessons and IQ. *Journal of Educational Psychology, 98,* 457–468.

Schulte, K., Nonte, S. & Schwippert, K. (2013). Die Überprüfung von Messinvarianz in international vergleichenden Schulleistungsstudien am Beispiel der Studie PIRLS. *Zeitschrift für Bildungsforschung, 3* (2), 99–118.

Schwippert, K. (2002). *Optimalklassen: Mehrebenenanalytische Untersuchungen. Eine Analyse hierarchisch strukturierter Daten am Beispiel des Leseverständnisses* (Pädagogische Psychologie und Entwicklungspsychologie, Bd. 27). Münster: Waxmann.

Shavelson, R. J., Hubner, J. J. & Stanton, G. C. (1976). Self-concept: Validation of construct interpretations. *Review of Educational Research, 46,* 407–441.

Shulruf, B. (2010). Do extra-curricular activities in schools improve educational outcomes? A critical review and meta-analysis of the literature. *International Review of Education, 56,* 591–612.

Singer, J. D. & Willett, J. B. (2003). *Applied longitudinal data analysis. Modeling change and event occurence.* Oxford: Oxford University Press.

Spychiger, M. B. (2007). „Nein, ich bin ja unbegabt und liebe Musik". Ausführungen zu einer mehrdimensionalen Anlage des musikalischen Selbstkonzepts. *Diskussion Musikpädagogik, 33,* 9–20.

Spychiger, M. B., Gruber, L. & Olbertz, F. (o. J.). *Musical self-concept. Presentation of a multi-dimensional model and its empirical analysis.* Verfügbar unter: http://www.hfmdk-frankfurt.info/fileadmin/Dateien/Forschung_und_Projekte/MusicalSelfconcept_PaperES COM09-_Spychiger_01.pdf [11.07.2014].

Steenkamp, J.-B. E. M. & Baumgartner, H. (1998). Assessing measurement invariance in cross-national consumer research. *Journal of Consumer Research, 25,* 78–90.

Trautwein, U. (2003). *Schule und Selbstwert. Entwicklungsverlauf, Bedeutung von Kontextfaktoren und Effekte auf die Verhaltensebene* (Pädagogische Psychologie und Entwicklungspsychologie, Bd. 36). Münster: Waxmann.

Vispoel, W. P. (1993). The development and validation of the arts self-preception inventory for adolescents. *Educational and Psychological Measurement, 53,* 1023–1033.

Vispoel, W. P. (1996). The development and validation of the arts self-perception inventory for adults. *Educational and Psychological Measurement, 56,* 719–735.

Weber, E. W., Spychiger, M. B. & Patry, J.-L. (1993). *Musik in der Schule. Ein ehrgeiziges Projekt.* Verfügbar unter: http://www.ewaweber.ch/musik_macht_schule.htm [26.05.2009].

Yu, C.-Y. (2002). *Evaluating cutoff criteria of model fit indices for latent variable models with binary and continuous outcomes.* Unveröffentlichte Dissertation, University of California. Los Angeles.

Yuan, K.-H. & Bentler, P. M. (2000). Three likelihood-based methods for mean and covariance structure analysis with nonnormal missing data. *Sociological Methodology, 30,* 165–200.

Michael Schurig & Veronika Busch

IV Entwicklung der Musikpräferenz von Grundschulkindern
Individuelle, soziale und musikbezogene Einflüsse

1 Theoretischer Hintergrund

Musikpräferenz wird in dem vorliegenden Beitrag als eine Facette kulturellen Verhaltens verstanden, die vielfach als Ausdruck von sozialer Zugehörigkeit und individueller Identität genutzt wird. Bei dieser Nutzung von Musikpräferenz wird auf frühe musikalische Erfahrungen aufgebaut, die auch im schulischen Musikunterricht ermöglicht werden. Somit ist die Erforschung der Entwicklung kindlicher Musikpräferenz auch für die empirische Bildungsforschung von Interesse.

Unter Musikpräferenz wird generell ein Gefallensurteil verstanden, das sich auf verschiedene Aspekte von Musik, zum Beispiel auf ein konkretes Musikstück, einen Musikstil oder auch einen bestimmten Musiker beziehen kann. In der Fachliteratur lassen sich sehr unterschiedliche und zum Teil konträre Definitionen finden. In der vorliegenden Studie wird Musikpräferenz im Sinne von Behne (1993; vgl. Reinhardt & Rötter, 2013, S. 133) als ein aktuelles Urteil in einer konkreten Situation verstanden und somit von dem längerfristigeren Musikgeschmack eines Menschen abgegrenzt (Gembris, 2005). Nach Behne (1975; vgl. Bunte, 2013) verweist aktuelles musikbezogenes Präferenzverhalten auf zugrunde liegende Konzepte, die als „Summe von Vorstellungen, Einstellungen, Informationen, Vorurteilen etc., die ein Individuum hinsichtlich eines mehr oder weniger umgrenzten musikalischen Objektes besitzt" (Behne, 1975, S. 36), beschrieben werden. Diese werden wiederum von den Erfahrungen gespeist, die ein Mensch im Umgang mit Musik sammelt.

Musikbezogene Erfahrungen werden auch im Schulkontext geboten, wobei die Programme ‚Jedem Kind ein Instrument' (JeKi) vermutlich eine besondere Erfahrungsintensität hervorrufen und somit auch die Entwicklung des kindlichen Präferenzverhaltens beeinflussen können. Eine mögliche musikpädagogische Motivation zur Einflussnahme auf die Präferenzentwicklung lässt sich aus der vielfach bestätigten Beobachtung ableiten, dass Kinder im Verlauf der Grundschulzeit ihre anfängliche Offenheit gegenüber einer Vielzahl an musikalischen Stilen verlieren und zum Beginn der Pubertät vor allem die aktuelle populäre Musik der Charts präferieren, was wiederum als Einschränkung in der Teilhabe an ästhetischen Ausdrucksformen begriffen werden kann. Die umfangreichen Forschungsaktivitäten hierzu werden mit dem Begriff Offenohrigkeitsforschung zusammengefasst und gehen auf eine Hypothese von Hargreaves zurück, die besagt: „younger children may be more 'open-eared' to forms of music regarded by adults as unconventional" (Hargreaves, 1982a, S. 51). Hierbei werden unter *unconventional* beispielsweise Formen avantgardistischer, aleatorischer und elektronischer Musik (Hargreaves, North & Tarrant, 2006, S. 144) sowie Formen von *classical music* und *ethnic music* verstanden (u. a. Hargreaves, Comber & Colley, 1995; Hargreaves et al., 2006; Kopiez & Lehmann, 2008; Louven, 2011). Der bedeutende Einfluss des Alters auf die Musikpräferenz wird von verschiedenen Studien gestützt (u. a. Hargreaves et al., 2006; LeBlanc, Sims, Siivola & Obert, 1996), doch sind die Ergebnisse nicht eindeutig: Während einige Autoren im Laufe der Grundschulzeit (Gembris & Schellberg, 2007) oder bereits in der Vorschulzeit (Hargreaves, 1987) von einer Abnahme an Offenohrigkeit ausgehen, sehen beispielsweise Kopiez und Lehmann (2008) die gesamte Grundschulzeit als Periode der Offenohrigkeit an.

In der deutschsprachigen Literatur kommt der Studie von Gembris und Schellberg (2003) eine Vorreiterrolle bei der empirischen Beschreibung des Konstrukts Offenohrigkeit zu. Die Autoren bewerten das ‚Verschwinden' von Offenohrigkeit im Verlauf der Grundschulzeit, also die zunehmende Ablehnung unter anderem von Musik mit ‚klassischen' Stilmerkmalen, als negativ und sehen in gezielten musikpädagogischen Unterrichtsentwürfen Chancen, diesem entgegen zu wirken (Schellberg, 2006). Diese selten hinterfragte Zielsetzung wird auch in den Richtlinien und Lehrplänen für die Grundschule in Nordrhein-Westfalen (NRW) deutlich. Nach diesen Richtlinien führe der Musikunterricht die Grundschulkinder „zu einem offenen und aktiven Umgang mit Musik" hin und sei die „[hörende] Auseinandersetzung mit vielfältiger Musik (Popmusik und Jazz, Klassische und Neue Musik sowie Musik anderer Länder und Kulturen)" von entscheidender Bedeutung, um Aufgeschlossenheit und Neugierde zu erhalten (Ministerium für Schule und Weiterbildung NRW, 2008, S. 87–89). So gehe es im Musikunterricht darum, „für vielfältige Musik offen zu werden" (Ministerium für Schule und Weiterbildung NRW, 2008, S. 93).

Auch in den JeKi-Programmstandards von NRW wird „stilistische Offenheit gegenüber allen Musikstilen"[1] explizit als Inhalt formuliert. Nach Behne (1975, 1987) sollte sich dies auch aus musikbezogenen Präferenzäußerungen der Kinder ablesen lassen. Diese These zum Zusammenhang von musikalischer Erfahrung und Präferenz lässt sich auch empirisch bestätigen. So haben bereits Hargreaves et al. (1995) in einer Studie mit Jugendlichen festgestellt, dass „level of [musical] training and preference for 'serious' style categories" (Hargreaves et al., 1995, S. 248) positiv korrelieren, wobei die Autoren unter *‚serious' style categories* vor allem Musik aus den Bereichen Klassik und Oper, aber auch Jazz und Folk fassen. Louven (2011) hat Grundschulkinder während ihrer ersten vier Schuljahre nach Präferenzurteilen für vorgespielte Musikstücke befragt. Ein Teil der Kinder befand sich in sogenannten Streicherklassen, die

---

[1] Informationen hierzu finden sich unter: https://www.jedemkind.de/programm/mediathek/pdf/120326_programmstandards_2011_2012.pdf [06.06.2014].

während der ersten zwei Schuljahre wöchentlich zwei Stunden schulischen Instrumentalunterricht im Klassenverbund erhielten und in den letzten beiden Grundschuljahren an Streicher-AGs teilnehmen konnten. Louven konnte feststellen, dass Kinder aus Streicherklassen generell positivere Bewertungen für die Vielfalt der präsentierten Musikstücke abgaben. Insbesondere profitierten von dem Instrumentalunterricht jedoch die Bewertungen der Musikstücke mit ‚klassischen' Stilmerkmalen, was Louven dadurch erklärt, dass sich Kinder aus Streicherklassen „von der Substanz des musikalischen Materials her mit ‚Klassik' beschäftigten" (Louven, 2011, S. 58). Zudem würden sie sich über den vertraut gewordenen Streicherklang mit der „Welt der klassischen Musik" identifizieren können (Louven, 2011, S. 58). Auch die Studie von Schellberg (2006) verdeutlicht, wie durch die intensive Beschäftigung mit einer Opernarie im Rahmen des schulischen Musikunterrichts die Präferenzurteile für die konkrete Arie deutlich positiver ausfielen, als dies für Musik im Stile des Belcanto zu erwarten sei. Auf einen Zusammenhang von Vertrautheit und Gefallen wird in der musikpsychologischen Präferenzforschung immer wieder verwiesen (vgl. Reinhardt & Rötter, 2013, S. 135 ff.), was die Vermutung bekräftigt, dass musikbezogene Aktivitäten der typischen altersabhängigen Abnahme an Offenohrigkeit im Bereich der *serious* Stilkategorien entgegenwirken könne (vgl. Hargreaves et al., 1995; Louven, 2011; Schellberg, 2006). Diese Beobachtung ließe sich durchaus als Wert an sich deuten, da sich in der Erweiterung beziehungsweise Aufrechterhaltung eines breit ausgerichteten Präferenzspektrums möglicherweise eine Offenheit widerspiegelt, die den Kindern den Zugang zu verschiedenen Aspekten des musikalisch-kulturellen Lebens erleichtern könnte. Empirisch belegt ist solch ein Zusammenhang von musikalischer Offenheit und genereller kultureller Offenheit bislang jedoch nicht. Andererseits könnte das ‚Verschwinden' (Gembris & Schellberg, 2007) von Offenohrigkeit auch als Zeichen einer sich ausbildenden Urteilsfähigkeit und individuellen Musikpräferenz gedeutet werden, was ebenfalls als wertvoll und förderungswürdig erachtet werden kann.

Die erwähnten musikpädagogischen Erwartungen sollten zudem im Kontext der musikbezogenen Transferforschung betrachtet werden, die spätestens seit dem sogenannten ‚Mozart-Effekt' (Rauscher, Shaw & Ky, 1995) öffentliche Aufmerksamkeit erfahren und eine kontroverse Fachdiskussion generiert hat. Wie Nonte und Schwippert in ihrem Beitrag zum Teilprojekt Transfer in diesem Band (vgl. Kap. III) darstellen, richten sich pädagogische Erwartungen an musikbezogene Aktivitäten im Wesentlichen auf Transferwirkungen in den kognitiven, aber auch den sozialen Bereich (vgl. BMBF, 2006; 2009). Aus dem Bildungsbericht von 2012 (Autorengruppe Bildungsberichterstattung, 2012) lassen sich zudem Erwartungen auf individualpsychologische Transferwirkungen ablesen:

> Kulturelle/musisch-ästhetische Bildung als integraler Bestandteil individueller und sozialer Identitätsentwicklung ermöglicht die Entwicklung künstlerischer Wahrnehmungs-, Darstellungs-, Gestaltungs- und Ausdrucksformen, vor allem über eigene ästhetische Praxis, die in ganz unterschiedlichen sozialen Kontexten ausgeübt wird und so zu spezifischen Gemeinschaftserfahrungen führen kann. (Autorengruppe Bildungsberichterstattung, 2012, S. 160)

Bisherige empirische Studien mit Jugendlichen und Erwachsenen lassen die Annahme dieser individualpsychologischen Transferwirkungen auch für Kinder berechtigt erscheinen. Wesentliche Aspekte solch einer Argumentation sind zum einen die bereits beschriebene Beeinflussung musikalischer Präferenz durch musikbezogene Erfahrungen sowie zum anderen die Bedeutung von Musikpräferenzäußerungen zur Ausbildung und Darstellung der eigenen Identität (Überblick bei MacDonald, Hargreaves & Miell, 2002). In der Forschung zur Musikpräferenz werden verschiedene Modelle zur Strukturierung musikalischer Präferenzäußerungen für eine Vielzahl musikalischer Beispiele diskutiert. Für die Frage der Identitätsbildung ist das von Rentfrow, Goldberg und Levitin (2011) vorgeschlagene *Five-Factor-Model MUSIC* (*Mellow*, *Unpretentious*, *Sophisticated*, *Intense* und *Contemporary*) bedeutsam, da hierbei nach den psychischen Wirkungen der jeweiligen Musikstücke differenziert wird. Rentfrow et al. (2011) argumentieren für multiple Einflüsse (wie psychologische Disposition, soziale Interaktion, Umgang mit populären Medien, kultureller Trend) auf musikalische Präferenz und verweisen auf die Eigentümlichkeit, dass wir zwar um die enorme Bedeutung von Musik für Menschen wissen, „curiously, however, very little is known about why music is so important" (Rentfrow et al., 2011, S. 1155). Aus einer Studie von Schäfer und Sedlmeier (2009) lässt sich ableiten, dass Musik vielfältige bedeutende Funktionen für Individuen übernehmen kann. Der Nutzung von Musik zur Darstellung der eigenen Identität kommt hierbei eine besondere Stellung zu: „the most important reasons why people like their music are its capability to express their identity and their values and its ability to bring people together" (Schäfer & Sedlmeier, 2009, S. 297).

Als ein Entwicklungsabschnitt, in dem Musik in besonderer Weise Funktionen bei der individuellen Identitätsbildung erfüllen kann, gilt die Pubertät (vgl. Gembris, 2005; Behne, 1986; 1997). Die Ausbildung und Darstellung von Identität durch Musik kann innerhalb der Offenohrigkeitsforschung unter anderem im Zusammenhang mit dem Geschlecht, der Persönlichkeit, dem Migrationshintergrund sowie dem sozialen Status (ökonomisch und kulturell) betrachtet werden. Hinsichtlich des Geschlechts wird zumeist konstatiert, dass Mädchen im Vergleich zu Jungen offenohriger seien (Hargreaves et al., 1995; Gembris & Schellberg, 2007; Busch, Lehmann-Wermser & Liermann, 2009). In der Studie von Kopiez und Lehmann (2008) zeigten sich hingegen keine bedeutsamen geschlechtsspezifischen Effekte, was sich aber vermutlich aufgrund ihrer Einstufung von ‚klassischer' Musik als konventionelle Musik relativieren lässt. Erklärungsansätze für Geschlechtsunterschiede im musikalischen Präferenzverhalten sind vermutlich in einer geschlechtsspezifischen musikalischen Sozialisation zu finden (vgl. u. a. Müller, 1999; Busch et al., 2009). Hierfür sprechen auch die Befunde von Wilke (2012), nach denen Jungen bereits im Grundschulalter Gangsta Rap zur Auseinandersetzung mit und zur Inszenierung von Männlichkeit nutzen (Wilke, 2012, S. 241 ff.). Hinsichtlich der Persönlichkeitsstruktur (*Big Five* nach Costa & McCrae, 1992) liegt für Jugendliche und Erwachsene bereits eine Reihe von Studien vor, die auf Zusammenhänge mit musikbezogenen Präferenzen verweisen (Delsing, Bogt, Engels & Meeus, 2008; Rawlings & Ciancarelli, 1997; Zweigenhaft, 2008). So korreliert das Persönlichkeitsmerkmal ‚Offenheit für Erfahrungen' positiv mit einer stilistisch breit angelegten Musikpräferenz, während das Persönlichkeitsmerkmal ‚Extraversion' positive Zusammenhänge zu populären sowie zu in hohem Maße erregenden Musikformen ausweist (Rawlings & Ciancarelli, 1997). Entsprechend sehen Langmeyer, Guglhör-Rudan und Tarnai (2012, S. 120) in diesen beiden Persönlichkeitsmerkmalen die besten Prädiktoren für Musikpräferenz. Hinsichtlich der Musikpräferenz von Grundschulkindern kann sich jedoch nicht auf empirische Befunde gestützt werden. Dennoch lassen die berichteten Ergebnisse bezüglich höherer Altersstufen vermuten, dass beispielsweise der Persönlichkeitsfaktor ‚Offenheit für Erfahrungen' auch bereits mit der kindlichen Musikpräferenz korreliert. Möglicherweise lässt sich dieses Persönlichkeitsmerkmal mit dem vielfach beschriebenen kritischen Zeitfenster in der kindlichen Entwicklung, in dem junge Kinder mit erhöhter Sensibilität auf musikbezogene Anregungen hinsichtlich ihrer Präferenzentwicklung reagieren sollen (u. a. Gembris, 2005; Hargreaves et al., 2006), in Verbindung bringen und entsprechend die kindliche Offenohrigkeit als Indikator für diese Zeitfenster deuten. Als ein weiterer Aspekt bei der Identitätsbildung kann der Migrationshintergrund angesehen werden. Diesbezüglich liegen empirische Hinweise vor, wonach Jugendliche und Erwachsene mit Migrationshintergrund die Musik ihres jeweiligen Herkunftslandes präferieren (Sakai, 2011; Cremades, Oswaldo & Lucia, 2010; Henninger, 1999; Teo, Hargreaves & Lee, 2008). Zudem wird angenommen, dass die Loslösung vom elterlichen Musikgeschmack aufgrund der häufig bedeutsamen Rolle von Musik im familiären Alltag von Migrationsfamilien verzögert ist (Baumann, 1985; Greve, 2003; Wurm, 2006). Die Ausbildung und Darstellung von Identität muss auch im Zusammenhang mit dem Sozialstatus diskutiert werden und dabei muss auf Bourdieu (u. a. 1993) verwiesen werden. Dieser beschreibt mit dem Habitus-Konzept die soziale Gebundenheit der Gesten und Handlungen eines Menschen, wobei musikalische Vorlieben ausdrücklich als ein bedeutender Ausdruck eines bestimmten Habitus und damit einer gesellschaftlichen ‚Klasse' angesehen werden. Entsprechend ist Bourdieu überzeugt, „daß man von den musikalischen Präferenzen, die jemand hat (oder noch einfacher von den Radiosendern, die er hört), genau so unfehlbar auf die Zugehörigkeit zu einer sozialen Klasse" schließen könne (Bourdieu, 1993, S. 150). Peterson und Simkus (1992) sowie Chan und Goldthorpe (2007) haben zwar die von Bourdieu postulierte eindeutige Zuordnung von Sozialstatus und bevorzugtem Musikstil nicht bestätigen können, wohl aber einen Zusammenhang von Sozialstatus und stilistischer Breite der präferierten Musik. Demnach steht ein höherer sozialer Status mit der Wertschätzung einer größeren Bandbreite an musikalischen Genres in Verbindung (*omnivores*), während ein niedrigerer sozialer Status eher mit der Beschränkung auf einen oder wenige musikalische Stile einhergeht (*univores*; Peterson, 1992; Peterson & Simkus, 1992; Chan & Goldthorpe, 2007; van Eijck, 2001). Eine Beeinflussung von Musikpräferenz durch die Zugehörigkeit zu einer sozialen Schicht scheint somit naheliegend, wenn auch nicht im engen Sinne von Bourdieu (vgl. Lenz, 2013, S. 176 f.). Bourdieu argumentiert zudem (vgl. auch Kleinen, 2011), dass vor allem „[unterschiedliche] Arten des Erwerbs der musikalischen Bildung, unterschiedliche Formen der allerersten Musikerfahrungen" (Bourdieu, 1993, S. 150), die wiederum nach sozialem Status differieren, wesentlich den längerfristigen Musikgeschmack eines Menschen prägen. Eine bedeutende Rolle bei der Aneignung habitueller Verhaltensweisen komme nach Bourdieu (1983) den körperlich gebundenen Erfahrungen zu (vgl. Lenz, 2013, S. 169). Aus der musikpsychologischen Forschung legen etliche Studien ebenfalls eine besondere Körpergebundenheit musikalischer Erfahrung nahe (u. a. Iyer, 2002; López Cano, 2003; Godøy & Leman, 2010; Busch, 2005), sodass musikbezogenen Aktivitäten in der frühen Bildung ein nicht zu unterschätzender Einfluss auf die Ausbildung sozialer Verhaltensmuster zugesprochen werden sollte. Hierin liegen somit auch Chancen für die Musikpädagogik: Obgleich der jeweils schichtspezfische gesellschaftliche Habitus seit der Geburt vom Umfeld erfahren und erlernt werde, bestehe nach Bourdieu ein gewisser Handlungsspielraum zur Entfaltung individuellen Verhaltens. Wenn nun wie in Hamburg mit dem JeKi-Programm in besonderer Weise Kinder von bildungsfernen Schichten erreicht werden (vgl. Nonte & Schwippert, 2012), können die Erfahrungen mit musikalischen Aktivitäten, die üblicherweise nicht zum schichtspezifischen Habitus dieser Kinder gehören, möglicherweise dazu führen, die Grenzen ihrer individuellen Handlungsspielräume zu erweitern, um alternative oder einfache zusätzliche Verhaltensweisen zu erproben. Dies sollte sich ebenfalls in einer weniger stark ausgeprägten Ablehnung von unkonventioneller Musik im Sinne Hargreaves (1982a, b) niederschlagen, denn die vermeintlich unkonventionelle Musik wäre den Kindern durch den schulischen Unterricht vertrauter und Teil ihres Erfahrungsschatzes, auf den sie dann für unterschiedliche Bedürfnisse zurückgreifen können.

Musikpräferenz wird in der vorliegenden Studie somit zusammenfassend als ein Teil generellen kulturellen Verhaltens angesehen (vgl. Kap. V, Kulturelle Teilhabe in diesem Band), der unter anderem die Fähigkeit umfasst, die eigenen musikalischen Vorlieben zu benennen sowie das Wissen, welche Musik in welchem Moment bevorzugt wird und wie Musik zur Übernahme bestimmter individueller und sozialer Funktionen genutzt werden kann. So kann Musik beispielsweise gezielt zur Stimmungsaufhellung, zum Emotionsausdruck, zur Ausbildung und Darstellung der eigenen Identität, zur Abgrenzung von sozialen Gruppen sowie zur Strukturierung des Alltags eingesetzt werden. All diese Aktivitäten bedürfen der Fähigkeit, Musik und ihre individuelle, soziale und situationsbezogene Wirkung beurteilen zu können. Es erscheint naheliegend, dass diese Form musikalischer Urteilsfähigkeit in hohem Maße von reichhaltigen Hörerfahrungen und musikalischen Aktivitäten in der frühen Kindheit profitieren und sich erst aus einer Vielfalt des musikalisch Erlebten eine genuin individuelle Musikpräferenz bzw. ein längerfristiger Musikgeschmack herausbilden kann. Somit kann das JeKi-Programm als eine Chance verstanden werden, durch die aktive Auseinandersetzung mit ansonsten möglicherweise nur schwer zugänglichen musikalischen Erlebniswelten das musikalische Stilempfinden und die ästhetische Urteilsfähigkeit zu schulen und die Bandbreite an vertrauten Musikstilen zu vergrößern, sodass die Verhaltensspielräume der heranwachsenden Kinder zur Nutzung von Musik erweitert werden. Das Ziel der vorliegenden Studie ist, einen Beitrag zur empirischen Überprüfung dieser Annahmen zu leisten.

2 Fragestellungen

Die übergeordnete Fragestellung lautet, inwieweit sich die vielfach beschriebene latente (lat.: verborgen sein) Offenohrigkeit differenziert beschreiben lässt. Bei solch einer Betrachtung eines latenten Konstrukts wird davon ausgegangen, dass dieses nicht direkt beobachtet werden kann, sondern erst über die Zusammenfassung beobachtbarer Indikatorvariablen fassbar gemacht wird (Bollen, 2002). An einem angemessenen Modell können dann Erklärungen anhand weiterer Merkmale vorgenommen werden. Hierfür kommen jene Merkmale in Frage, die im Rahmen des einleitenden Forschungsreviews als mögliche Einflussesvariablen beschrieben wurden. Somit sollen folgende Fragestellungen untersucht werden:

- Ist Offenohrigkeit als singulärer Faktor auf der Basis von Präferenzurteilen für unkonventionelle Musik beschreibbar?
- Gibt es Merkmale von Gruppen (von Kindern), die sich hinsichtlich ihrer Präferenzurteile unterscheiden, und wie lassen sich diese Gruppen gegebenenfalls differenzieren?
- Sind ältere Kinder weniger offenohrig als jüngere Kinder?
- Sind Jungen zu allen Messzeitpunkten weniger offenohrig als Mädchen?
- Welche Einflüsse haben schulischer und privater Instrumentalunterricht auf Offenohrigkeit?
- Wie wirkt sich ein Migrationshintergrund der Kinder auf Offenohrigkeit aus?
- Wie wirkt sich der soziale Status auf die Offenohrigkeit aus?

3 Studiendesign

Das Studiendesign entspricht dem längsschnittlichen Design der SIGrun-Verbundstudie (zur ausführlichen Beschreibung siehe Kap. II.2 in diesem Band). Die spezifischen Bedingungen des hier beschriebenen Teilprojekts werden im Folgenden dargestellt.

3.1 Stichprobe

Die Stichprobe der vorliegenden Kohortenstudie basiert auf Grundschulklassen aus 20 Schulen in NRW und 13 Schulen in Hamburg und lässt sich nach fünf schulspezifischen Erhebungsgruppen differenzieren: JeKi-Schulen in NRW; JeKi-Schulen in Hamburg; JeKi-Schulen in NRW mit zusätzlichem Sportangebot; Schulen mit Instrumentalangebot in Hamburg; Sportschulen in NRW (vgl. Kap. II in diesem Band). Die quantitativen Erhebungen wurden jeweils zum Ende eines Grundschuljahres durchgeführt (t_{1-4}: 2009 bis 2012), wobei zu jedem Erhebungszeitpunkt mindestens $n = 1\,000$ Kinder in die Erhebungen einbezogen wurden (vgl. Kap. II in diesem Band). Vollständige Datensätze über alle vier Messzeitpunkte liegen für insgesamt $n = 735$ Kinder vor. Aus dieser Gesamtstichprobe wurden 28 Kinder ausgewählt, die in der Mitte des zweiten und des vierten Schuljahres an qualitativen Interviews in Kleingruppen teilnahmen. Neben den Befragungen der Kinder wurden sowohl quantitative als auch qualitative Erhebungen zusätzlich mit deren Eltern und Lehrkräften durchgeführt.

Bei der statistischen Analyse waren einige Herausforderungen aufgrund der zum Teil uneinheitlichen Datenstruktur zu bewältigen. Dies war der notwendigen Ausweitung der Erhebung im Verlauf der Studie geschuldet, die wegen der insgesamt geringen Stichprobenumfänge sowie wegen der nicht hinreichenden Homogenität der Teilstichproben im ursprünglich geplanten *Split-Half-Design* vorgenommen werden musste. Entsprechend ist eine Verknüpfung der Beurteilungen sämtlicher Musikbeispiele über alle Messzeitpunkte nicht möglich.

3.2 Methodisches Vorgehen und Durchführung

Die hier vorgestellten Befunde umfassen schwerpunktmäßig quantitative Datenanalysen auf Basis standardisierter Fragebögen. Die bereits erwähnten Interviews wurden als komplementäre Ergänzungen in den Längsschnitt integriert (Flick, 2011), um die Ergebnisse der qualitativen und quantitativen Erhebungen im Sinne eines „complementary model of triangulation" nach Erzberger und Kelle (2003, S. 469) einander ergänzend betrachten zu können.

Die Durchführung der quantitativen Erhebungen fand zu jedem Messzeitpunkt im Klassenverbund in den jeweiligen Klassenräumen während der regulären Schulzeit statt. Die insgesamt neun leitfadengestützten Interviews wurden ebenfalls während der regulären Schulzeit in Kleingruppen von zwei bis vier Kindern eines Klassenverbundes außerhalb des Klassenraumes durchgeführt. Im Folgenden werden die Messinstrumente der quantitativen und der Leitfaden der qualitativen Erhebungen erläutert.

3.2.1 ‚Klingender Fragebogen' als Messinstrument für Musikpräferenz

Bei der Erhebung der abhängigen Variable Musikpräferenz wurde auf einen ‚Klingenden Fragebogen' zurückgegriffen, der bereits vielfach in verschiedenen Studien eingesetzt und erprobt wurde (Gembris & Schellberg, 2003, 2007; Kopiez & Lehmann, 2008; ebenfalls verwendet von Louven, 2011). Die Adaption des ‚Klingenden Fragebogens' gewährleistet eine Differenzierung für die Fragestellungen der vorliegenden Studie bei gleichzeitiger Vergleichbarkeit der Ergebnisse mit den Befunden der genannten früheren Studien.

Die Auswahl der 16 musikalischen Exzerpte (jeweils 30 Sekunden Dauer, mittleres Tempo um 60 bis 95 bpm; s. Tab. IV.1) orientierte sich an Hargreaves' (1982a) Beschreibung von Offenohrigkeit und umfasste somit vor allem Musikstücke, die aus Sicht von Erwachsenen eher unkonventionell für Kinder klingen sollten. Hierbei wurde die nicht unproblematische Frage nach vermeintlicher Unkonventionalität im Sinne von Hargreaves auf eine generelle Vertrautheit mit unterschiedlichen Musikstilen bezogen

(Hargreaves, 1982b, 1987; Hargreaves et al., 2006) und zudem angenommen, dass die Hörgewohnheiten der Eltern prägend für die kindliche Vertrautheit mit musikalischen Stilkategorien sind. Hargreaves (1982b, S. 14) vermutet, dass Musik der ‚Klassik' und ‚Avantgarde' nur selten Teil der elterlichen Hörgewohnheiten sind, was im Rahmen dieser Studie durch eine Befragung der elterlichen Hörpräferenzen bestätigt wurde. So wurden im Durchschnitt lediglich die musikalischen Stilkategorien ‚Rock/Pop' und ‚Musical' eindeutig positiv von den Eltern beurteilt, während alle anderen Stilkategorien negative Beurteilungen erhielten. Entsprechend wurde post hoc geschlossen, dass die für den ‚Klingenden Fragebogen' ausgewählten Musikstücke aus den Stilkategorien ‚Klassik' und ‚Avantgarde' sowie diejenigen aus nicht-westlichen Musikkulturen keinen bedeutenden Anteil an der (familiären) Hörerfahrung der Kinder haben und somit als eher unvertraut (also vermeintlich unkonventionell) einzustufen sind.

Tabelle IV.1: Musikbeispiele des ‚Klingenden Fragebogens'

Musikbeispiel	Komponist / Interpret / Album	Komposition / Song	Dauer / Ausschnitt	Tempo
Übungsbeispiel	Friedbert Kerschbaumer / Die schönsten Kinderlieder auf der Panflöte	Ein Männlein steht im Walde	30 Sek. / 00:00-00:30	90 bpm
Afrika	Magi Shamba / Colors of Africa	Upepu	30 Sek. / 00:00-00:30	95 bpm
Türkei	Sümer Ezgü / Ege Toros Yörük Türkmen Türküleri (Anatolia Ethnic Music. Turkish Folk Music)	Ümmü	30 Sek. / 00:00-00:30	88 bpm
Russland	Samovar Russian Folk Music Ensemble / Some of our Best	Smyglyanka	28 Sek. / 01:24-01:52	86 bpm
China	Chinese Ensemble of Movie Music and Folk Music / Zhong Guo Dao Jiao Yin Le (Chinese Taoist Music)	Yu Fu Rong	30 Sek. / 01:20-01:50	90 bpm
Garrett	David Garrett / Encore	Air	30 Sek. / 01:52-02:23	60 bpm
Mendelssohn	Felix Mendelssohn-Bartholdy	4. Sinfonie, 1. Satz	30 Sek. / 00:00-00:30	60 bpm
Henze	Hans Werner Henze	3. Sinfonie, 3. Satz „Beschwörungstanz"	32 Sek. / 00:41-01:13	ca. 60 bpm
Bach	Johann Sebastian Bach	3. Orchester-Suite, „Gavotte I"	30 Sek. / 00:00-00:30	80 bpm
Acht Auftragskompositionen von Achim Gieseler (s. Tab. IV.2)			30 Sek.	90 bpm

Anmerkung. bpm = beats per minute.

Die beiden Musikstücke mit ‚klassischen' musikalischen Stilmerkmalen (Mendelssohn und Bach) sowie das Musikstück der zeitgenössischen Kunstmusik (Henze) wurden aus früheren Studien übernommen. Das Bach-Exzerpt wurde ab Messzeitpunkt 2 hinzugenommen, da das Mendelssohn-Exzerpt etlichen Kindern bereits zu Messzeitpunkt 1 aus dem Film *Barbie in Die 12 tanzenden Prinzessinnen* (2006) bekannt war. Der ‚Klingende Fragebogen' umfasste zudem vier Musikstücke aus unterschiedlichen Musikkulturen (Türkei, Russland, China und Afrika), die für die Mehrheit der Kinder ebenfalls als eher unkonventionell eingestuft wurden. Sie entstammen jedoch aus Herkunftsregionen, für die in den Erhebungsgebieten der vorliegenden Studie (NRW und Hamburg) ein relativ hohes Migrationsaufkommen besteht (Statistisches Bundesamt, 2009), sodass diese Musikstücke für Kinder mit entsprechendem Migrationshintergrund eher vertraut klingen sollten.

Des Weiteren wurde ein Musikstück (Garrett) aufgenommen, das dem Bereich des musikalischen ‚Cross-Overs' zwischen ‚klassischen' und ‚populären' Stilmerkmalen zugehört. Diese Kombination von Stilmerkmalen mag insgesamt eher unkonventionell erscheinen, doch möglicherweise dominieren bestimmte musikalische Merkmale eines Stils die kindliche Beurteilung. So könnte einerseits das Vorhandensein eines Schlagzeuges als möglicherweise „strukturelle Fundamentbasis" und „epochales Stilmerkmal" von Popmusik (Jaedtke, 2000, S. 206) zu einer eher konventionellen Beurteilung des ‚Cross-Over'-Stückes führen. Andererseits könnte auch der dominante ‚klassische' Klang des Streichinstrumentes Violine eine Kategorisierung als unkonventionell begünstigen (Louven, 2011).

Tabelle IV.2: Auftragskompositionen

Musikbeispiel	Kompositionsstil	Instrumentation	Drum Set
Kla-Kla	Klassik	Klassik	Nein
Kla-Kla D			Ja
Kla-Pop		Pop	Nein
Kla-Pop D			Ja
Pop-Kla	Pop	Klassik	Nein
Pop-Kla D			Ja
Pop-Pop		Pop	Nein
Pop-Pop D			Ja

Zudem umfasst der ‚Klingende Fragebogen' acht Musikstücke des Berliner Komponisten Achim Gieseler, die dieser als Auftragskompositionen für die vorliegende Studie komponiert hat. Die Vorgabe lautete, die Parameter ‚klassische' versus ‚populäre' Kompositionsweise, ‚klassische' versus ‚populäre' Instrumentationsweise sowie zusätzlich die An- bzw. Abwesenheit eines Schlagzeugklanges (vgl. Jaedtke, 2000) zu verarbeiten. Jede mögliche Kombination dieser Parameter wurde dabei berücksichtigt (s. Tab. IV.2). Die Auftragskompositionen mit einheitlich ‚populären' Stilmerkmalen sollten auf der Basis bereits vorliegender Befunde konventionelle Musik repräsentieren, während die Auftragskompositionen mit einheitlich ‚klassischen' Merkmalen (analog zu Bach und Mendelssohn) a priori als unkonventionell eingestuft wurden. Die Auftragskompositionen wurden hinsichtlich ihrer Kompositions- und Instrumentationsweise so kombiniert, dass sie sowohl konventionelle („populäre') als auch unkonventionelle („klassische') Stilmerkmale aufwiesen, was die eindeutige Kategorisierung durch die Kinder erschweren sollte. Wie bereits anhand des ‚Cross-Over'-Stücks dargelegt wurde, sollten diese Musikstücke somit Rückschlüsse darauf erlauben, welche musikalischen Parameter die kindliche Kategorisierung nach musikalischen Stilmerkmalen dominieren und dadurch möglicherweise die Präferenzäußerungen beeinflussen. Generell wurde eine positive Beurteilung der vermeintlich unkonventionellen Musikbeispiele in der vorliegenden Studie als ein hohes Maß an Offenohrigkeit interpretiert.

Die Erhebung des ‚Klingenden Fragebogens' erfolgte gemeinsam mit den weiteren standardisierten Instrumenten. Den Kindern wurden nacheinander die Musikbeispiele auf einem CD-Player in einheitlicher Lautstärke vorgespielt. Zur Vermeidung von Reiheneffekten wurden die Beispiele in verschiedenen Reihenfolgen dargeboten. Nach jedem Musikbeispiel wurde das Abspielen der CD angehalten, um den Kindern Zeit für ihr Urteil zu geben. Dieses wurde auf einer jeweils zu einem Musikstück dazugehörigen fünfstufigen ikonographischen Likert-Skala erfasst (Smileys unterschiedlichen emotionalen Ausdrucks von 1 „will ich häufiger hören" bis 5 „will ich nicht hören", siehe u. a. Gembris & Schellberg, 2007). Das arithmetische Mittel der Präferenz-Ratings reicht von $M = 1.64$ (Pop-Pop D zu t_1: Standardabweichung $[SD] = 1.12$) bis $M = 3.35$ (Türkei zu t_3: $SD = 1.37$), wobei die Ratings der Musikbeispiele zum Großteil eine rechtsschiefe Verteilung aufweisen (über alle Messzeitpunkte haben nur fünf Variablen eine Schiefe < 0; vier davon zu Messzeitpunkt 4) und nicht-normalverteilt sind. Der Nicht-Normalität wurde über den Einsatz robuster Schätzer begegnet. Es sei betont, dass es sich bei den erhobenen Daten um Präferenzurteile und keine üblichen Testscores handelt. Während z. B. für einen Mathematiktest zumeist nur die Fähigkeit und die Itemschwierigkeit von Interesse sind, kann hier die differenzierte Wahrnehmung der Musikbeispiele zwischen den Kindern bedeutsam sein (vgl. Maydeu-Olivares & Böckenholt, 2009).

3.2.2 Messinstrumente der potenziellen Prädiktoren

Die Kinder bzw. deren Eltern beantworteten umfassende Fragebögen – unter anderem zum Alter und Geschlecht, zur Teilnahme am JeKi-Programm, zum privatem Instrumentalunterricht, zu sonstigen privat organisierten musikbezogenen Tätigkeiten (z. B. Konzertbesuche), zur kindlichen Persönlichkeit, zum sozialen Status, zum Migrationshintergrund, zu kognitiven Fähigkeiten sowie zum elterlichen Unterstützungsverhalten.

Die zentralen Prädiktoren der hier präsentierten Analysen wurden folgendermaßen operationalisiert: Die JeKi-Teilnahme und das Geschlecht wurden im Schülerfragebogen erhoben. Zusätzlich wurde im Elternfragebogen erfragt, ob das Kind in dem vorangegangenen Jahr privat organisierten Instrumentalunterricht (informell oder nonformal) erhalten hatte.

3.2.3 Leitfaden und Auswertung der Kinderinterviews

Den Interviews mit den Kindern lag ein Leitfaden zugrunde, der unter anderem Fragen zu zwei im Interview vorgespielten Musikstücken des ‚Klingenden Fragebogens' (Pop-Pop D und Kla-Kla) stellte sowie Fragen zur Lieblingsmusik und zu möglichen musikbezogenen Geschlechtsstereotypen umfasste. Zu beiden Interviewzeitpunkten wurden sowohl geschlechtshomogene als auch geschlechtsheterogene Gruppen befragt.

Bei der inhaltsanalytischen Auswertung wurde ein kombiniertes Vorgehen aus induktiver Kategoriegewinnung und deduktiver Kategorieanwendung verfolgt (vgl. Mayring, 2007). Hierbei wurde das vorläufige Kategoriensystem des 1. Interviewzeitpunkts (vgl. Beutler-Prahm, 2012) anhand der Daten des 2. Interviewzeitpunkts weiterentwickelt und dann als einheitliches Kategoriensystem für beide verwendet.

Nachfolgend werden jene Ergebnisse der qualitativen Erhebung zusammenfassend berichtet, die für das vertiefende Verständnis der quantitativen Befunde bedeutsam sind. Eine umfassende Analyse des qualitativen Datenmaterials wird aktuell im Rahmen des Promotionsvorhabens von Nicola Bunte vorgenommen (vgl. Bunte, 2013).

3.3 Statistische Analyse

Bei den statistischen Analysen wurden zwei Ansätze verfolgt, um ein möglichst umfassendes Bild der musikalischen Präferenz von Grundschulkindern zu zeichnen und die leitenden Forschungsfragen differenziert zu beantworten. Zum ersten wurden die Musikbeispiele faktorenanalytisch in einem mehrdimensionalen Modell analysiert. An diesem Modell wurden Hypothesentests über latente Regressionen und Mehrgruppenanalysen vorgenommen. Zum zweiten wurden die Kinder auf Basis ihrer Präferenzurteile zu homogenen Gruppen zusammengefasst und Unterschiede zwischen diesen Gruppen wurden inhaltlich interpretiert.

3.3.1 Gruppierung der Musikbeispiele auf Basis der Präferenzurteile

Die Beschreibung der statistischen Analyse zur Gruppierung der Musikbeispiele nach den Präferenzurteilen ist von Schurig und Busch ausführlich dokumentiert (u. a. Schurig, Busch & Strauß, 2012; Busch, Schurig, Bunte & Beutler-Prahm, in Druck a, b), sodass hier die wesentlichen Aspekte zusammenfassend dargestellt werden können.

Zunächst wurden zur Überprüfung, ob Offenohrigkeit als latentes Konstrukt auf der Grundlage der Präferenzurteile darstellbar ist, Konfirmatorische Faktorenanalysen im Rahmen der Strukturgleichungsmodellierung vorgenommen (Bollen, 2002). Darüber hinaus wurde die für Schuluntersuchungen charakteristische hierarchische Schachtelung des Datenmaterials (Reinecke, 2005) beachtet, indem durch eine Gewichtungskorrektur die Standardfehler angemessen berücksichtigt und somit auch die Theorie des Messfehlers adäquat einbezogen wurden. Mithilfe von Varianzanalysen mit Messwiederholung wurde die Entwicklung der Faktorscores im Längsschnitt betrachtet.

Darüber hinaus wurden die Urteilsveränderungen über die Zeit auf Ebene der einzelnen Musikstücke untersucht. Da einige Verteilungsvoraussetzungen der Daten (Sphärizität und Normalität) für die Berechnung einfaktorieller Varianzanalysen mit Messwiederholung nicht immer gegeben waren, wurde der Friedman-Test als robuste nonparametrische Alternative eingesetzt. Zur *Post-Hoc-Analyse* von Messzeitpunkt zu Messzeitpunkt wurden zudem separate Einzeltests mittels des *Wilcoxon-Tests* berechnet.

3.3.2 Gruppierung der beurteilenden Kinder auf Basis der Präferenzurteile

Ein weiterer Ansatz verfolgt das Ziel, die Kinder auf Basis ihres individuellen Antwortverhaltens zu gruppieren und die empirisch festgestellten Gruppen zu interpretieren. Hierzu wurde das Verfahren der Latenten Klassenanalyse ausgewählt. Die Analyse latenter Klassen (*Latent Class Analysis*) ist ein statistisches Hilfsmittel zum Auffinden empirischer Typologien (Bacher & Vermunt, 2010). Die Latente Klassenanalyse ist ein probabilistisches Verfahren, bei dem alle Kinder auf der Basis von Wahrscheinlichkeiten gewissen Klassen zugeordnet werden.

Zunächst wurde auf der Basis gängiger Informationskriterien geprüft, wie viele latente Klassen vorlagen. Die Verrechnung der unabhängigen Variablen (Geschlecht und Teilnahme an privat organisiertem Instrumentalunterricht) erfolgte dabei bei jeder möglichen Klassenlösung in einem Schritt mit der Schätzung der Klassenzugehörigkeiten. Die Auswahl der Klassenzahl geschah auf Basis von heuristischen Vergleichen der logarithmierten *Likelihood* Funktion (*LL*) und darauf basierender Indizes (vgl. Rost, 2004).

Diese Klassen wurden nachfolgend auf ihre Validität geprüft und durch empirische Kenngrößen beschrieben. Die Analysen wurden mit der Statistiksoftware R und dem Paket poLCA (Linzer & Lewis, 2013) durchgeführt, welches die Modellierung auf der Basis polytomer Items erlaubt. Die Analysen wurden mehrfach mit unterschiedlichen Startwerten wiederholt, um für lokale Maxima der *LL*-Funktion zu kontrollieren. Es wurden ausschließlich vollständige Datensätze verwendet, die Stichprobenumfänge pro Messzeitpunkt sind in der Tabelle IV.6 vermerkt.

4 Ergebnisse der Studie

Im Folgenden werden die Ergebnisse zu den Konfirmatorischen Faktorenanalysen, zu den Längsschnittanalysen und zu den Regressionsanalysen zusammenfassend beschrieben. Ausführlicher dargestellt werden Analysen zur Varianz auf Itemebene sowie Analysen zu den latenten Klassen.

4.1 Gruppierung der Musikbeispiele auf Basis der Präferenzurteile

Die Konfirmatorischen Faktorenanalysen legen eine Strukturierung der Musikbeispiele in drei Faktoren nahe, die sich musikalisch sinnfällig mit den Begriffen ‚Ethno/Avantgarde', ‚Klassik' und ‚Pop' inhaltlich beschreiben lassen (vgl. Louven, 2011). Diese faktorielle Lösung kann für die ersten drei Messzeitpunkte angenommen werden und ist in Abbildung IV.1 exemplarisch dargestellt (s. Tab. IV.3 für die Fit-Indizes der einzelnen Modelle für Messzeitpunkt 1 bis Messzeitpunkt 4). Drei Musikbeispiele werden aufgrund von Mehrfachladungen ausgeschlossen (Russland, Kla-Kla D und Pop-Kla). Die Variable Geschlecht wird als Instrumentalvariable aufgenommen, nachdem Testungen über das Geschlecht keine Invarianz in der Ladungsstruktur ergeben haben. Damit wird im Strukturmodell für einen Bias durch diese kontrolliert. Mit Ausnahme der Variablen Alter und Geschlecht kristallisiert sich kein weiterer bedeutsamer Prädiktor für alle Messzeitpunkte heraus, d. h. den Variablen schulischer bzw. privater Instrumentalunterricht, Persönlichkeit, sozialer Status und Migrationshintergrund kann keine Vorhersagekraft für die Präferenzäußerungen zugewiesen werden. Ein einfaktorielles Modell, welches Offenohrigkeit direkt hätte beschreiben können, erreicht zu keinem der Messzeitpunkte einen vergleichbar guten Fit.

Abbildung IV.1: Faktormodell zum dritten Messzeitpunkt

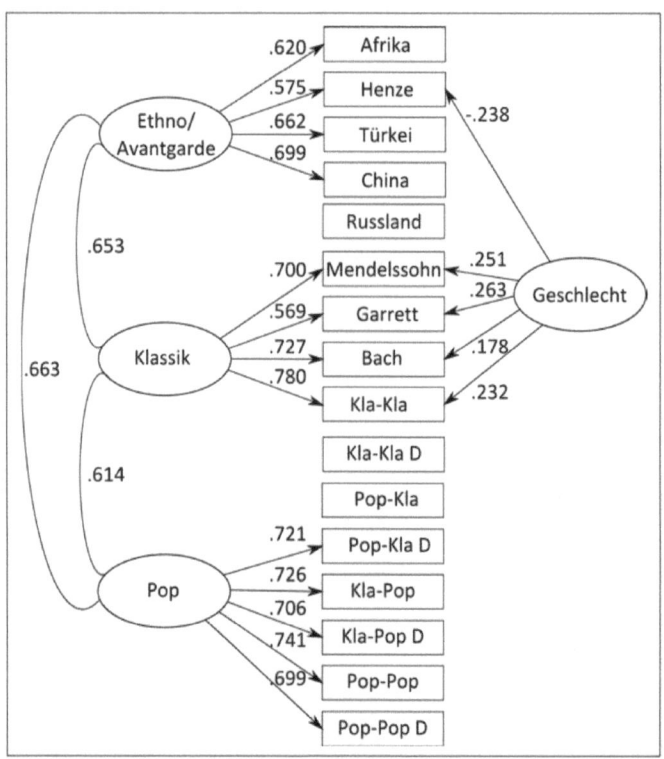

Für Messzeitpunkt 4 kann das beschriebene Modell nicht akzeptiert werden. Für die ersten drei Messzeitpunkte zeigt sich eine zunehmende Verschlechterung der Präferenzurteile für alle drei Faktoren, für Messzeitpunkt 4 setzt sich dieser Trend nur für die Faktoren ‚Ethno/Avantgarde' und ‚Pop' fort, während er sich für den Faktor ‚Klassik' umzukehren scheint. Zugleich ergeben die geschlechtsspezifischen Verläufe der ersten drei Messzeitpunkte, dass die stets negativeren Beurteilungen des ‚Klassik'-Faktors auf die Präferenzurteile der Jungen zurückzuführen sind. Bei den Faktoren ‚Ethno/Avantgarde' und ‚Pop' zeigen sich hingegen keine signifikanten geschlechtsspezifischen Unterschiede im Urteilsverhalten.

Tabelle IV.3: Fit-Indizes der konfirmatorischen Faktormodelle der vier Messzeitpunkte

MZP	n	Chi^2	df	p	CFI	RMSEA
1	444	21.8	11	0.026	0.982	0.047
2	890	42.4	16	< 0.001	0.986	0.043
3	1 172	92.7	23	< 0.001	0.978	0.051
4	995	395.3	23	< 0.001	0.875	0.110

Anmerkungen. Chi^2 = Pearson Chi^2 auf Anpassungsgüte; df = Freiheitsgrade; p = Signifikanzniveau des Chi^2; CFI = Comparative Fit Index; RMSEA = Root Means Square Error of Approximation; MZP = Messzeitpunkt.

4.2 Verlaufsstruktur der einzelnen Präferenzurteile

Zum besseren Verständnis der oben beschriebenen veränderten Urteilsstruktur zu Messzeitpunkt 4 werden die folgenden Analysen auf Ebene der einzelnen Musikstücke vorgenommen. Die Einzelanalysen der paarweisen Vergleiche sind in Tabelle IV.4 zusammengetragen. Es wird deutlich, dass sämtliche Musikstücke der (für die Messzeitpunkte 1 bis 3 gültigen) Faktoren ‚Ethno/Avantgarde' und ‚Pop' unabhängig vom Geschlecht der Kinder zu Messzeitpunkt 4 signifikant schlechtere Bewertungen gegenüber Messzeitpunkt 3 erhielten. Allerdings liegen selbst diese negativeren Präferenzurteile immer noch oberhalb des ‚neutralen' Skalenmittelpunktes (3) und werden somit zwar schlechter, aber weiterhin positiv beurteilt. Bei den ‚Ethno/Avantgarde'-Stücken ist hingegen eine deutlichere Verschlechterung der Beurteilung festzustellen, die bis in jenen negativen Skalenbereich (> 3) hineinreicht, der Missfallen signalisiert. In Hinblick auf diese Musikstücke ist also von einem Rückgang an Offenohrigkeit auszugehen.

Tabelle IV.4: Effekte zwischen den Messzeitpunkten pro Musikbeispiel

Musik-beispiele	Gesamt			Jungen			Mädchen		
	MZP 1 auf 2	MZP 2 auf 3	MZP 3 auf 4	MZP 1 auf 2	MZP 2 auf 3	MZP 3 auf 4	MZP 1 auf 2	MZP 2 auf 3	MZP 3 auf 4
Afrika	-3.27 *	-6.61 *	-5.31 *	-2.55 *	-3.18 *	-3.67 *	-2.05 *	-6.20 *	-3.84 *
Kla-Pop			-5.71 *			-4.75 *			-3.31 *
Mendels-sohn	-2.30 *	-4.83 *	-7.54 *	-1.87	-3.75 *	-1.33	-1.37	-3.15 *	-8.83 *
Pop-Pop			-16.00 *			-8.76 *			-13.40 *
Henze	-0.23	-3.75 *	-7.19 *	-0.29	-3.12 *	-5.37 *	-0.03	-2.09 *	-4.78 *
Garrett	-6.07 *	-6.49 *	-8.22 *	-4.50 *	-4.12 *	-3.42 *	-4.11 *	-4.98 *	-8.15 *
Türkei	-0.59	-6.66 *	-15.34 *	-0.52	-6.12 *	-9.22 *	-0.26	-3.35 *	-12.29 *
Kla-Kla			-8.71 *			-2.98 *			-8.84 *
China	-3.38 *	-5.28 *	-9.19 *	-2.94 *	-5.34 *	-4.08 *	-1.81	-2.06 *	-8.72 *
Pop-Kla			-8.58 *			-7.73 *			-4.51 *
Russland	-4.92 *	-2.94 *	-7.15 *	-3.41 *	-3.13 *	-5.62 *	-3.58 *	-1.00 *	-4.48 *
Kla-Pop D			-12.86 *			-10.93 *			-7.15 *
Pop-Pop D			-19.04 *			-12.98 *			-13.84 *
Pop-Kla D			-13.88 *			-9.51 *			-10.12 *
Kla-Kla D			-11.47 *			-10.63 *			-5.45 *
Bach		-7.10 *	-10.42 *		-6.11 *	-4.63 *		-3.96 *	-9.66 *

Anmerkungen. Abgetragen sind die Z-Werte von Wilcoxon-Rangsummen-Tests. Werte, die auf einem Niveau von $p < 0.05$ asymptotisch signifikant sind, sind mit * markiert. MZP = Messzeitpunkt.

Die Musikstücke, die bei der Konfirmatorischen Faktorenanalyse in dem Faktor ‚Klassik' zusammengefasst werden, weisen hingegen im Vergleich von Messzeitpunkt 3 und Messzeitpunkt 4 jeweils signifikant positivere Beurteilungen auf. Lediglich für das Musikstück Mendelssohn zeigt sich ein geschlechtsspezifischer Unterschied, da nur die positivere Beurteilung der Mädchen Signifikanz erreicht. Zusätzlich zu diesen ‚Klassik'-Musikstücken ergibt sich dieselbe positive Veränderung auch bei dem Musikstück Russland, das wegen der Doppelladungen auf den Faktoren ‚Ethno/Avantgarde' und ‚Klassik' in den Strukturgleichungsmodellierungen ausgeschlossen ist. Diese Itemanalysen verdeutlichen somit in markanter Weise, dass die Kinder zu Messzeitpunkt 4 sämtliche Musikstücke mit ‚klassischen' Stilmerkmalen – und hierzu zählt durchaus auch das Musikstück Russland – positiver beurteilen und somit in keiner Weise dem üblichen ‚Verschwinden' von Offenohrigkeit entsprechen. Die für diese Stücke bisher charakteristische geschlechtsspezifische Differenzierung der Präferenzurteile zeigt sich zu Messzeitpunkt 4 nicht mehr. Abbildung IV.2 bietet eine zusammenfassende Darstellung dieser Befunde auf Basis der drei Faktoren ‚Klassik', ‚Pop' und ‚Ethno/Avantgarde'.

Abbildung IV.2: Verlauf der mittleren Präferenzurteile pro Faktor

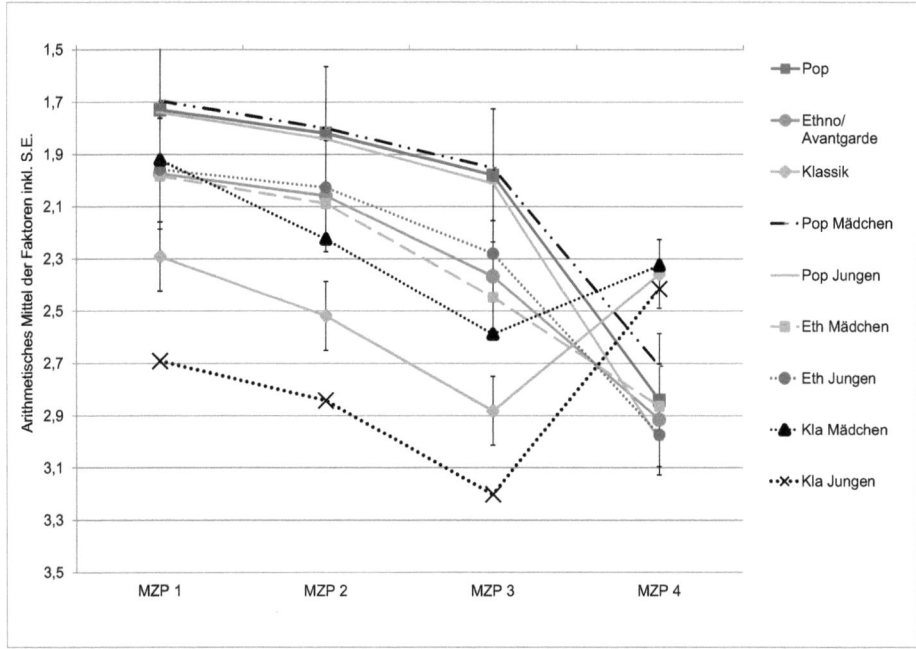

Anmerkungen. Abgetragen sind die arithmetischen Mittel der drei Faktoren ‚Ethno/Avantgarde', ‚Pop' und ‚Klassik' inklusive Standardfehler pro Messzeitpunkt (gesamt und jeweils differenziert nach Geschlecht). MZP = Messzeitpunkt.

4.3 Gruppierung der urteilenden Kinder auf Basis der Präferenzurteile

Für die Klassifizierung der Kinder anhand ihrer Präferenzurteile werden nur jene vermeintlich unkonventionellen Musikstücke einbezogen, die zu jedem der vier Messzeitpunkte erhoben wurden. Dies umfasst die Musikstücke aus Afrika, der Türkei, China und Russland sowie die Musikbeispiele von Mendelssohn, Henze und Garrett.

Da aus bisherigen Analysen bekannt ist, dass das Geschlecht einen Einfluss hatte, wird dieses als Kovariate einbezogen. Darüber hinaus wird die Teilnahme am Instrumentalunterricht einbezogen, dessen Einfluss zuvor theoretisch hergeleitet wurde. Unterschieden wird hierbei nach der Teilnahme an privat organisiertem Instrumentalunterricht in der Freizeit (entweder informell, z. B. durch die Eltern, oder non-formal professionell, z. B. durch eine Musikschule) und die Teilnahme an JeKi als ein nonformales professionelles Angebot im schulischen Rahmen. Es kann beobachtet werden, dass weder informelle Lernmöglichkeiten (z. B. durch die Eltern) noch JeKi einen Einfluss auf die Gruppenbildung ausübten. Zur Verringerung der Modellkomplexität werden daher diese beiden Merkmale aus der Klassenanalyse ausgeschlossen. Als zweiter Prädiktor neben den Präferenzurteilen verbleibt somit die Teilnahme an privat organisiertem, non-formal professionellem Instrumentalunterricht in der Freizeit (z. B. in einer Musikschule). Für die Analysen wird angenommen, dass sich die latenten Klassen durch Kinder definieren lassen, die mit einer jeweils hohen Wahrscheinlichkeit entweder positive, negative oder neutrale Präferenzurteile fällen, also durch Kinder, die die unkonventionellen Musikstücke gern wieder hören wollen, die diese nicht wieder hören wollen oder die diesbezüglich indifferent sind. Es ist zu erwarten, dass Jungen dabei häufiger der negativ urteilenden Gruppe zugeordnet werden. Obwohl das Geschlecht für die Beurteilung der Präferenz von Musikstücken unterschiedlicher Kulturregionen und der ‚Pop'-Beispiele keinen starken Einfluss hat, ist der Effekt auf Musikstücke mit ‚klassischen' Stilmerkmalen hoch. Die Verteilung der Prädiktoren pro Messzeitpunkt ist in der Tabelle IV.5 aufgezeigt.

Tabelle IV.5: Häufigkeiten in den Prädiktorvariablen pro Messzeitpunkt

MZP	Geschlecht		Privat organisierter Instrumentalunterricht	
	Jungen (Code = 1)	Mädchen (Code = 2)	Ja (Code = 1)	Nein (Code = 0)
1	322	256	233	242
2	378	299	450	227
3	341	266	403	204
4	255	214	271	198

Anmerkung. MZP = Messzeitpunkt.

In der Tabelle IV.6 sind die Maximierte *Loglikelihood* Funktion (*LL*) und das *Akaike Information Criterion* (*AIC*) sowie das *Bayes Information Criterion* (*BIC*) pro Messzeitpunkt und Klassenzahl dargestellt. Die Lösung mit einem Cluster und ohne Kovariaten wird als Referenz angeführt.

Für den Messzeitpunkt 1 ergibt sich ein klares Bild auf Basis der Informationskriterien. Die Kriterien sprechen für die Annahme der 3-Klassenlösung. Für den Messzeitpunkt 2 spricht das *AIC* für eine 4- und das *BIC* für eine 3-Klassenlösung. Aber die -2*LL* verbessert sich zwischen der 3-Klassen- und der 4-Klassenlösung nur noch um 1 Prozent. Zum Messzeitpunkt 3 spricht das *AIC* sogar für eine 5-Klassenlösung, der *BIC* aber erneut für eine 3-Klassenlösung. Die Verbesserung der -2*LL* ist zwischen der 3- und der 4-Klassenlösung nur 0.1 Prozent groß und zwischen 4- und 5-Klassenlösung ebenfalls nur 1 Prozent. Zum Messzeitpunkt 4 ist das *AIC* des 4-Klassenmodells am geringsten und das *BIC* des 3-Klassenmodells. Die Verbesserung in der -2*LL* beträgt erneut nur 1 Prozent. Zusammenfassend lässt sich festhalten, dass eine 3-Klassenlösung für alle Messzeitpunkte annehmbar ist und der besseren Vergleichbarkeit halber einheitlich gewählt wird.

Tabelle IV.6: Modellkennzahlen für unterschiedliche Klassenzahlen und Messzeitpunkte

MZP	Klassen	n	npar	LL	AIC	BIC
1	1	578	28	-5175	10407	10529
	2	578	59	-4838	9795	10052
	3	578	90	-4732	9644 *	10036 *
	4	578	121	-5033	10309	10836
	5	578	152	-5091	10486	11149
2	1	677	28	-6657	13370	13496
	2	677	59	-6182	12483	12749
	3	677	90	-6000	12180	12587 *
	4	677	121	-5937	12117 *	12663
	5	677	152	-6278	12861	13547
3	1	607	28	-6451	12959	13082
	2	607	59	-6141	12400	12661
	3	607	90	-5997	12175	12571 *
	4	607	121	-5991	12224	12757
	5	607	152	-5883	12071 *	12741
4	1	469	28	-5028	10113	10229
	2	469	59	-4723	9563	9808
	3	469	90	-4594	9368	9742 *
	4	469	121	-4523	9288 *	9791
	5	469	152	-4476	9257	9887

Anmerkungen. npar = Zahl der im Modell zu schätzenden Parameter; LL = maximierte Loglikelihood Funktion; AIC = Akaike Information Criterion; BIC = Bayes Information Criterion. Die jeweilig niedrigsten Informationskriterien sind mit * hervorgehoben. MZP = Messzeitpunkt.

Tabelle IV.7: Prozentuale Anteile der Kinder pro latenter Klasse und Messzeitpunkt

MZP	Klasse 1	Klasse 2	Klasse 3
1	17.5%	30.5%	52.1%
2	16.5%	36.5%	47.0%
3	32.1%	30.0%	37.9%
4	28.8%	41.2%	30.0%

Anmerkung. MZP = Messzeitpunkt.

Die prozentualen Anteile der Kinder pro Klasse sind in Tabelle IV.7 aufgezeigt. Die Ordnung der Klassen wird der Ordnung des ersten Durchlaufes angepasst, sodass diese vergleichbar sind. Die geringste Zellhäufigkeit liegt bei 110 Kindern (16.5 %) in der Klasse 1 des Messzeitpunkts 2. Der durchschnittliche Modus der $p(k_\chi)$ pro Fall, also der Mittelwert der höchsten Klassenzugehörigkeitswahrscheinlichkeiten jedes Kindes, kann bei einer probabilistischen Klassifizierung als ein Reliabilitätsmaß interpretiert werden (Rost, 2004). Diese Maßzahlen liegen sämtlich in einem guten Bereich und deuten somit auf eine gute Separation der Klassen durch das Modell hin (0.895 für t_1, 0.925 für t_2, 0.896 für t_3 und 0.908 für t_4). Die Klassenlösung wird durch das Entfernen und die Hinzugabe einzelner Parameter (z. B. einzelner Präferenzen) auf Stabilität geprüft und für ausreichend befunden.

Die Charakterisierung der Klassen erfolgt auf der Basis der Antwortwahrscheinlichkeiten pro Item. Es zeigt sich, dass die Kinder der Gruppe 1 zu allen Messzeitpunkten dazu tendieren, eher negative Präferenzäußerungen für die dargebotenen Musikbeispiele abzugeben. Bei den Kindern der Gruppe 2 fallen diese Präferenzäußerungen eher neutral aus, während die Kinder der Gruppe 3 positive Äußerungen charakterisieren. In Anlehnung an das Konstrukt der Offenohrigkeit werden die Gruppen demnach als ‚Verschlossene Gruppe', ‚Indifferente Gruppe' und ‚Offene Gruppe' interpretiert. Über diese erste Charakterisierung hinaus lässt sich jedoch festhalten, dass die ‚Verschlossene Gruppe' nicht ausschließlich negativ urteilt. Der Skalenpunkt 1 („will ich häufiger hören") wird sogar häufiger gewählt als in der ‚Indifferenten Gruppe'. Dafür entfallen die Skalenpunkte 2 bis 4 bis zum Messzeitpunkt 4 nahezu. Es wäre also falsch, von einer rein negativ urteilenden Gruppe zu sprechen. Die Kinder antworten aber absoluter als die Kinder anderer Gruppen. Für die ‚Offene Gruppe' hingegen gilt, dass nahezu keine negativen Äußerungen abgegeben werden.

Abbildung IV.3: Prozentuale Häufigkeiten der drei Gruppen pro Messzeitpunkt

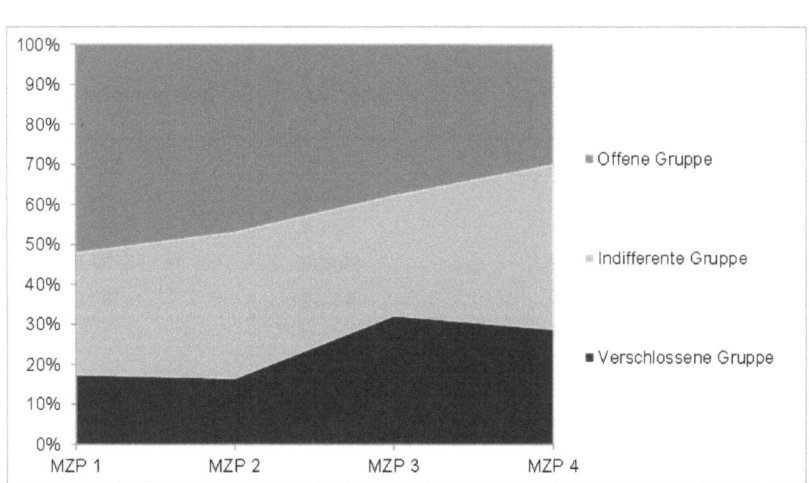

Anmerkung. MZP = Messzeitpunkt.

In der Abbildung IV.3 sind die Prozentanteile pro Messzeitpunkt aufgezeigt. Hier lässt sich eine Verschiebung der Präferenzurteile beobachten. Während zum Messzeitpunkt 1 noch über 50 Prozent der Kinder der ‚Offenen Gruppe' zugeteilt werden, sind es zum Messzeitpunkt 4 nur noch ca. 30 Prozent. Die Gruppe wird sukzessive kleiner. Die ‚Verschlossene Gruppe' erfährt zwischen Messzeitpunkt 2 und Messzeitpunkt 3 einen Anstieg von circa 15 Prozentpunkten. Zwischen den Messzeitpunkten 1 und 2 verändert sie sich aber nur um etwa 1 Prozentpunkt. Zwischen den Messzeitpunkten 3 und 4 nimmt ihr Umfang um etwa 3 Prozentpunkte ab. Die ‚Indifferente Gruppe' wächst zwischen den Messzeitpunkten 1 und 4 um etwa 11 Prozentpunkte an.

Tabelle IV.8: Regressionsgewichte der Analyse latenter Klassen

MZP	Prädiktorvariable	Klasse 2 gegenüber Klasse 1			Klasse 3 gegenüber Klasse 1		
		Beta Koeff.	SE	p	Beta Koeff.	SE	p
1	(Intercept)	1.57	0.63	0.013	2.48 *	0.54 *	< 0.001
	Geschlecht	-0.69	0.37	0.058	-1.04 *	0.32 *	< 0.001
	Privat organisierter Instrumentalunterricht	-0.01	0.05	0.784	0.02 *	0.04	0.634
2	(Intercept)	3.53 *	0.68 *	< 0.001	2.99 *	0.69	< 0.001
	Geschlecht	-1.74 *	0.37 *	< 0.001	-1.49	0.37	< 0.001
	Privat organisierter Instrumentalunterricht	0.41	0.31	0.178	0.31	0.30	0.297
3	(Intercept)	2.45 *	0.54 *	< 0.001	1.21 *	0.48 *	0.011
	Geschlecht	-1.78	0.34 *	< 0.001	-0.80	0.27 *	0.003
	Privat organisierter Instrumentalunterricht	-0.05	0.28	0.851	0.23	0.25	0.364
4	(Intercept)	1.28	0.55	0.020	1.00	0.56	0.073
	Geschlecht	-0.98 *	0.32 *	0.003	-0.91 *	0.32 *	0.005
	Privat organisierter Instrumentalunterricht	0.95 *	0.30 *	0.002	0.78 *	0.31 *	0.012

Anmerkungen. Die Regressionen wurden in einem Schritt mit der Klassifikation vorgenommen. *Beta-Koeffizient* = Regressionsgewicht; *SE* = Standardfehler des Regressionsgewichtes; *p* = Signifikanzniveau des Regressionsgewichtes. Die Ergebnisse von Regressionen, die auf einem Niveau von $p < 0.05$ signifikant wurden, sind mit * hervorgehoben. MZP = Messzeitpunkt.

Nachfolgend werden die Effekte der unabhängigen Variablen zwischen den Klassen beschrieben (s. Tab. IV.8). Es handelt sich dabei um eine logistische Regression, d. h. es wird eine Klasse als Referenzgruppe definiert. In dem vorliegenden Fall wird hierfür die Klasse 1 gewählt, die jene Gruppe an Kindern umfasst, die zu allen Messzeitpunkten überproportional häufig negative Urteile abgeben, sodass eine klare Richtung der Effekte erkennbar wird. Für eine Zusammenfassung der Ergebnisse wird der Prozentanteil der Kinder mit einer spezifischen Ausprägung auf einer der Prädiktorvariablen pro Gruppe in den Abbildungen IV.4 und IV.5 dargestellt. Von Interesse sind dabei Unterschiede in den Häufigkeiten innerhalb der Klassen. Es sind also die Differenzen in den prozentualen Häufigkeiten abgetragen. In der Abbildung IV.4 ist zu erkennen, dass die Wahrscheinlichkeit für Jungen, zu der ‚Verschlossenen Gruppe' zu gehören, immer signifikant höher ist als für Mädchen ($p < 0.001$). Nur für den Messzeitpunkt 1 und nur für die ‚Indifferente Gruppe' gibt es keinen signifikanten Unterschied zwischen den Geschlechtern.

Bezogen auf die Teilnahme an privat organisiertem Instrumentalunterricht im Vorjahr lässt sich anhand von Abbildung IV.5 beobachten, dass es basierend auf Verteilungsvergleichen nur einen hochsignifikanten Unterschied zwischen den Gruppen zum Messzeitpunkt 4 gibt ($p < 0.001$). Trotzdem zeichnen sich Differenzen innerhalb der Gruppen klar ab und es kann erkannt werden, dass die Wahrscheinlichkeit, zu der ‚Offenen Gruppe' zu gehören, zu den Messzeitpunkten 1 ($p < 0.048$) und 4 ($p < 0.001$) höher ist, wenn die Schülerinnen und Schüler privaten Instrumentalunterricht erhalten.

Abbildung IV.4: Differenzen der prozentualen Häufigkeiten des Geschlechtes pro Klasse

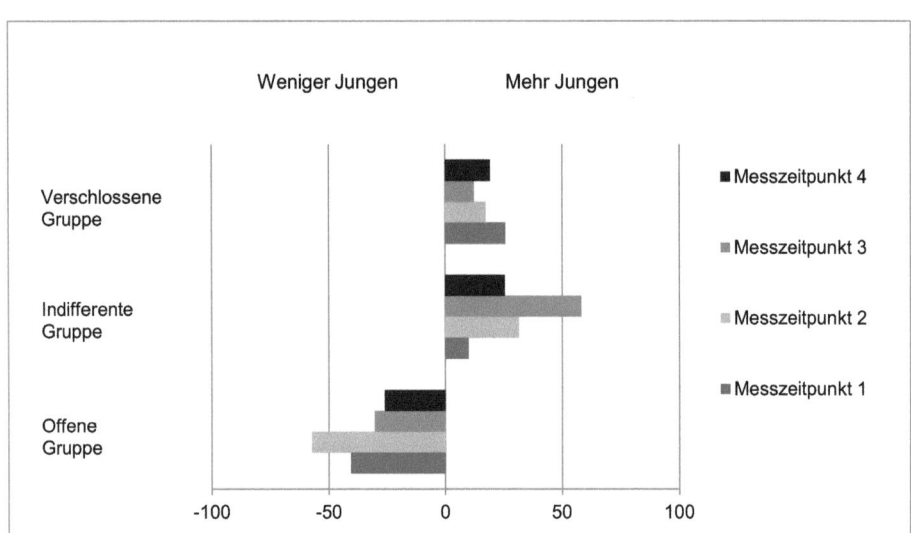

Abschließend wird die Transitivität zwischen den Messzeitpunkten beschrieben, also der Anteil jener Kinder, die zwischen den Messzeitpunkten gleichen respektive unterschiedlichen Gruppen zugeordnet werden. Fehlende Werte, also Werte von Kindern, die nicht an zwei aufeinander folgenden Messzeitpunkten teilnehmen, werden ausgeschlossen.

Die Kontingenzkoeffizienten, also der Zusammenhang der Klassen über die Messzeitpunkte, betragen 0.31 für den Abgleich von Messzeitpunkt 1 zu Messzeitpunkt 2, 0.36 von Messzeitpunkt 2 zu Messzeitpunkt 3 und 0.26 von Messzeitpunkt 3 zu Messzeitpunkt 4. Es werden also mittlere Übereinstimmungen beobachtet, die zwischen den Messzeitpunkten 3 und 4 am geringsten sind.

Abbildung IV.5: Differenzen der prozentualen Häufigkeiten des Erhaltens von privatem Instrumentalunterricht pro Klasse

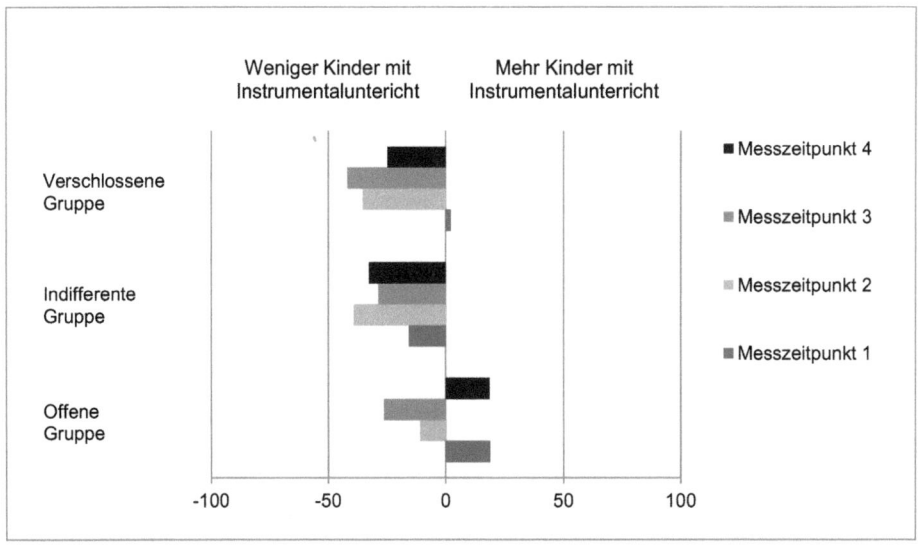

Tabelle IV.9: Transitionswahrscheinlichkeiten zwischen Gruppen und Messzeitpunkten

		Verschlossen		Indifferent		Offen	
		p	n	p	n	p	n
MZP 1 zu MZP 2 (n = 303)	Verschlossen	0.377	20	0.415	22	0.208	11
	Indifferent	0.170	17	0.620	62	0.210	21
	Offen	0.167	25	0.373	56	0.460	69
MZP 2 zu MZP 3 (n = 416)	Verschlossen	0.500	35	0.143	10	0.357	25
	Indifferent	0.300	60	0.440	88	0.260	52
	Offen	0.178	26	0.226	33	0.596	87
MZP 3 zu MZP 4 (n = 310)	Verschlossen	0.389	37	0.453	43	0.158	15
	Indifferent	0.265	26	0.500	49	0.235	23
	Offen	0.197	23	0.385	45	0.419	49

Anmerkungen. p = Wahrscheinlichkeiten; n = Zellhäufigkeiten; MZP = Messzeitpunkt. Zeilensummen ungleich 1 entstanden durch Rundungsfehler.

Übertragen auf Wahrscheinlichkeiten stellen sich die Transitivitäten wie in Tabelle IV.9 gezeigt dar. Dabei wird abgetragen, wie hoch die Wahrscheinlichkeiten sind, von einer Klasse zu einem Messzeitpunkt in eine Klasse in dem darauf folgenden Messzeitpunkt zu gelangen. Zusätzlich werden zur besseren Interpretation die Zellhäufigkeiten abgetragen. Wie erwartet sind auf den spezifischen Diagonalen relativ hohe Wahrscheinlichkeiten zu erkennen, im Durchschnitt ungefähr 47 Prozent. Gleichzeitig sind die Wahrscheinlichkeiten, eine Klasse zu überspringen, also von der ‚Verschlossenen Gruppe' in die ‚Offene Gruppe' oder vice versa zu wechseln, verhältnismäßig gering.

Im Durchschnitt liegen diese bei ungefähr 21 Prozent. Die summierte Wahrscheinlichkeit eines Klassen-Wechsels steigt im Vergleich von Messzeitpunkt 3 zu Messzeitpunkt 4 etwas an (26 % und 25 % gegenüber 28 %). Aufgrund der teilweise sehr geringen Zellhäufigkeiten sollten diese Ergebnisse aber nicht überinterpretiert werden. Über alle Vergleiche hinweg kann also ein Großteil der Kinder einer einzelnen Klasse zugeordnet werden, wobei die Klassen aber keinesfalls vollkommen undurchlässig sind.

4.4 Erklärungsansätze aus den Analysen der Kinderinterviews

Die bisherigen Analysen der Kinderinterviews fokussierten auf die Frage, ob sich Hinweise auf das Vorhandensein von ‚musikalischen Konzepten' (Behne, 1975) finden lassen und inwieweit sich die Aussagen der Kinder zur musikalischen Präferenz auf diesen Konzepten gründen lassen. Im Folgenden werden die Ergebnisse zusammenfassend in ihrem Bezug zu den Ergebnissen der präsentierten quantitativen Erhebung dargestellt (für eine ausführlichere Darstellung siehe Busch, Schurig & Bunte, 2013; Busch et al., in Druck a, b; Bunte, 2013).

Im Rahmen der qualitativen Analyse wird ein Kategoriensystem entwickelt, das Behnes (1975) ‚musikalische Konzepte' als Bezugspunkt nimmt, wobei zunächst vor allem Aussagen zu inter-individuell bedeutsamen musikalischen Konzepten interessieren. Somit wird die Analyse von der Frage geleitet, ob sich aus den Interviews interindividuell einheitliche Vorstellungen, Einstellungen, Annahmen oder Vorurteile „hinsichtlich eines mehr oder weniger umgrenzten musikalischen Objektes" (Behne, 1975, S. 36) aufspüren lassen, die in Bezug zur Musikpräferenz relevant erscheinen. Unter solchen musikalischen Objekten können z. B auch musikalische Stilkategorien gefasst werden. Aus den Aussagen der Kinder lassen sich induktiv – auch unabhängig von den konkreten Interviewfragen – vier solcher musikalischer Konzepte ableiten, die folgendermaßen umschrieben werden: ‚Mädchenmusik', ‚Jungenmusik', ‚Rockmusik' und ‚Chartsmusik'.

Die Interviewergebnisse bieten einige Erklärungsansätze für die in der Strukturgleichungsmodellierung beobachteten negativeren Präferenzäußerungen der Jungen bezüglich des Faktors ‚Klassik' zu Messzeitpunkt 1 bis Messzeitpunkt 3. So äußern vor allem Jungen zum 1. Interviewzeitpunkt im Rahmen des Konzepts ‚Rockmusik' persönliche Präferenzen für das Instrument Schlagzeug, das in den Musikbeispielen des Faktors ‚Klassik' nicht vorkommt und somit eine Ablehnung nahelegt. Zudem steht das Konzept ‚Rockmusik' im Zusammenhang mit den zum 1. Interviewzeitpunkt stark ausgeprägten geschlechtsspezifischen Konzepten ‚Jungenmusik' und ‚Mädchenmusik'. Bei den Jungen waren zum 1. Interviewzeitpunkt die Konzepte ‚Rockmusik' und ‚Jungenmusik' quasi deckungsgleich, während ‚Mädchenmusik' von Jungen mit Charakteristika beschrieben wurde, die auf Assoziationen mit ‚klassischer' Musik schließen ließen (Cello, ruhiger etc.). Möglicherweise grenzten sich die Jungen auch durch die Ablehnung des Faktors ‚Klassik' zusätzlich von ‚Mädchenmusik' ab. Zum 2. Interviewzeitpunkt hatte sich die Begrenzung von ‚Jungenmusik' auf ‚Rockmusik' jedoch zugunsten ausdifferenzierter und individueller Konzepte aufgelöst. Zudem zeigte sich eine Sensibilisierung für die normative Bewertung von ‚Jungenmusik' und ‚Mädchenmusik', die die persönliche Zuordnung zu den beiden geschlechtsspezifischen musikalischen Konzepten nicht mehr zuzulassen scheint.

In Bezug auf den Faktor ‚Klassik' ergeben die statistischen Analysen auf der Ebene der einzelnen Musikstücke, dass diese unabhängig vom Geschlecht zum Messzeitpunkt 4 positiver beurteilt werden. Aus den Analysen des 2. Interviewzeitpunkts lässt sich hingegen bei den Jungen der geschlechtshomogenen Gruppen ein stark ausgeprägter Peergruppen-Effekt herauslesen. Dieser Effekt verweist zum Messzeitpunkt 4 möglicherweise auf markante Unterschiede zwischen Urteilen, die im Rahmen des ‚Klingenden Fragebogens' erhoben werden, und Urteilen, die im Diskurs mit anderen Jungen gefällt werden. Während der Einfluss der Peers am Ende der Grundschulzeit bei der Fragebogen-Erhebung nicht mehr so stark zum Ausdruck kommt und vermutlich eine differenziertere Beurteilung anhand musikalischer Stilmerkmale möglich ist, zeigt sich im Gespräch ein bedeutender Einfluss der Peergruppe.

Hinsichtlich der negativeren Bewertung des Faktors ‚Pop' zum Messzeitpunkt 4 zeigen die Interviewanalysen, dass diese mit dem Aufkommen des Konzepts ‚Chartsmusik' zusammenfallen. Die im Faktor ‚Pop' zusammengefassten Musikbeispiele sind speziell für die vorliegende Studie komponiert worden, sodass sie die für ‚Chartsmusik' bedeutsame Aktualität und Bekanntheit gar nicht aufweisen können, was die negativere Bewertungen erklären dürfte.

5 Diskussion und Fazit

Die Ergebnisse der Studie belegen einerseits eine bereits zum Schulbeginn vorhandene Fähigkeit zur Klassifizierung gehörter Musik nach verschiedenen Stilkategorien. Andererseits lassen die Ergebnisse einen generellen altersabhängigen Rückgang an Offenohrigkeit fraglich erscheinen. Vielmehr erscheint naheliegend, neben der bedeutenden Einflussvariable Alter eine differenzierte Betrachtung der Entwicklung kindlicher Musikpräferenz nach musikalischen Stilkategorien, nach dem Geschlecht der urteilenden Kinder sowie nach dem Erhalt von Instrumentalunterricht vorzunehmen.

Eine Limitation der vorliegenden Studie besteht darin, dass die Präferenzurteile der Kinder aufgrund der erläuterten Herausforderungen (vgl. Abschnitt 3.1 in diesem Beitrag) nicht für alle Musikstücke über die gesamte Projektlaufzeit vorgenommen werden konnten. Somit konnte die faktorielle Struktur der Messzeitpunkte nur nebeneinander abgetragen werden und in die Klassenanalysen nur eine Auswahl der präsentierten Musikstücke eingehen. Zudem erscheint diskussionswürdig, inwieweit die Präferenzäußerungen der Kinder als Ausdruck ihrer tatsächlichen Musikpräferenz interpretiert werden können. Dies betrifft auch die (forschungspraktische) Entscheidung für Gruppenerhebungen mittels Smiley-Skalen, bei der Peergruppen-Effekte beobachtet werden konnten. Zukünftige Studien sollten dies berücksichtigen und beispielsweise als alternativen Ansatz zur Erfassung von Musikpräferenz individuell von den Kindern festzulegende Hördauern pro Musikbeispiel in Betracht ziehen (vgl. die Software *OpenEar* vorgestellt von Louven & Ritter, 2012).

Im Bewusstsein dieser Limitationen lässt sich dennoch festhalten, dass sich in sämtlichen der berichteten quantitativen und qualitativen Analysen die Notwendigkeit einer Differenzierung nach Jungen und Mädchen zeigte. Dieser Geschlechtseffekt wurde bereits zu Beginn der Grundschulzeit deutlich, schwächte sich erst am Ende der Grundschulzeit ab und konnte im Wesentlichen auf die negativere Beurteilung von Musik mit ‚klassischen' Stilmerkmalen durch die Jungen zurückgeführt werden. Da Kopiez und Lehmann (2008) in ihrer Studie gerade die ‚klassischen' Musikstücke von der Analyse ausschlossen, ist es somit nicht verwunderlich, dass sie keinen Geschlechtseffekt fanden. Der beobachtete Geschlechtseffekt verwies auf einen jungenspezifischen Peergruppen-Effekt (Schurig, 2012). Dieser zeigte zwar korrelative Zusammenhänge zu der Persönlichkeitsdimension ‚Offenheit für Erfahrung', aber die Ausprägung der Persönlichkeitsdimension hatte über die Konfundierung zu diesem Effekt hinaus keinen prädiktiven Wert für die musikalische Präferenz. So lässt sich der geschlechtsspezifische Effekt weniger als Ausdruck von Persönlichkeit, sondern vielmehr als Funktionalisierung von Musikpräferenzäußerungen zur Ausbildung und zum Ausdruck von (Geschlechts-)Identität deuten. Dies wird in dem Sinne verstanden, wie es North und Hargreaves (1999) bereits für Jugendliche und Erwachsene beschrieben haben: „music functions as a 'badge' in adolescents' social cognitions" (North & Hargreaves, 1999, S. 90). Auch Schäfer und Sedlmeier (2009) konnten aus Musikpräferenzäußerungen verschiedene Dimensionen (u. a. evaluative und behaviorale) mit jeweils spezifischen Funktionen für das Individuum ableiten, wobei dem Identitätsausdruck eine hervorgehobene Stellung von den Befragten zugewiesen wurde. Nach den Befunden der vorliegenden Studie setzt die Nutzung von musikbezogenen Präferenzäußerungen zum Ausdruck spezifischer individueller und sozialer Funktionen bereits während der Grundschulzeit ein und somit früher als bislang vermutet (vgl. Behne, 1997; Baacke, 1993). Dass Jungen von dieser Art der Funktionalisierung in besonderer Weise Gebrauch machen, erfährt durch die Beobachtungen von Wilke (2012) Bestätigung, nach denen Jungen mit Migrationshintergrund in der vierten Grundschulklasse Präferenzäußerungen für Gangsta Rap zur Inszenierung von Männlichkeit nutzen. Erkenntnisse zur generellen Entwicklung von Geschlechtstypisierungen bestätigen ebenfalls diese geschlechtsspezifische Differenzierung, da bei Jungen die Fixierung auf die Stereotypen ‚männlich' und ‚weiblich' grundsätzlich ausgeprägter ist als bei Mädchen (Maccoby, 2000; Ruble, Martin & Berenbaum 2006; vgl. Beutler-Prahm, 2012). Es erscheint naheliegend, dass geschlechtsspezifische Unterschiede in der musikalischen Präferenzentwicklung bei Grundschulkindern nicht nur als Ergebnis unterschiedlicher Sozialisation, sondern auch als Grundlage für weitere Entwicklungs- und Sozialisationsprozesse und damit als sinnfälliger Schritt in der Entwicklung von Geschlechtsidentität zu deuten sind. Hieraus ergibt sich eine mögliche Erklärung für die von Rentfrow et al. (2011) formulierte Frage, warum Musik so bedeutsam für Menschen sei. Denn wenn Musik bereits im jungen Kindesalter die Möglichkeit zur Darstellung und Ausbildung ihrer psychosozialen (Geschlechts-)Identität bietet und somit grundlegende Funktionen der Entwicklung übernehmen kann, erscheint nachvollziehbar, dass Musik ihre Bedeutsamkeit bis ins Erwachsenenalter beibehält. Für zukünftige Studien zur Musikpädagogik werfen diese Zusammenhänge die Frage auf, wie Instrumentalunterricht konzipiert sein sollte, damit „kulturelle/musisch-ästhetische Bildung als integraler Bestandteil individueller und sozialer Identitätsentwicklung" (Autorengruppe Bildungsberichterstattung, 2012, S. 160) zu neuen Handlungsoptionen und vielschichtigen Erfahrungen führen kann. Von besonderem Interesse wäre zudem, ob die berichteten Geschlechtseffekte sich vor allem in Gruppenerhebungen so ausgeprägt darstellen und außerhalb von Gruppensituationen abschwächen, was sich auf Grundlage der Ergebnisse der qualitativen Erhebung vermuten ließe. Des Weiteren wäre zu überprüfen, warum sich keine persönlichkeitsspezifischen Effekte auffinden ließen. Hierbei stellt sich u. a. die Frage nach einem geeigneten Erhebungsinstrument für kindliche Persönlichkeit. Zudem sollte in zukünftigen Studien der Übergang von der dritten zur vierten Grundschulklassen detailliert in den Blick genommen werden, um die damit zusammenfallende Auflösung der faktoriellen Strukturierung nach musikalischen Stilkategorien sowie den Rückgang an geschlechtsspezifischen Präferenzunterschieden präziser fassen zu können.

Die Befunde von Wilke (2012) scheinen auf den ersten Blick Bourdieus Annahme zu stützen, dass Musikpräferenz zur Darstellung der Zugehörigkeit zu einer bestimmten gesellschaftlichen Klasse genutzt wird (u. a. Bourdieu, 1993), obgleich Migrationshintergrund keinesfalls nur in bestimmten sozialen Schichten der Gesellschaft vorkommt. In der vorliegenden Studie konnten hingegen weder in Bezug auf Migrationshintergrund noch in Bezug auf Sozialstatus Einflüsse auf die Entwicklung der kindlichen Musikpräferenz beobachtet werden. Entsprechende Effekte werden möglicherweise erst zu einem späteren Entwicklungsstadium (Eintritt in die Pubertät) deutlich, wozu das Verbundprojekt WilmA, die Folgestudie zu SIGrun, sicher aufschlussreiche Hinweise liefern wird. Gesellschaftlicher Status zeigt sich jedoch auch im Erhalt von privatem Instrumentalunterricht. So haben u. a. Nonte und Schwippert (in Druck) dargelegt, dass Kinder mit erhöhtem Risikopotenzial – wozu unter anderem gesellschaftliche Distinktionsfaktoren wie höchster familiärer Bildungsabschluss oder das jährliche Haushaltsnettoeinkommen beitragen – weniger häufig privaten Instrumentalunterricht erhalten, während sich beim Schulprogramm JeKi in dieser Hinsicht keine Unterschiede zeigen. In der vorliegenden Studie sind die Befunde hinsichtlich des Einflusses von Instrumentalunterricht auf die musikbezogene Präferenzentwicklung uneinheitlich, sodass frühere Publikationen (Schurig et al., 2012; Busch et al., 2013; Busch et al., in Druck a, b) präzisiert werden müssen. Während bei der faktoriellen Strukturierung der Musikstücke nach den Präferenzurteilen keine Beeinflussung festgestellt werden konnte, wurde in der Gruppierung der beurteilenden Kinder zu latenten Klassen auf Basis ihrer Präferenzurteile am Ende der Grundschulzeit ein Einfluss von privat organisiertem Instrumentalunterricht sichtbar, nicht aber von schulischem Instrumentalunterricht (wie JeKi). In einer ergänzenden Analyse (Schurig, Busch & Bunte, 2013) konnte beobachtet werden, dass Kinder mit privat organisiertem Instrumentalunterricht häufig weniger lange an JeKi teilnahmen. In einer Prädiktionsanalyse für den Erhalt von

Instrumentalunterricht (Nagelkerke geschätzer $R^2 = 0.452$) mit den weiteren Variablen Bildungsaspiration der Eltern (*Odds-Ratio* 10.4; $p < 0.001$) und aktives Musizieren der Eltern (*Odds-Ratio* 2.8; $p < 0.001$) ergab sich für die vorliegende Stichprobe ein *Odds-Ratio* von 0.03 ($p < 0.006$) dafür, den JeKi Unterricht bis zur vierten Klasse zu besuchen. Dies impliziert, dass sich die Wahrscheinlichkeit, ein Instrument außerhalb der Schule zu erlernen, stark verringerte, wenn eine JeKi-Teilnahme bis zur vierten Jahrgangsstufe erfolgte. Dieses oberflächlich ungünstig erscheinende Ergebnis lässt sich aber positiv interpretieren. So ist zu vermuten, dass die Kinder aus JeKi ausscheiden, die ein Instrument in einem privaten Kontext erlernen, aber jene in JeKi verbleiben, die ansonsten keinen privat organisierten Instrumentalunterricht erhalten würden. Somit wäre das Programmziel erfüllt und zugleich auf die Notwendigkeit verwiesen, die Frage nach Wirkungen von JeKi auch auf der Ebene von Kultureller Teilhabe zu analysieren (vgl. Kap. V, Kulturelle Teilhabe in diesem Band).

Die latente Klassenanalyse führte zu allen vier Messzeitpunkten zu einer Drei-Klassen-Lösung, wobei sich die latenten Klassen nach der Art ihrer Präferenzen unterschieden. Diese drei Gruppen wurden folgermaßen umschrieben: ‚Offene Hörer', die unkonventionelle Musikstücke tendenziell positiv beurteilten; ‚Indifferente Hörer', deren Urteile eher im neutralen Bereich angesiedelt waren; und ‚Verschlossenere Hörer', die vor allem deutliche Abneigungen, aber auch spezifische Zuneigungen erkennen ließen. Im Verlauf der Grundschulzeit wurde die Gruppe der ‚Offenen Hörer' kleiner. Zudem zeigte sich, dass Kinder mit privat organisiertem Instrumentalunterricht generell weniger indifferente Urteile fällten und somit eine höhere Bereitschaft hatten, sich eindeutig in ihrer Präferenz positiv oder negativ zu positionieren. Dies lässt sich möglicherweise durch die häufigeren Gelegenheiten zu musikbezogenen Erfahrungen sowie den Zuwachs an musikalischer Expertise und an musikalischem Stilempfinden erklären, was vermutlich auch mit einem Anstieg im musikbezogenen Selbstkonzept einhergeht und infolge eine deutlichere Präferenz-Positionierung befördern könnte. Während also bei der konkreten Beurteilung einzelner Musikbeispiele kein Einfluss von Instrumentalunterricht (weder privat noch schulisch) beobachtet wurde, zeigte sich hinsichtlich des generellen Urteilsverhaltens ein Einfluss des privaten Instrumentalunterrichts. Warum sich dieser Effekt nicht auch bei schulischem Instrumentalunterricht (wie JeKi) beobachten ließ, steht zur Diskussion – zumal JeKi einen positiven Einfluss auf die Entwicklung des musikalischen Selbstkonzepts ausübt (Nonte, 2013). Möglicherweise sind bei der Ausbildung eines differenzierten Urteilsvermögens also doch Aspekte wie instrumentaltechnische Expertise und musibezogenes Stilempfinden bedeutsamer, die aber im JeKi-Programm eventuell weniger stark im Vordergrund stehen als die sozialen Aspekte des gemeinsamen Musizierens. Bei anderen Schulprogrammen zum Instrumentalunterricht haben sich in Bezug auf Musik mit ‚klassischen' Stilmerkmalen ähnliche Effekte gezeigt, wie sie hier für den privat organisierten Instrumentalunterricht beschrieben wurden (Louven, 2011). Möglicherweise wird diese Entwicklung zusätzlich durch eine größere Vertrautheit mit ‚klassischer' Musik und einem ausgeprägteren musikalischen Stilempfinden befördert, sodass eine differenziertere und von sozialen Einflüssen unabhängigere Beurteilung vorgenommen werden kann.

Interessant ist jedoch, dass sich in der vorliegenden Studie die drei Gruppen an Kindern nicht nur bei den ‚klassischen' Musikstücken herauskristallisieren, sondern auch bei den Stücken des Faktors ‚Ethno/Avantgarde'. Diese Musikstücke wurden am Ende der Grundschulzeit als einzige Musikstücke wirklich negativ beurteilt, also unterhalb des Skalenmittelwertes von 3, sodass das ‚Verschwinden' an Offenohrigkeit nur für eben diese Musikstücke deutlich wurde. Dies könnte darin begründet sein, dass die Kinder diese Musikstücke durch ihr generell gestiegenes musikalisches Stilempfinden zunehmend als ‚andersartig' erkannten und somit im Sinne des eigenen Identitätsausdruckes eher nicht als zu sich zugehörig erlebten und daher ablehnten. Die Präferenzentwicklung für die ‚Klassik'-Stücke ließ jedoch vermuten, dass eine Verstärkung der musikbezogenen Erfahrungen mit Musik anderer Kulturen ebenfalls dazu beitragen könnte, diese Musik zwar weiterhin als ‚besonders' zu erkennen, sie aber in ihrer eigenen Art wertzuschätzen und somit differenzierter zu beurteilen.

Die Herausforderung für die Musikpädagogik wird somit darin gesehen, einerseits Musikpräferenz als einen Teil kulturellen Verhaltens wahrzunehmen, der bedeutende individual- und sozialpsychologische Funktionen in der kindlichen Entwicklung übernehmen kann. Andererseits aber sollte im Rahmen von musikalischen Angeboten zugleich die Chance genutzt werden, die Ausbildung einer differenzierten und von psychosozialen Aspekten weniger abhängigen musikbezogenen Urteilsfähigkeit zu befördern. Musikpräferenz könnte somit zwischen individuell sinnfälliger Funktionalisierung und kritischer Urteilsfähigkeit oszillieren, dadurch – durchaus im Sinne von Bourdieu – Handlungsspielräume erweitern und Offenheit für neue musikalische Erfahrungen aufrecht erhalten oder generieren.

Literatur

Autorengruppe Bildungsberichterstattung. (2012). *Bildung in Deutschland 2012. Ein indikatorengestützter Bericht mit einer Analyse zur kulturellen Bildung im Lebensverlauf.* Bielefeld: Bertelsmann.

Baacke, D. (1993). Jugendkulturen und Musik. In H. Bruhn, R. Oerter & H. Rösing (Hrsg.), *Musikpsychologie. Ein Handbuch* (S. 228–237). Reinbek: Rowohlt.

Bacher, J. & Vermunt, J. K. (2010). Analyse latenter Klassen. In C. Wolf & H. Best (Hrsg.), *Handbuch der Sozialwissenschaftlichen Datenanalyse* (S. 543–574). Wiesbaden: VS Verlag für Sozialwissenschaften.

Baumann, M. P. (Hrsg.). (1985). *Musik der Türken in Deutschland.* Kassel: Verlag Yvonne Landeck.

Behne, K.-E. (1975). Musikalische Konzepte. Zur Schicht- und Altersspezifität musikalischer Präferenzen. In E. Kraus (Hrsg.), *Forschung in der Musikerziehung* (S. 35–61). Mainz: Schott.

Behne, K.-E. (1986). *Hörertypologien. Zur Psychologie jugendlichen Musikgeschmacks.* Regensburg: Bosse.

Behne, K.-E. (1987). Urteile und Vorurteile: Die Alltagsmusiktheorien Jugendlicher Hörer. In H. de la Motte-Haber (Hrsg.), *Psychologische Grundlagen des Musiklernens, Handbuch der Musikpädagogik*, Bd. 4 (S. 221–272). Kassel: Bärenreiter.

Behne, K.-E. (1993). Musikpräferenzen und Musikgeschmack. In H. Bruhn, R. Oerter & H. Rösing (Hrsg.), *Musikpsychologie. Ein Handbuch* (S. 339–353). Reinbek: Rowohlt.

Behne, K.-E. (1997). The development of 'Musikerleben' in adolescence. How and why young people listen to music. In I. Deliège & J. A. Sloboda (Hrsg.), *Perception and cognition of music* (S. 143–159). Hove, UK: Psychology Press.

Beutler-Prahm, B. (2012). *Geschlechtsspezifische Aspekte in der musikalischen Präferenz bei Grundschulkindern*. Unveröffentlichte Bachelor-Arbeit, Universität Bremen.

BMBF (Bundesministerium für Bildung und Forschung). (Hrsg.). (2006). *Macht Mozart schlau? Die Förderung kognitiver Kompetenzen durch Musik* (Bildungsforschung, Bd. 18). Bonn: BMBF.

BMBF (Bundesministerium für Bildung und Forschung). (Hrsg.). (2009). *Pauken mit Trompeten. Lassen sich Lernstrategien, Lernmotivation und soziale Kompetenzen durch Musikunterricht fördern?* (Bildungsforschung, Bd. 32). Berlin: BMBF.

Bollen, K. A. (2002). Latent variables in psychology and the social sciences. *Annual Review of Psychology, 53*, 605–34.

Bourdieu, P. (1983). Ökonomisches Kapital, kulturelles Kapital, soziales Kapital. In R. Kreckel (Hrsg.), *Soziale Ungleichheit* (S. 183–198). Göttingen: Schwartz.

Bourdieu, P. (1993). *Soziologische Fragen*. Frankfurt a.M.: Suhrkamp.

Bunte, N. (2013). *Die Entwicklung musikalischer Konzepte im Grundschulalter und ihre Bedeutung für kindliche Musikpräferenzen*. Exposé zum Promotionsvorhaben, unveröffentlichtes Manuskript, Universität Bremen.

Busch, V. (2005). *Tempoperformance und Expressivität. Eine Studie zwischen Musikpsychologie und Musiktherapie*. Frankfurt a.M.: Lang.

Busch, V., Lehmann-Wermser, A. & Liermann, C. (2009). The influence of music genre, style of singing, and gender of singing voice on music preference of elementary school children. In J. Louhivuori, T. Eerola, S. Saarikallio, T. Himberg & P.-S. Eerola (Hrsg.), *Proceedings of the 7th Triennial Conference of European Society for the Congitive Sciences of Music (ESCOM)* (S. 33–37). University of Jyväskylä, Finland.

Busch, V., Schurig, M. & Bunte, N. (2013). Mädchen- oder Jungenmusik? JeKi und die Entwicklung musikalischer Präferenzen im Grundschulalter. In der Broschüre der Koordinierungsstelle des BMBF-Forschungsschwerpunkts zu Jedem Kind ein Instrument (Hrsg.), *Empirische Bildungsforschung zu Jedem Kind ein Instrument* (S. 52–54). Bielefeld: Universität Bielefeld.

Busch, V., Schurig, M., Bunte, N. & Beutler-Prahm, B. (in Druck a). Teilprojekt ‚Präferenz' – Entwicklung musikbezogener Präferenz von Grundschulkindern. In *Abschlussband des BMBF-Forschungsschwerpunktes zu JeKi*.

Busch, V., Schurig, M., Bunte, N. & Beutler-Prahm, B. (in Druck b). ‚Mir gefällt ja mehr diese Rockmusik.' Zur Struktur der Präferenzurteile im Grundschulalter. *Jahrbuch Musikpsychologie, 24* (Themenband zur Offenohrigkeitsforschung).

Chan, T. W. & Goldthorpe, J. H. (2007). Social stratification and cultural consumption: Music in England. *European Sociological Review, 23* (1), 1–19.

Costa, P. T. & McCrae, R. R. (1992). *Revised NEO Personality Inventory (NEO PI-R) and NEO Five Factor Inventory. Professional manual*. Odessa, FL: Psychological Assessment Ressources.

Cremades, R., Oswaldo, L. & Lucia, H. (2010). Musical tastes of secondary school students with different cultural backgrounds: A study in the spanish north african city of Melilla. *Musicae Scientiae, 14* (1), 121–141.

Delsing, M. J. M. H., Bogt, T. F. M. T., Engels, R. C. M. E. & Meeus, W. H. J. (2008). Adolescents' music preferences and personality characteristics. *European Journal of Personality, 22*, 109–130.

Erzberger, C. &. Kelle U. (2003). Making inferences in mixed methods: The rules of integration. In A. Tashakkori & C. Teddlie (Hrsg.), *Handbook of mixed methods in social & behavioral research* (S. 457–490). Thousand Oaks, CA: SAGE.

Flick, U. (2011). *Triangulation. Eine Einführung* (3., aktualisierte Aufl.). Wiesbaden: VS Verlag für Sozialwissenschaften.

Gembris, H. (2005). Musikalische Präferenzen. In R. Oerter & T. H. Stoffer (Hrsg.), *Enzyklopädie der Psychologie*, Bd. 2, Spezielle Musikpsychologie (S. 279–342). Göttingen: Hogrefe.

Gembris, H. & Schellberg, G. (2003). Musical preferences of elemantary school children. Vortrag gehalten auf der *5th Triennial Conference of the European Society for the Cognitive Sciences of Music*. Hannover, University of Music and Drama.

Gembris, H. & Schellberg, G. (2007). Die Offenohrigkeit und ihr Verschwinden bei Kindern im Grundschulalter. *Musikpsychologie, 19*, 71–92.

Godøy, R. I. & Leman, M. (Hrsg.). (2010). *Musical gestures: Sound, movement, and meaning*. New York: Routledge.

Greve, M. (2003). *Die Musik der imaginären Türkei. Musik und Musikleben im Kontext der Migration aus der Türkei in Deutschland.* Stuttgart: Metzler.

Hargreaves, D. J. (1982a). The development of aesthetic reactions to music. *Psychology of Music (Special issue)*, 51–54.

Hargreaves, D. J. (1982b). Preference and prejudice in music: A psychological approach. *Popular Music and Society, 8*, 13–18.

Hargreaves, D. J. (1987). Development of liking for familiar and unfamiliar melodies. *Bulletin of the Council for Research in Music Education, 91*, 65–69.

Hargreaves, D. J., Comber, C. & Colley, A. (1995). Effects of age, gender, and training on musical preferences of British secondary school students. *Journal of Research in Music Education, 43* (3), 242–250.

Hargreaves, D. J., North, A. C. & Tarrant, M. (2006). Musical preference and taste in childhood and adolescence. In G. E. McPherson (Hrsg.), *The child as musician: A handbook of musical development* (S. 135–154). New York: Oxford University Press.

Henninger, J. C. (1999). Ethnically diverse sixth graders' preferences for music of different cultures. *Texas Music Education Research*, 37–43.

Iyer, V. (2002). Embodied mind, situated cognition, and expressive microtiming in African-American music. *Music Perception, 19* (3), 387–414.

Jaedtke, W. (2000). Popmusik als Epochenstil. Versuch einer musikhistorischen und musiktheoretischen Aufarbeitung. In H. Rösing & T. Phleps (Hrsg.), *Populäre Musik im kulturwissenschaftlichen Diskurs* (Beiträge zur Popularmusikforschung, Bd. 25/26) (S. 201–216). Karben: Coda.

Kleinen, G. (2011). Musikalische Sozialisation. In H. Bruhn, R. Kopiez & A. C. Lehmann (Hrsg.), *Musikpsychologie. Das neue Handbuch* (S. 37–66). Reinbek: Rowohlt.

Kopiez, R. & Lehmann, M. (2008). The 'open-earedness' hypothesis and the development of age-related aesthetic reactions to music in elementary school children. *British Journal of Music Education, 25* (2), 121–138.

Langmeyer A., Guglhör-Rudan, A. & Tarnai, C. (2012). What do music preferences reveal about personality? A cross-cultural replication using self-ratings and ratings of music samples. *Journal of Individual Differences, 33* (2), 119–130.

LeBlanc, A., Sims, W. L., Siivola, C. & Obert, M. (1996). Music style preferences of different age listeners. *Journal of Research in Music Education, 44* (1), 49–59.

Lenz, F. (2013). Soziologische Perspektiven auf musikalische Sozialisation. In R. Heyer, S. Wachs & C. Palentien (Hrsg.), *Handbuch Jugend – Musik – Sozialisation* (S. 157–185). Wiesbaden: Springer.

Linzer, D. & Lewis, J. (2013). *poLCA: Polytomous variable Latent Class Analysis (R Paket)*. Verfügbar unter: http://poLCA.r-forge.r-project.org [07.07.2014].

López Cano, R. (2003). Setting the body in music: Gesture, schemata and stylistic-cognitive types. Vortrag gehalten auf der *International Conference on Music and Gesture*, 28.–31. August, University East Anglia, Norwich.

Louven, C. (2011). Mehrjähriges Klassenmusizieren und seine Auswirkungen auf die ‚Offenohrigkeit' bei Grundschulkindern. Eine Langzeitstudie. *Diskussion Musikpädagogik, 50* (11), 48–59.

Louven, C. & Ritter, A. (2012). Hargreaves' ‚Offenohrigkeit' – Ein neues, softwarebasiertes Forschungsdesign. In J. Knigge & A. Niessen (Hrsg.), *Musikpädagogisches Handeln. Begriffe, Erscheinungsformen, politische Dimensionen* (Musikpädagogische Forschung, Bd. 33) (S. 275–299). Essen: Die Blaue Eule.

Maccoby, E. (2000). *Psychologie der Geschlechter. Sexuelle Identität in den verschiedenen Lebensphasen.* Stuttgart: Klett-Cotta.

MacDonald, R., Hargreaves, D. J. & Miell, D. (2002). *Musical identities.* Oxford: Oxford University Press.

Maydeu-Olivares A. & Böckenholt, U. (2009). Modeling preference data. In R. Millsap & A. Maydeu-Olivares (Hrsg.), *The SAGE handbook of quantitative methods in psychology* (S. 264–282) London: Sage.

Mayring, P. (2007). *Qualitative Inhaltsanalyse. Grundlagen und Techniken.* Weinheim: Beltz.

Ministerium für Schule und Weiterbildung des Landes Nordrhein-Westfalen. (Hrsg.). (2008). *Richtlinien und Lehrpläne für die Grundschule in Nordrhein-Westfalen* (H. 2012). Frechen: Ritterbach.

MPLUS (Version 6.11). [Computer Software]. Los Angeles, CA: Muthén & Muthén.

Müller, R. (1999). Musikalische Selbstsozialisation. In J. Fromme, S. Kommer, J. Mansel & K.-P. Treumann (Hrsg.), *Selbstsozialisation, Kinderkultur und Mediennutzung* (S. 113–125). Opladen: Leske + Budrich.

Nonte, S. (2013). Herausforderungen und Probleme bei der Entwicklung eines Instruments zur Selbsteinschätzung musikalischer Fähigkeiten im Grundschulalter. *Beiträge empirischer Musikpädagogik, 4* (2), 1–30.

Nonte, S. & Schwippert, K. (2012). Musikalische und sportliche Profile an Grundschulen – Auswirkungen auf Klassenklima und Selbstkonzept. *Beiträge empirische Musikpädagogik, 3* (1), 1–25.

Nonte, S. & Schwippert, K. (in Druck). Teilprojekt ‚Transfer' – Effekte von JeKi-Programmen auf die Entwicklung sozialer und motivationaler Aspekte von Kindern mit kumulierten Risikofaktoren. In Bundesministerium für Bildung und Forschung (BMBF) (Hrsg.), *Ergebnisse zur JeKi-Begleitforschung*.

North, A. C. & Hargreaves, D. J. (1999). Music and adolescent identities. *Music Education Research, 1*, 75–92.

Peterson, R. A. (1992). Understanding audience segmentation: From elite and mass to omnivore and univore. *Poetics, 21*, 243–258.

Peterson, R. A. & Simkus, A. (1992). How musical tastes mark occupational status groups. In M. Lamont & M. Fournier (Hrsg.), *Cultivating differences. Symbolic boundaries and the making of inequality* (S. 152–186). Chicago: Chicago Press.

Rauscher, F. H., Shaw, G. L. & Ky, K. N. (1995). Listening to Mozart enhances spatial-temporal reasoning: Towards a neurophysiological basis. *Neuroscience Letters 1285*, 44–47.

Rawlings, D. & Ciancarelli, V. (1997). Music preference and the five-factor model of the NEO Personality Inventory. *Psychology of Music, 25*, 120–132.

Reinecke, J. (2005). *Strukturgleichungsmodelle in den Sozialwissenschaften*, München: Oldenbourg.

Reinhardt, J. & Rötter, G. (2013). Musikpsychologischer Zugang zur Jugend-Musik-Sozialisation. In R. Heyer, S. Wachs & C. Palentien (Hrsg.), *Handbuch Jugend – Musik – Sozialisation* (S. 127–155). Wiesbaden: Springer.

Rentfrow, P. J., Goldberg, L. R. & Levitin, D. J. (2011). The structure model of musical preferences: A five-factor model. *Journal of Personality and Social Psychology, 100* (6), 1139–1157.

Rost, J. (2004). *Lehrbuch Testtheorie und Testkonstruktion* (2. Aufl.). Bern: Huber.

Ruble, D. N., Martin, C. L. & Berenbaum, S. A. (2006). Gender development. In W. Damon & R. M. Lerner (Hrsg.), *Handbook of child psychology*, 3 (6th ed.) (S. 858–932). Hoboken: Wiley.

Sakai, W. (2011). Music preferences and family language background: A computer-supported study of children's listening behavior in the context of migration. *Journal of Research in Music Education, 59* (2), 174–195.

Schäfer, T. & Sedlmeier, P. (2009). From the functions of music to music preference. *Psychology of Music, 37*, 279–300.

Schellberg, G. (2006). Zum Einfluss von Unterricht auf Musikpräferenzen von Grundschulkindern für Opernarien. In N. Knolle (Hrsg.), *Lehr- und Lernforschung* (S. 71–84). Essen: Die Blaue Eule.

Schurig, M. (2012). *Response Bias und Messinvarianz in einem Urteil zu musikalischer Präferenz. Hinter der Messinvarianz*. Vortrag gehalten auf der 77. Tagung der Arbeitsgruppe für Empirische Pädagogische Forschung, 10.–12. September in Bielefeld.

Schurig, M., Busch, V. & Bunte, N. (2013). *Zur Segmentierung formaler und informeller musischer Bildungsprozesse im Grundschulalter*. Vortrag gehalten auf der Tagung ‚Empirische Bildungsforschung und evidenzbasierte Reformen im Bildungswesen' organisiert von der Arbeitsgruppe für Empirische Pädagogische Forschung (AEPF) und der Kommission Bildungsorganisation, Bildungsplanung, Bildungsrecht (KBBB), 25.–27. September 2013, Technische Universität Dortmund.

Schurig, M., Busch, V. & Strauß, J. (2012). Effects of structural and personal variables on children's development of music preference. In E. Cambouropoulos, C. Tsougras, P. Mavromatis & K. Pastiadis (Hrsg.), *Proceedings of the 12th International Conference* on Music Perception and Cognition (ICMPC) and the 8th Triennial Conference of European Society for the Cognitive Sciences of Music (ESCOM) (S. 896–902). Thessaloniki.

Statistisches Bundesamt. (2009). *Bevölkerung und Erwerbstätigkeit. Ausländische Bevölkerung. Ergebnisse des Ausländerzentralregisters* (Fachserie 1, Reihe 2). Wiesbaden. Verfügbar unter: https://www.destatis.de/DE/Publikationen/Thematisch/Bevoelkerung/MigrationIntegration/AuslaendBevoelkerung2010200087004.pdf?__blob=publicationFile [07.07.2014].

Teo, T., Hargreaves, D. J. & Lee, J. (2008). Musical preference, identification, and familiarity: A multicultural comparison of secondary students from Singapore and the United Kingdom. *Journal of Research in Music Education, 56* (1), 18–32.

van Eijck, K. (2001). Social differentiation in musical taste patterns. *Social Forces, 79* (3), 1163–1184.

Wilke, K. (2012). *Bushido oder bunt sind schon die Wälder?! Musikpräferenz von Kindern in der Grundschule*. Münster: Lit.

Wurm, M. (2006). *Musik in der Migration. Beobachtungen zur kulturellen Artikulation türkischer Jugendlicher in Deutschland*. Bielefeld: transcript.

Zweigenhaft, R. (2008). A do re mi encore. A closer look at the personality correlates of music preference. *Journal of Individual Differences, 29* (1), 45–55.

Andreas Lehmann-Wermser, Claudia Jessel-Campos &
Valerie Krupp-Schleußner

V Wege zur Musik
Kulturelle Teilhabe bei Grundschulkindern

Wie erleben Kinder Musik im Grundschulalter? Wie finden sie einen Weg in komplexe musikalische Kulturen, wie finden sie *ihren* Weg? Programme wie JeKi treten mit dem Anspruch an, über die Vermittlung von Fertigkeiten am Instrument einen Zugang zur Musikkultur zu eröffnen, und sie tun das im Bemühen, speziell diejenigen zu fördern, deren soziales Umfeld solches nicht in gleicher Weise leisten könnte. Im Schnittpunkt dieser beiden Linien liegt einerseits die Frage nach gelingender kultureller Teilhabe, die nach dem chancengerechten Zugang andererseits. Aber was bedeutet ‚Zugang zu Musikkultur' oder eben ‚kulturelle Teilhabe'? In diesem Kapitel soll zunächst die begriffliche Basis gelegt werden, bevor das Forschungsprojekt und seine Ergebnisse vorgestellt werden.

1 Zur Problematik des Begriffs Kulturelle Teilhabe

Erörterungen zur kulturellen Teilhabe sind oft eingebettet in solche zur kulturellen Bildung, die seit der Jahrtausendwende zunehmend Aufmerksamkeit erhalten (vgl. Reinwand-Weiss, 2012). Indem kulturelle Bildung als lebenslanger Prozess verstanden wird, der (anders als die ästhetische Bildung) auch eine umfassendere, politische und soziale Dimension besitzt, stellt sich die Frage, wie eine solche Bildung von Individuen entwickelt werden kann. In der Folge ist zu fragen, unter welchen Bedingungen in dieser Weise Gebildete an Kultur teilhaben können? Die Auseinandersetzung mit Thema und Begriff erfolgt freilich auf einer unsicheren Basis: „Die ... zu beobachtende Wertschätzung für Kulturelle Bildung hat den Nachteil, dass die Nutzung des Begriffes ‚Kulturelle Bildung' inflationär geworden ist" (Fink, 2012, S. 120). Damit einhergehe, so Fink, eine Unbestimmtheit auch in Fragen der Wirkung von Angeboten, die „terminologisch problematisch" (Fink, 2012, S. 120) sei. Man kann die Diskurse, in denen der Begriff verwendet wird, grob zwei Bereichen zuordnen: einem populären, auch politischen Diskurs über gesellschaftliche Rollen, (gute) Erziehung und Bildung und einem wissenschaftlichen über Disparitäten im Bildungswesen und Chancengerechtigkeit usw. Für beide Bereiche gilt, dass Begriffe meist unscharf gebraucht werden. Dies sei im Folgenden erläutert.

Im ersten Bereich erscheint kulturelle Teilhabe als Teil eines viel umfassenderen Diskurses zu Teilhabe insgesamt. Die Forderung nach Teilhabe fokussiert oft die Möglichkeit, sich gesellschaftlich einzubringen, und beschränkt sich dabei nicht nur auf finanzielle Forderungen. Die folgende, aus einer Vielzahl von Beispielen herausgegriffene Ankündigung – eine Eingabe des Begriffs ‚Teilhabe' in einer Suchmaschine ergibt über 1 Million Einträge – dokumentiert die Verknüpfung von materiellen und ideellen, politischen und privaten Facetten. In einem solchen umfassenden Sinn wird kulturelle Teilhabe zum Gegenstück von Exklusion mit einem weit reichenden (und emphatisch vertretenen) Anspruch: „exclusion from culture is not exclusively about the fact that you don't get to go to the theatre or the movies, ... it's about exclusion from full participation in what it means to be human" (O'Toole, 2006, Abs. 8). Besonders mit musikpädagogischen Programmen wird dabei die Vorstellung von „music as a tool for social change" (Dudt, 2011, S. 12) verbunden.

Dieser weit reichende Anspruch ist die Brücke zu einem anderen Aspekt des Diskurses zu kultureller Teilhabe, dem zu (guter) Erziehung und Bildung. Wir haben an anderer Stelle ausführlicher dargelegt, wie kulturelle Teilhabe oftmals auf Teilhabe an hochkulturellen Angeboten verkürzt wird (Lehmann-Wermser & Jessel-Campos, 2013; Lehmann-Wermser 2014). Insbesondere auf der wirkmächtigen Ebene der Illustration in den Printmedien wird gute Erziehung immer wieder mit Instrumentalunterricht gleichgesetzt (z. B. Ridder, 2013; Der Spiegel, 2011).[1] Die amerikanische Autorin Amy Chua, die mit dem Anspruch auftritt, ihren Kindern über Disziplin und Strenge eine besonders gute Erziehung mitzugeben, dokumentiert diese Gleichsetzung besonders deutlich: Ihr Anspruch korrespondiert mit der Selbstpräsentation ihrer Familie an (klassischen) Musikinstrumenten (s. Abb. V.1).

In diesem populären Diskurs vermengen sich kulturelle Teilhabe und Teilnahme an künstlerisch definierten Veranstaltungen und Angeboten, wobei allen *aktiven* Formen der Beteiligung deutlich Vorrang vor den *rezeptiven* gegeben wird, wie auch die Selbstinszenierung Amy Chuas deutlich macht. Wie wenig tragfähig eine solche Begriffsfassung ist, wird bereits am Beispiel des Opernpublikums klar, das sich mit Musik vorwiegend hörend (und nicht selbst spielend) beschäftigt, dem man aber sicherlich nicht die Teilhabe am künstlerischen Ereignis absprechen kann.

Im zweiten Bereich, dem wissenschaftlichen Diskurs zu kultureller Teilhabe, ergibt sich ein Problem aus dem je unterschiedlichen Begriffsverständnis von ‚Kultur' und ‚Teilhabe'. Der Kulturbegriff besitzt unterschiedliche Facetten, die ihrerseits auch wiederum einem historischen Wandel unterliegen. Die Forschung dazu ist umfangreich, die Zahl unterschiedlicher Kulturkonzeptionen und -definitionen ist kaum überschaubar (s. im Überblick Nünning & Nünning, 2008; Reckwitz, 2004; Hejl, 2001, Fuchs, 2012; für die Musikpädagogik Hammel, 2007). Für den Bereich der kulturellen Teilhabe scheinen dabei zwei grundlegende Traditionen besonders bedeutsam, die jeweils auch in empirischen Studien die theoretische Rahmung ergeben haben.

---

1   Eine diskursanalytische Betrachtung konnte im Rahmen dieses Projekts nicht geleistet werden, würde aber angesichts entsprechender Veröffentlichungen auch der Ministerien und im Internet lohnen.

Abbildung V.1: Mediendarstellung ‚guter Erziehung' unter der Überschrift: Can a regimen of no playdates, no TV, no computer games and hours of music practice create happy kids? (Chua, 2011)

© Erin Patrice O'Brien

Zunächst werden Kultur und kulturelle Teilhabe in der Forschung oftmals im Alltag verortet: „There is general agreement that cultural participation is part of everday life, and not just related to attendance of cultural venues or events. It is integral to the enjoyment of a fulfilling life experience" (UNESCO, 2012, S. 17). Verschiedentlich wird daher ein sehr breiter Kulturbegriff zugrunde gelegt. So definiert etwa eine Arbeitsgruppe der UNESCO Kultur als „a set of distinctive spiritual, material, intellectual and emotional features of society or a social group, that encompasses, not only art and literature, but lifestyles, ways of living together, value systems, traditions and belief" (UNESCO, 2001, S. 12). Der Vorteil einer solchen Auffassung ist, dass der Kulturbegriff weniger ‚exklusiv' ist und eine ausschließliche Ausrichtung an ‚Mehrheitskulturen' oder ‚Hochkultur' verhindert. Dieses Verständnis steht in der Tradition der *cultural studies*, in denen bereits Ende der 1960er Jahre vor allem am *Centre for Contemporary Cultural Studies* in Birmingham Kultur als Komplex von Bedeutungszuweisungen gesehen wurde, der beispielsweise auch in rezeptiven Formen und in der populären Kultur des Alltags und abseits der Hochkultur wirksam werde. Eine Orientierung, die ausschließlich hochkulturelle Verhaltensweisen akzeptieren würde, ist mit dieser Position unvereinbar. Verschiedene aktuelle empirische Studien (z. B. Grgic, Holzmayer & Züchner, 2013; Keuchel, 2006, 2013) basieren deshalb auf diesem weit gefassten Kulturbegriff. Auch die Enquete-Kommission des Deutschen Bundestages zur kulturellen Bildung formulierte in diesem Sinne: „Kultur ist die Gesamtheit der materiellen und ideellen Lebensbedingungen und Strukturen" (Enquete-Kommission Deutscher Bundestag, 2007, S. 47).

Ein solch umfassendes Verständnis von Kultur birgt für die Anlage dieser Teilstudie zwei miteinander verbundene Probleme. Zum einen ist es – um ein geflügeltes Wort

Paul Watzlawicks abzuwandeln – auf dieser Basis nicht möglich nicht teilzuhaben.[2] Zum anderen umgeht diese Position normative Entscheidungen, die in pädagogischen Kontexten unerlässlich sind und ohne die noch die entfremdetste, kritisches Bewusstsein vernebelnde Form des Konsums sonst förderungswürdig wäre.[3]

Eine andere Position nehmen jene Studien ein, die bewusst hochkulturelle Formen fokussieren, doch nicht weil sie ‚besser' oder in pädagogischen Zusammenhängen ‚wirkungsvoller' wären, sondern weil sie gesellschaftlich als angesehener wahrgenommen werden. Viele Arbeiten beziehen sich übrigens auf Bourdieu und sein Konzept kulturellen Kapitals (vgl. Bourdieu, 1994). Doch während in der erstgenannten Tradition die Negation der Hochkultur zum Ausgangspunkt genommen wird, wird in letzterer an jene Beschreibungen angeknüpft, die deren Fortbestand zeigen. Isengard (2005) konnte zeigen, dass hochkulturelle Orientierungen unter den Eliten an Ausschließlichkeit verloren haben, weil diese (in der Begrifflichkeit vorangegangener Studien) zu ‚kulturellen Allesfressern' geworden seien,[4] gleichwohl aber immer noch eng mit höheren Bildungsabschlüssen verbunden sind. Anders akzentuiert argumentierte Stein (2005), dass in beruflichen Kontexten eben diese Orientierungen immer noch bedeutsam seien. Dies aufgreifend beschreiben Huth und Weishaupt (2009), dass vor allem der familiale Hintergrund für die Wahl hochkultureller Freizeitaktivitäten bedeutsam sei. Kröner (2013) schließt in seinen Studien daran an und versucht, soziologische und psychologische Dimensionen aufeinander zu beziehen. Er untersucht, in welchem Wechselspiel soziale Faktoren (Sozialstatus des Elternhauses, Schulform etc.) und solche der Persönlichkeit (u. a. die *Big Five*) hochkulturelle Aktivitäten beeinflussen.

Wurde bislang in beiden Forschungssträngen eher nach dem ‚Objekt' der Teilhabe gefragt, so sind zugleich aber auch die Subjekte ins Auge zu fassen. Was bedeutet Teilhabe für die Akteure? In welcher Weise vollzieht sie sich?

Teilhabe ist immer mit dem Blick auf umfassendere Prozesse zu sehen. Teil*nahme* hat die bloße Anwesenheit eines Individuums im Blick; Teil*habe* bezieht sich „auf Entscheidungen, die sowohl das Leben der Individuen als auch das jeweilige Gemeinwesen betreffen, und ist deshalb durch die wechselseitige Begründung und Begrenzung von Selbst- und Mitbestimmung bestimmt" (Schwanenflügel & Walther, 2012, S. 274).[5] Mit

---

2   Es ist daher kaum verwunderlich, dass andere Eingrenzungen gewählt werden. Die MediKuS-Studie konzentriert sich daher auf „eigenaktive Formen von Aktivitäten" (Grgic et al., 2013, S. 106).

3   Auch dies kann hier nur angedeutet werden. Wir verweisen auf die ausführlichere Darstellung in Lehmann-Wermser & Jessel-Campos (2013); Lehmann-Wermser & Krupp (2014).

4   Ähnliche Befunde finden sich seit den 1990er Jahren (Peterson & Simkus, 1992; im Überblick Rössel & Beckert-Zieglschmid, 2002, S. 500 ff.); Behne (2009) konnte das Gleiche für den Bereich der Musikpräferenzen bestätigen, hatte aber dezenter die Begrifflichkeit von Peterson und Simkus aufgreifend von ‚Omnivoren' gesprochen.

5   Auch hier ist die Terminologie nicht immer einheitlich und eindeutig. Von Schwanenflügel setzt im genannten Aufsatz Partizipation und Teilhabe gleich, andere Autoren akzentuieren im Partizipationsbegriff, der angloamerikanischen Tradition folgend, die politische Dimension stärker. Zusätzlich ist die Frage nach der Definitionsmacht über anerkannte Formen der Teilhabe zu stellen (Schwanenflügel, 2013) – das Teilprojekt ist von diesen terminologischen Fragen allerdings nur am Rande betroffen.

der empirischen Erforschung von kultureller Teilhabe muss deshalb auch die Erkundung subjektiver Sichtweisen und Entscheidungen unter den jeweiligen Bedingungen verbunden werden. Brown (2004) hat verschiedene Formen nach dem Ausmaß der Beteiligung (*involvement*) und der gegebenen Kontrolle systematisiert, um die Perspektive des Subjekts (und nicht nur des Objekts) zu erfassen. Danach gebe es die folgenden Formen:

1. *Inventive Arts Participation* engages the mind, body and spirit in an act of artistic creation that is unique and idiosyncratic, regardless of skill level.
2. *Interpretive Arts Participation* is a creative act of self-expression that brings alive and adds value to pre-existing works of art, either individually or collaboratively.
3. *Curatorial Arts Participation* is the creative act of purposefully selecting, organizing and collecting art to the satisfaction of one's own artistic sensibility.
4. *Observational Arts Participation* encompasses arts experiences that an individual selects or consents to, motivated by some expectation of value.
5. *Ambient Arts Participation* involves experiencing art, consciously or subconsciously, that is not purposefully selected – art that 'happens to you'. (Brown, 2004, S. 12)

Auch wenn kritisch zu diskutieren wäre, ob eine solche Beschränkung auf Künste (*arts*) in der Beschreibung nur die Lebenswelt einer gesellschaftlichen Minderheit abbildet, so ist doch die Konzentration auf Verhaltens- und Umgangsweisen der Akteure ausgesprochen produktiv.

Die bisher vorliegenden Untersuchungen, die auch den Standpunkt der Subjekte mit einbeziehen, wenden sich vor allem Teilhabemustern von Jugendlichen zu. Keuchel und Wiesand (2006) konnten zeigen, dass Jugendliche allgemein eine Vielzahl kultureller Angebote nutzen und dabei einem eher konservativen Kulturverständnis folgen – die Unterschiede zu älteren Untersuchungen wie etwa von Khadiri (1963), der sich spezifisch mit Musik befasst hatte, werden im diachronen Vergleich deutlich. Viel umfassender, methodisch anspruchsvoller und neuere gesellschaftliche Entwicklungen insbesondere im Bereich der Medien berücksichtigend ist die Längsschnittstudie Behnes (2009) zum Musikgeschmack Jugendlicher im Alter von 11 bis 17 Jahren. Auf rezeptive Teilhabeformen beschränkt, zeigte sie u. a., dass Präferenzentscheidungen fluide in dem Sinne sind, dass Jugendliche ihre Vorlieben (und damit verbunden Orientierungen an jugendlichen Teilkulturen) ändern. Für Kinder im Grundschulalter liegen dagegen vergleichbare Untersuchungen nicht vor, wie insgesamt vergleichsweise wenig gesichertes Wissen zu kultureller Bildung und damit auch der Teilhabe in dieser Altersgruppe verfügbar ist (vgl. Autorengruppe Bildungsberichterstattung, 2012; Weishaupt & Zimmer, 2013).

1.1 Zum Verhältnis von Deskription und Normativität

Es lässt sich zeigen, dass in den Diskursen nicht selten deskriptive Aussagen zu normativen umschlagen. Das geschieht etwa dann, wenn Sätze über ‚Teilhabe an Kultur' quasi unter der Hand in solche zur ‚Teilhabe an Kunst' umgeformt werden (vgl. Lehmann-

Wermser & Jessel-Campos, 2013, S. 133). Des Weiteren bedürfen normative Feststellungen in vielen Fällen einer empirischen Rückkopplung. Im Kontext einer (wichtigen und legitimen) Forderung nach einem allgemeinen Zugang zu Kultur schreibt etwa der bereits erwähnte Publizist Fintan O'Toole: „if you don't have access, you are the object of culture rather than the subject of culture" (O'Toole, 2006, [8]) – ohne zu spezifizieren, wie fehlender Zugang (*access*) zu beschreiben sei, wann ein Individuum zum Objekt von Kultur wird und was es vom Subjekt unterscheidet. Diese Differenz empirisch zu erfassen, ist notwendig, aber durchaus anspruchsvoll.

Diese Problematik kommt dann zum Tragen, wenn von Seiten der Wissenschaft Evaluations- und Steuerungswissen erwartet wird. In den letzten Jahren sind sowohl von Stiftungen (wie z. B. JeKi im Ruhrgebiet) als auch von staatlicher Seite (z. B. ‚Kultur macht stark' des BMBF) Millionenbeträge in kulturelle Bildung geflossen. Auch wenn das vom BMBF strukturierte Forschungsprofil, in dem auch dieses Projekt gefördert wurde, nicht allein als Evaluationsforschung zu sehen ist, so dokumentiert der Anspruch des Ministeriums, die Forschungsergebnisse vor Lehrkräften und Schulleitungen präsentieren zu lassen und mit den Akteuren ins Gespräch zu kommen,[6] doch das Ziel, Forschungsergebnisse in der Praxis ‚wirksam' werden zu lassen. Der o. g. Bericht einer Kommission der UNESCO fasst die Problematik zusammen: „If governments have a duty to uphold the 'right' to participate in culture, then it follows that they also have an obligation to monitor the situation to be able to evaluate effectiveness and equity" (UNESCO, 2001, S. 8).

1.2 Zum Begriffsverständnis im Teilprojekt Kulturelle Teilhabe

Angesichts der terminologischen und konzeptuellen Schwierigkeiten sowie der großen Lücken in der Forschung war es für das Teilprojekt Kulturelle Teilhabe notwendig, induktiv vorzugehen und normative Setzungen so weit als möglich zu vermeiden. Einige Merkmale des zugrunde gelegten Kulturverständnisses lassen sich dennoch beschreiben.

– Ein entscheidendes und in der internationalen Literatur betontes Merkmal von kultureller Teilhabe ist, dass sie *bewusst* vollzogen wird „for measurement and analysis, it is crucial to acknowledge that cultural participation is a conscious act. ... The element of awareness has gained importance in the past few years, with the diffusion of new forms of 'unintentional' consumption fostered by new technologies" (UNESCO Institute for Statistics, 2012, S. 18). Diese Prämisse beeinflusste das Design des Teilprojekts insofern, als die Sammlung von Bildern und Zeichnungen der Kinder wie auch die Interviews auf die Erfassung bewusster Momente zielte (s. u.). Diese Zeichnungen wurden auch zum Ausgangspunkt der Analysen ge-

---

6   2013 sind eine Reihe von Veranstaltungen für Grundschullehrkräfte und Instrumentallehrer in Hamburg und Essen durchgeführt worden, in denen die Ergebnisse der Projekte vorgestellt und mit den Akteuren diskutiert wurden.

macht – und unterscheiden sich daher in Teilen von der o. g. Systematik Browns (s. Abschnitt 1 in diesem Beitrag).
- Mit Programmen wie JeKi ist implizit oft die Hoffnung auf eine Förderung hochkultureller Orientierungen verbunden. Dennoch verfolgte das Teilprojekt nicht das Ziel, speziell oder gar ausschließlich diesen nachzugehen. Vielmehr interessierten prinzipiell alle Orientierungen, seien sie *highbrow*, *middlebrow* oder *lowbrow activities*.[7]
- Auch wenn dem aktiven Musizieren bei Kindern besondere Bedeutung beigemessen wird,[8] gilt das Interesse des Teilprojekts *allen* Formen des Umgangs mit Musik. Das ist Grundlage der Fragestellungen und im Design verankert (s. u.).

2 Forschungsfragen

Musik hören und machen nehmen als wichtige Formen kultureller Praxis in allen Jugendstudien breiten Raum ein (z. B. Feierabend, Karg & Rathgeb, 2013, S. 146). Daher haben Erkenntnisse über die Zugangsformen dieser Altersgruppe einen hohen Wert. Teilhabeformen und Einfluss nehmende Faktoren dürften sowohl für die spätere Lebensgestaltung wie auch für andere kulturelle Praxen relevant sein. Zudem interessiert, ob eine intensive und aufwändige Form der Intervention, wie sie das JeKi-Programm darstellt, Auswirkungen zeigt. Für das Teilprojekt ergaben sich vor diesem Hintergrund die folgenden Forschungsfragen:

- Welche musikalischen Aktivitäten werden von den Grundschulkindern ausgeübt und wie werden sie beschrieben?
- In welchen Kontexten sind diese Aktivitäten verortet?
- Wer oder was beeinflusst die (musisch-)kulturelle Teilhabe der Kinder und ihrer Familien?
- Lässt sich kulturelle Teilhabe bei Grundschulkindern im Bereich der Musik modellhaft (im Sinne von unterscheidbaren Mustern) beschreiben?

3 Zum Design des Teilprojekts Kulturelle Teilhabe

Das Teilprojekt war eingebettet in das SIGrun-Gesamtdesign. Dementsprechend wurde ein längsschnittliches Design mit mehreren Erhebungszeitpunkten gewählt. Von den vier Erhebungszeitpunkten des Projektverbunds wurde wegen des größeren Aufwands

---

7   Die Unterscheidung geht u. a. auf Peterson (1997) zurück. Bourdieu spricht vom *legitimen*, *mittleren* und *populären* Geschmack (Bourdieu, 1994, S. 36 ff.), der jeweils den genannten, in der empirischen Literatur bevorzugten Begriffen entspricht.
8   Obwohl für Erwachsene praktische Formen musikalischen Verhaltens gegenüber den rezeptiven zurücktreten, wird eigenes Spiel in Erziehungs- und Bildungskontexten sowohl in der Wissenschaft (z. B. Grgic & Züchner, 2013) als auch im öffentlichen Diskurs (vgl. Lehmann-Wermser, 2013) wertgeschätzt – wenn auch aus unterschiedlichen Gründen.

für die Kinder und Schulen nur der zweite und vierte auch für die qualitative Datenerhebung genutzt. Ausgewählt wurden eine Sportförderschule und vier Schulen aus dem JeKi-Programm, die sich auf die beiden beteiligten Bundesländer verteilten und hinsichtlich des Sozialindex unterschiedliche Einzugsgebiete repräsentierten.

Ziel der Sammlung qualitativer Daten war es, möglichst offen nach den Zugängen zu Musik zu fragen, also implizite Konzentrationen auf JeKi oder Erwartungen hinsichtlich hochkultureller Aktivitäten zu vermeiden. Drei verschiedene Datenarten wurden dafür verwendet: Kinder-Malmappen, Fotografien aus dem privaten Raum und Interviews im schulischen Kontext.

Die Sammlung der Kinderzeichnungen fand in Form von Malmappen für fünf Bilder pro Kind plus Zusatzbild über einen Zeitraum von fünf Monaten statt. Die Mappen waren mit dem Auftrag versehen, ein Bild pro Monat zu dem vorgegebenen Thema: „Was ich mit Musik erlebt habe" zu malen. Zusätzlich zu jedem Bild konnten die Kinder in einer dafür vorgesehenen Sprechblase Notizen zu ihren Bildern festhalten und eine Überschrift finden. Während der Datenerhebung erfolgte durch die Testleitung an den Schulen eine erläuternde Einführung zur Arbeit mit den Malmappen. Hierbei wurde erklärt, dass die ‚musikalischen Erlebnisse' in einem engeren aber auch weiteren Sinne mit Musik in Verbindung stehen können; alle seien gleichermaßen interessant.[9] Der Auftrag wurde bewusst offen formuliert, um die Aufmerksamkeit der Kinder nicht allein auf den Instrumentalunterricht, den JeKi-Kontext o. ä. zu verengen. Für die zweite Erhebung wurde der Malauftrag beibehalten, die Anzahl der Bilder jedoch auf drei plus Zusatzbild reduziert. Leider konnte nicht systematisch kontrolliert werden, ob die Bilder in der Schule oder zu Hause entstanden. Die Übermittlung der fertigen Mappen erfolgte über die Schule (s. Tab. V.1).

Die Erhebung der Fotografien verlief in ähnlicher Weise mit dem Auftrag, dass in diesem Fall die Eltern über einen Zeitraum von fünf (im ersten Erhebungszeitraum) bzw. drei (im zweiten) Monaten monatlich ein Foto zum Thema „Was mein Kind mit Musik erlebt hat" machen sollten; elektronische Fotodateien konnten gemailt oder (auf Projektkosten) per MMS geschickt werden. Von einzelnen Kindern liegen sowohl Malmappen als auch Fotografien der Eltern vor.

Die Interviews, die als teilstandardisiertes Leitfadeninterview in Kleingruppen, zum Teil auch als Einzelgespräche in den oben genannten Zeiträumen mit einem Abstand von zwei Jahren in den Schulen geführt wurden, ergänzen die Bilddaten. Den thematischen Kern der Interviews bildeten ebenfalls die musikalischen Erlebnisse und Aktivitäten der Grundschulkinder wie auch deren Kontext und Einflussfaktoren.[10] Die Interviews können jedoch in diesem Bericht noch nicht berücksichtigt werden.

---

9   Dies bezieht zum einen musikalische Aktivitäten wie das Musizieren auf einem Instrument und Musikhören mit ein, zum anderen auch Erlebnisse aus dem Musikunterricht, einen Konzertbesuch oder das Erlebnis einer Situation, in der Straßenmusiker in der Stadt beim Musizieren beobachtet werden.

10   Die Interviews wurden aufgrund der thematischen Nähe der Bereiche *musikalische Erlebnisse und Aktivitäten* sowie *Einstellung zu spezifischer Musik und Präferenzentwicklung* gemeinsam mit dem SIGrun-Teilprojekt Präferenz geplant und durchgeführt. Die Leitfra-

Von Jungen und Mädchen lagen etwa gleichviele Malmappen vor (32 zu 28 in der ersten Erhebung, 32 zu 31 in der zweiten). 45 von 60 Kindern erhielten in der ersten Erhebung JeKi-Unterricht, 37 von 63 in der zweiten.

Tabelle V.1: Übersicht über die Anzahl und Quellen der qualitativen Daten im Teilprojekt Kulturelle Teilhabe

Art der Daten	Erhebungsphase I	Erhebungsphase II	insgesamt
Interviews			
SuS	9	9	
Eltern	7	5	60
KL-ML	5	5	
JeKi-L	5	5	
Schulleitung	5	5	
Malmappen	60	63	123
Bilder	306	197	503
Fotos	56	19	75
Tagebücher	2	2	4

Anmerkungen. SuS = Schülerinnen und Schüler; KL-ML = Klassenlehrkraft, Musiklehrkraft; JeKi-L = JeKi-Lehrkraft.

Zum methodischen Ansatz der Analyse

Die Analyse von Kinderzeichnungen hat in der Pädagogik und Psychologie eine lange Tradition, die bis zu der frühen Sammlung und Untersuchung von Kerschensteiner (1905) mit mehreren tausend Beispielen zurückgeht. Meist allerdings ging es dabei um kindliches Ausdrucks- und Darstellungsvermögen, das entwicklungs- oder differentialpsychologisch analysiert wurde (Bareis, 1972; John-Winde, 1981; Mühle, 1971; Richter, 1997). Alternativ konzentrierte sich ein anderer Strang der Tradition auf die spezifische Weltsicht, die sich in Kinderbildern manifestiert (z. B. Schoppe, 1991), wobei hier in letzter Zeit methodisch neue Ansätze zu beobachten sind (Scheid, 2012). Im Vergleich dazu ist die musikpädagogische Literatur mehr als überschaubar. Sieht man von der wenig beachteten Untersuchung von Schünemann (1930) ab, so bleiben die Studien von Kleinen (1986) sowie Kleinen und Schmitt (1991), die sich allerdings im Wesentlichen auf eine statistische Auswertung auf deskriptiver Ebene beschränkten.

---

gen wurden jedoch projektspezifisch entwickelt und werden auf die jeweiligen Forschungsfragen bezogenen separat betrachtet ausgewertet.

4 Malmappen zu Musikerlebnissen als Dokumente kultureller Teilhabe

Die Auswertung folgte der qualitativen Inhaltsanalyse nach Mayring (2002, 2008). In erster Linie war bei den gemalten Bildern von Interesse, *welche* Erlebnisse dargestellt wurden. Mit dieser spezifischen Art der Aufgabenstellung sollten entwicklungsbedingte und/oder schriftsprachliche Barrieren umgangen werden, damit mit dem den Kindern vertrauten Medium ein Überblick über ihre musikalischen Praxen erlangt werden kann. Die Frage nach der Art der Darstellung, dem *Wie* der Gestaltung, war nachgeordnet, da es nicht um die zeichnerischen Kompetenzen ging. In weiteren Analyseschritten wurden Muster identifiziert, auffällige Bildserien herausgegriffen, Vergleiche angestellt sowie Kontextmaterial vor allem aus den Überschriften und Kommentaren in den Malmappen selbst herangezogen, um die Daten zu interpretieren; nur vereinzelt wurden auch die Interviewdaten dafür genutzt. Die Bilddaten lassen sich folgenden Kategorien zuordnen: Bilder,

- die *die eigene musikalische Aktivität* darstellen,
- in denen ein ‚Gegenstand' abgebildet ist, der als *Stellvertreter für ein musikalisches Erlebnis* interpretiert werden kann,
- in denen die *musikalische Aktivität anderer* dargestellt wird,
- in denen *Kontexte*, in denen Musik erlebt wurde, abgebildet sind,
- die *ein Genre, einen Interpreten oder ein Musikstück* thematisieren,
- in denen *mehrere musikalische Erlebnisse* dargestellt sind,
- die *keinen erkennbaren Musikbezug* aufweisen,
- die aufgrund undeutlicher Zeichnung *nicht auswertbar* sind.

Die Kategorien zeigen, dass auf dieser Auswertungsstufe nur auf der ‚indexikalischen Ebene' (Pilarczyk & Mietzner, 2005) gearbeitet wurde. Sie zeigen aber auch bereits, dass die Malmappen über beide Erhebungen hinweg eine Vielfalt unterschiedlicher Erlebnisse mit Musik dokumentieren. Im Folgenden werden ausgewählte Bildserien vorgestellt, die deutlich unterscheidbare Muster repräsentieren.

Darstellung unterschiedlicher musikalischer Erlebnisse

In der ersten Bildserie einer Zweitklässlerin (Abb. V.2) wurden ganz verschiedene musikalische Erlebnisse gemalt: Das Spielen des eigenen Instruments, das Ansehen einer Musik-Castingshow, Musikhören und dazu Tanzen sowie der schulische Musikunterricht werden in dieser Malmappe dargestellt. Die Bilder wirken in der Art ihrer Darstellung gleichberechtigt, sodass diese unterschiedlichen Erlebnisse auf eben verschiedene, aber gleichrangige Zugänge der Grundschülerin zur Musikkultur hinweisen.

Wege zur Musik 107

Abbildung V.2: Malmappe zum ersten Erhebungszeitpunkt. Das Mädchen bekommt zum Zeitpunkt dieser Zeichnung JeKi-Instrumentalunterricht (Geige)

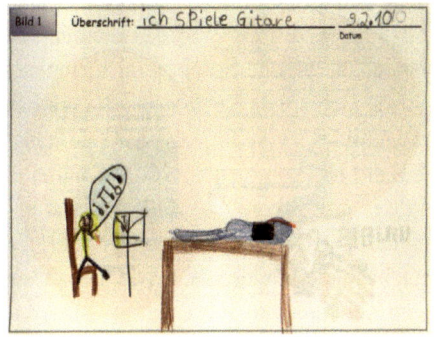 

Abbildung V.3: Malmappe zum ersten Erhebungszeitpunkt. Das Mädchen bekommt in der zweiten Klasse JeKi-Instrumentalunterricht (Keyboard), in der vierten Klasse aber nicht mehr

 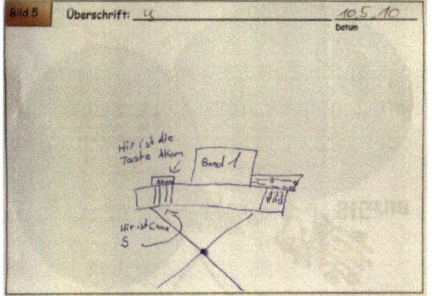

Ähnliche Bilder mit unterschiedlichen Aussagen

Die Bilder einer anderen Schülerin (Abb. V.3) fallen zunächst durch die Homogenität der Serie auf: Auf allen vier Bildern erscheint das Keyboard als zentrales Element. Bei genauerer Betrachtung bemüht sie sich zum einen, die eigene, wachsende Kompetenz darzustellen, wie die Kommentare verdeutlichen (1. „Ich spiele Keyboard"; 2. „Ich habe viele Fortschritte gemacht"; Bild 3, hier nicht abgebildet, zeigt ein Keyboard mit einem Übungsheft und der Notiz „Wir haben das Heft Band 1 bekommen"; zu Bild 5 lautet der Kommentar: „Ich kann jetzt schon c und g spielen mit Akom"[11]). Zum anderen aber werden die unterschiedlichen Spielsituationen durchaus differenziert dargestellt. Der Aspekt der Kompetenzerweiterung ist allerdings besonders interessant, weil bei diesem Mädchen thematisiert wird, was implizit in vielen Zeichnungen dokumentiert ist und als ‚Expertise-Erwerb' in das Modell (s. Abschnitt 6 in diesem Beitrag) eingegangen ist.

Die nächsten Bilder derselben Schülerin sind im Rahmen der zweiten Erhebungswelle entstanden. In dieser zweiten Serie kommt das Instrument nach dem Ende des Keyboard-Unterrichts nicht mehr vor, es werden dagegen recht unterschiedliche Zugänge zu Musikkultur dargestellt, die eine ähnliche Komposition zeigen wie in Abbildung V.3: die Rezeption von Musikfernsehen, der Jahrmarkt als Kontext eines musikalischen Erlebnisses, eine musikalische Gesangsvorführung der Schülerin sowie der Musikunterricht. Es erscheint naheliegend, dass sich die Bedeutung verschiedener musikalischer Erlebnisse durch den Wegfall des JeKi-Unterrichts verschiebt, andererseits ist bemerkenswert, dass das Instrument auf keiner Zeichnung mehr abgebildet wird; man kann das durchaus in dem Sinne deuten, dass das Instrumentalspiel vollständig aus der Erfahrungswelt des Mädchens verschwindet und keine Relevanz mehr hat.

Unterschiedliche Bilder zu einer Kategorie eines musikalischen Erlebnisses

Folgend seien zwei Bildserien einer Schülerin präsentiert, bei der thematisch sehr auffällig ist, wie sich ihre eigene musikalische Aktivität auf besonders einen Bereich, nämlich das *Musikhören*, konzentriert, dies jedoch in unterschiedlichen Kontexten.

In Abbildung V.4 im Bild links oben ist vermutlich das Zimmer der Schülerin zu sehen, neben dem Bett steht ein CD-Player, aus dem Noten herauskommen, eine beliebte Darstellung der Kinder, um erklingende Musik sichtbar zu machen. Die Schülerin selbst scheint auf dem Bett der Musik zuzuhören.[12] Das zweite Bild steht im Urlaubskontext und auch hier werden die Noten verwendet, in diesem Fall, um Vogelzwitschern darzustellen. In den Bildern mehrerer Malmappen zeigten sich derartige Assoziationen von ‚Natur und Musik', was u. a. auf die Thematisierung von ‚Natur' im Musikunterricht zurückzuführen sein könnte. Weitere Bilder zeigen das Musikhören in wieder neuen Kontexten: beim Autofahren, in der Urlaubsdisco oder bei einer Geburtstagsfeier – eine Vielfalt, die sich auch zum zweiten Erhebungszeitraum nicht verändert.

---

11   ‚Akom' (= accompagnato) verweist auf eine Taste am Keyboard, die automatisch Begleitungspatterns generiert.

12   Eine ähnliche Episode berichten Kleinen und Schmitt (1991). Auch dort ist das Bett der Lieblingsort für das Musikhören, allerdings bei deutlich älteren Kindern.

Wege zur Musik 109

Diese Schülerin hatte zum Zeitpunkt der ersten Erhebung noch keinen JeKi-Instrumentalunterricht; vielmehr hatte sie nur am Instrumentenkarussell teilgenommen und dabei verschiedene Instrumente kennengelernt und ausprobiert. Daher spielt das Instrument bei ihr in den Bildern zunächst überhaupt keine Rolle. Wie alle Kinder aus Hamburger JeKi-Klassen erhält sie ab der dritten Klasse Unterricht, in ihrem Fall auf einem Saxonette.[13] Dass es auch in den Bildern der zweiten Erhebung nicht thematisiert wurde, erscheint interessant, zumal diese Schülerin auch an der Foto-Aktion teilgenommen hat und dort auch beim Üben ihres JeKi-Instruments aufgenommen wurde (s. u.).

Abbildung V.4: Malmappe zum ersten Erhebungszeitpunkt. Das Mädchen aus einer Hamburger Schule hat in der dritten Klasse JeKi-Instrumentalunterricht (Instrument: Saxonette)

Zur Bedeutung von JeKi für die Schülerinnen und Schüler

Der JeKi-Unterricht nimmt in den Zeichnungen breiten Raum ein: 91 der 503 Bilder stammen aus diesem Kontext, wobei unterschiedliche Situationen wie etwa der Gruppenunterricht, das Instrumentenkarussell oder Vorführungen thematisiert werden. Das überrascht nicht angesichts der Aufgabenstellung und der Tatsache, dass 75 von 123 Malmappen von Kindern mit JeKi-Unterricht stammen. Die folgenden Bilder eines Schülers (Abb. V.5) können als exemplarisch für die Bilder des Korpus gelten.

---

13 Saxonette ist ein Einfachrohrblattinstrument, das auf das Klarinetten- und Saxophonspiel hinführt. Das Instrument ist kleiner und leichter und daher für Grundschulkinder besser geeignet.

In dieser Bildserie fällt auf, dass hier ausschließlich und in ihrer Art verschiedene Musikinstrumente gemalt wurden, die als Stellvertreter für musikalische Erlebnisse gesehen werden können. Vermutlich handelt es sich dabei um Erlebnisse aus dem o. g. Instrumentenkarussell. Ähnliche Serien finden sich auch bei anderen Kindern. Zwar kann dies einerseits auf die Malsituation zurückzuführen sein, da möglicherweise im Anschluss an den oder im Musikunterricht gemalt wurde, jedoch scheint auch plausibel, dass der JeKi-Unterricht für die Grundschulkinder besondere Bedeutung hat.

Abbildung V.5: Zeichnungen zum ersten Erhebungszeitpunkt. Die Vielfalt der abgebildeten Instrumente ist besonders groß

Im Fall dieser Schüler tritt ein zweiter Aspekt hinzu. Ihre Schule liegt in einem strukturschwachen Stadtteil. In den Interviews mit den Lehrkräften und der Schulleitung dieser Schule wird die allgemeine Benachteiligung der Schülerinnen und Schüler mehrfach betont, die eben auch kulturelle Dimensionen einschließe. Deshalb habe der JeKi-Unterricht besondere Bedeutung dafür, musikalische Erfahrungen zu ermöglichen. Möglicherweise deutet die relativ hohe Zahl verschiedener Instrumente auf die Breite dieser musikbezogenen Erfahrungen hin. Diese Deutung wird durch die Struktur der Zeichnungen der zweiten Erhebung gestützt. Von acht eingegangenen Malmappen mit insgesamt 23 Bildern zeigen 21 Bilder unterschiedliche Instrumente, in nur zweien werden musikalische Aktivitäten (Singen und Musikhören) thematisiert.

In der Malmappe aus der zweiten Erhebung dieses Schülers wird der Bezug zu JeKi und zum Musikunterricht durch die Bildüberschriften explizit. Die insgesamt über alle Malmappen der Klasse beobachtete Häufung der gemalten Musikinstrumente als Stellvertreter musikalischer Erlebnisse (Abb. V.6, 2. Bild), die sich offensichtlich auf den Kontext JeKi bzw. auch auf den Musikunterricht beziehen, deutet eine besondere Bedeutsamkeit dieser Erlebnisse für die Schülerinnen und Schüler an, die jedoch zunächst vorsichtig zu interpretieren ist.[14] Daneben tritt ein zweiter wichtiger Aspekt: Der Schüler erlebt sich als kompetent („Ich kann jetzt alle Griffe auf der Gitarre"). Dieses Erlebnis ist sicherlich wichtig und könnte sich zu umfassenderen Selbstkonzepten verdichten. Welche positiven Wirkungen damit in Verbindung gebracht werden können, ist in diesem Teilprojekt nicht zu klären, doch liegen Verbindungslinien zum Teilprojekt Transfer (Nonte & Schwippert, 2013) und zu neueren Forschungen zum Selbstkonzept und zu Selbstwirksamkeitserwartungen (z. B. Busch, 2013) nahe. Hier besteht noch Forschungsbedarf.

Abbildung V.6: Zeichnungen desselben Schülers wie Abbildung V.5 zum zweiten Erhebungszeitraum. Die Bildüberschriften lauten beim ersten Bild: *Ich kann jetzt alle Griffe auf der Gitarre*, beim zweiten Bild: *Im Musikunterricht habe ich neue Lieder und Instrumente kennengelernt*

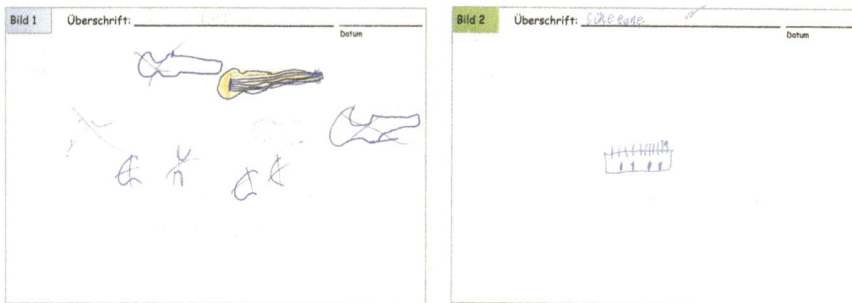

5 Fotos als Beitrag zum Diskurs über kulturelle Teilhabe

Mit der Kontaktaufnahme sind die Eltern aus den beteiligten Klassen gebeten worden, sich verlässlich an einem Teilprojekt zu beteiligen, indem sie angehalten wurden, einmal pro Monat parallel zu den Malmappen ein Foto zu übermitteln. Ähnlich wie die Aufforderung in den Malmappen lautete die Bitte, ein Foto von einem „musikalischen Erlebnis der Kinder" zu schicken. Genau wie dort ging es darum, ein möglichst großes und breites Spektrum an typischen Situationen zu erhalten, die nicht unter einem ‚Bias' vermeintlich gewünschter oder JeKi-spezifischer Erlebnisse gefiltert sein sollten.

Diese Bilder konnten als MMS an eine neutrale Projektnummer geschickt werden; die Kosten dafür wurden pauschal vom Projekt übernommen und bar ausbezahlt. Diese

---

14 Hierbei sollte berücksichtigt werden, dass die Malsituation wie oben beschrieben auch im Kontext des Musikunterrichts stattgefunden haben könnte. In anderen Klassen, von denen wir wissen, dass diese ihre Bilder jeweils im oder nach dem Musikunterricht gemalt haben, konnte jedoch beobachtet werden, dass die Kinder beim Zeichnen sehr wohl auch eine Auswahl ihrer Erlebnis-Motive treffen und diese nicht zwangsläufig dem situativen Kontext des Malens entstammen.

Möglichkeit wurde als niedrigschwelliges Angebot für diejenigen konzipiert, die entweder über keinen Rechner oder Internetzugang verfügten oder aber größere Anonymität bevorzugten. Sie ist allerdings nur in einem einzigen Fall genutzt worden. Insgesamt konnten aus den beiden Erhebungswellen 75 Fotos in die Analyse einbezogen werden (s. Tab. V.1).

5.1 Zur Methode der Bildauswertung

Wie die Kinderzeichnungen und Kinderbilder sind auch Fotografien in den letzten Jahren verstärkt zum Gegenstand von Bildungsforschung geworden (vgl. Schulze, 2010). Ähnlich wie bei den Erstgenannten wird auch bei den Fotografien in den Einführungen und Sammelbänden wenig unterschieden zwischen Fotografien, die Kinder und Jugendliche ablichten (z. B. Herrlitz & Rittelmeyer, 1993; Schäfer & Wulf, 1999), und solchen, die auch von ihnen aufgenommen worden sind (z. B. in Pilarczyk & Mietzner, 2005; Schmolling, 2006). Entsprechend überschaubar ist die methodologische Literatur auf diesem Gebiet, zumal auch aus der historischen Bildungsforschung, die ebenfalls u. a. Fotografien als Datenquelle heranzieht (z. B. Oelkers, 1999), wenig Anregungen zu beziehen sind. So resümieren Bohnsack und Baltruschat:

> Trotz der enormen Bedeutung des Bildhaften in der kommunikativen Verständigung, haben wir es in den qualitativen Methoden mit der – paradox anmutenden – Entwicklung zu tun, dass deren Etablierung und Verfeinerung in den letzten 25 Jahren in zunehmendem Maße zu einer Marginalisierung des Bildes geführt haben, da diese Prozesse mit der Dominanz textinterpretativer Verfahren und einer ‚Textfixierung' qualitativer Methodologien einhergingen. Insbesondere wurde und wird in der qualitativen Forschung nicht unterschieden zwischen einer (textförmigen) Verständigung über das Bild und einer (textunabhängigen) Verständigung durch das Bild, d.h. im Medium des Bildes selbst. (Bohnsack & Baltruschat, 2010, S. 3)

Damit wird bereits angedeutet, dass die Bildanalyse besonderer Methoden bedarf. Das hängt mit der ‚Unterdetermination' von Fotografien zusammen. Denn während einerseits „eine verblüffende Ähnlichkeit eines Fotos mit der Wirklichkeit" (Grebe, 2006, S. 41) zu beobachten ist, ist hier zugleich eine besondere Abhängigkeit vom Kontext gegeben: Auf der einen Seite fungieren sie als ‚Index', der unmittelbar auf einen Aspekt der Wirklichkeit zu verweisen scheint. Auf der anderen Seite sind sie besonders uneindeutig:

> Das bedeutet, dass die fotografische Realität immer deutungsbedürftig ist, dass man sozusagen einen Brocken Wirklichkeit vor die Augen geworfen bekommt – nur, dass das, was jede menschliche Kommunikation kennzeichnet, ein Kontext in Raum und Zeit und kodierte kommunikative Handlungen, in einer Fotografie fehlen. (Grebe, 2006, S. 43)

Ein wichtiger Aspekt für die Interpretation der Fotografien aus dem SIGrun-Projekt ist die Unterscheidung zwischen den Akteuren im Analyseprozess.

Auf der einen Seite haben wir die (wie ich es nenne) abbildenden Bildproduzent(inn)en (u. a. Fotografen und andere Akteure hinter der Kamera und nach der fotografischen Aufzeichnung). Auf der anderen Seite haben wir die abgebildeten Bildproduzent(inn)en, also die Personen, Wesen oder sozialen Szenerien, die zum Sujet des Bildes gehören bzw. vor der Kamera agieren. (Bohnsack, 2007, S. 26; vgl. Bohnsack & Baltruschat, 2010)

Das wird bei der Interpretation einiger Fotografien zu berücksichtigen sein. In Anknüpfung an wichtige Arbeiten Panofskys haben Mietzner und Pilarczyk in verschiedenen Veröffentlichungen einen systematischen Weg zur Interpretation von Fotografien skizziert (u. a. Mietzner & Pilarczyk, 2004; Pilarczyk & Mietzner, 2005; Pilarczyk, 2007). Dabei wird in einem ersten Schritt auf einer ‚vor-ikonografischen' Ebene nach dem gefragt, was abgebildet wird, wobei der Kontext – jenseits des Aufnahmedatums oder -ortes – weitgehend ausgeblendet wird.[15]

In einem zweiten Schritt, ‚ikonografische Analyse' genannt, wird nun eben dieser Kontext untersucht. Wo und wann wurde zu welchem Anlass fotografiert? Ist das Bild ein Einzelfall oder ein Teil einer Serie? Auf welche historischen und/oder soziologischen Modelle nimmt es Bezug? In einem dritten Schritt schließlich wird von der Betrachtung des Einzelbildes (*Ikonografie*) zur Betrachtung eines impliziten Systems von Bildern und Bildaussagen (*Ikonologie*) übergegangen. Da es dabei notwendig um Vergleiche geht, sprechen Pilarczyk und Mietzner (2005) auch von der ‚seriellikonografischen Fotoanalyse'. Hier geht es um die Erschließung von Entwicklungen, Identifikation von Schlüsselmotiven und Einordnung in größere Zusammenhänge.

Die Analyse der Kinderzeichnungen und der Fotografien erfolgt also mit unterschiedlichen Akzentsetzungen. Wurden die Zeichnungen als unprätentiöse Darstellungen von Erlebnissen und Erfahrungen auf einer indexikalischen Ebene interpretiert, so werden die Fotos kontextualisiert. Anders als bei den Zeichnungen, deren Entstehungsbedingungen und Kommunikationszusammenhang ausgeblendet wurden, sind die Fotografien nicht ohne diese Zusammenhänge verständlich: Neben den Kindern, die auf dem Foto zu sehen sind, gibt es Personen – meist die Eltern –, die den Auslöser betätigen müssen. Die Bilder können in einem Gespräch ‚verhandelt' worden oder spontan und planlos entstanden sein.[16]

In diesem Projekt ist vor allem relevant, dass die Fotografien (elektronisch) zu übermitteln waren. Das technische Knowhow, das notwendig ist, um eine elektronische Fotografie zu schicken, die Verfügungsmacht über Internetzugang und E-Mail-Account bewirken, dass die Rolle der Eltern in der Auswahl dessen, was dem Forschungsteam zur Verfügung gestellt wird, ungleich größer ist. Sie entscheiden wesentlich mit, was dafür für ‚wert' geachtet wird. Man kann davon ausgehen, dass entsprechende ‚Filter' wirksam werden, um deren Rekonstruktion sich die Analyse zu bemühen hat.

---

15   Eine detailliertere Beschreibung der Analyseschritte findet sich bei Schulze (2010, S. 536 ff.).
16   Starl (1995) spricht in letztgenanntem Fall vom ‚Knipser', dessen Aufnahmen sich trotz aller Spontaneität einer solchen Analyse nicht verschließen.

5.2 Zwischen Pop und Pachelbel

Das Fotomaterial wird auch dadurch interessant, dass sich Parallelen und Unterschiede etwa zu den Kinderzeichnungen eröffnen. Zu den Gemeinsamkeiten zählt, dass popkulturelle Orientierungen bereits von der zweiten Klasse an festzustellen sind. Viele Kinder zeigen bereits zum ersten Erhebungszeitraum in der zweiten Klasse ein hohes Maß an Identifikation mit Popmusik und einem zugeordneten Habitus. Das lässt sich an zwei parallelen Fotografien gut demonstrieren.

Abbildung V.7: Popkulturelle Selbstinszenierungen von Kindern der zweiten Klasse

Abbildung V.7 (links) zeigt einen Siebenjährigen, der sich als Rapper inszeniert. Da die Umstände der Entstehung nicht bekannt sind, ist nicht zu sagen, von wem die Inszenierung ausging; aber *dass* es sich um ein In-Szene-Setzen eines ursprünglich widerständigen Habitus handelt, ist offensichtlich. Die Kleidung mit einem tief sitzenden Schritt und ‚cap', eine typische Handbewegung und das ‚Mikrofon' verweisen auf einen Rap-Musik-Gestus. Das ist auch deshalb interessant, weil der Habitus jugendspezifisch ist und immer noch den Mythos schwarzer ‚Unterschichtenmusik' mit sich trägt, hier aber bereits von einem Siebenjährigen demonstriert wird. In Übereinstimmung mit den Ergebnissen des Teilprojekts Präferenz werden von den Kindern deutlich genderspezifische Muster inszeniert (Abb. V.7, rechts). Im Gegensatz zum ‚coolen Rapper' inszeniert sich ein Mädchen zum ersten Erhebungszeitpunkt eher mit einem Gestus des Mainstream Pop. Der Inszenierungscharakter wird bei ihr mit dem zum Mikroständer umfunktionierten Lautsprecherhalter deutlich.

Auf dieser prä-ikonografischen Ebene ist der Ort näher zu bestimmen. Die Größe der Räume, die Anwesenheit von Gegenständen oder deren Fehlen verweisen oft auf einen sozialen Ort und auf Relationen zu anderen sozialen Orten. Im Fall dieser beiden Fotos verweisen hochwertige Unterhaltungselektronik, aufwändigere Möblierung und eher kostspielige Bodenbeläge auf einen höheren Status.[17]

Wie verhalten sich nun Eltern zu einer solchen Inszenierung, die den Charakter jugendlicher Sub-Kultur demonstrativ nach außen wendet? Ein Rest Widerständigkeit wird darin deutlich, dass die Eltern des Jungen den vermeintlich oppositionellen Geist des Rap durchaus kennen und das Foto wohlwollend wie folgt betiteln: „Hier rockt das Haus!"[18]

Die Fotos sind repräsentativ für eine ganze Reihe vergleichbarer Aufnahmen, in denen bei den Grundschulkindern nicht nur ‚Populäre' Musik rezipiert (z. B. über Kopfhörer oder beim Schlafen), sondern auch deren Gestus imitiert wird. Denkt man an die Rolle der Eltern bei der Übermittlung der Fotos, so wird deutlich, dass dieses Verhalten offensichtlich für ‚übermittlungswert' gehalten wird; es gibt demnach keinen Grund, die Fotos *nicht* dem Projekt zu schicken. Das verweist auf einen interessanten Zusammenhang.

Einleitend (s. Kap. I in diesem Band) hatten wir bereits auf die Diskussion darum verwiesen, ob in Mittelschicht und Eliten nach wie vor hochkulturelle Freizeitaktivitäten eine wesentliche Orientierungsfunktion hätten. Differenzierend war gefragt worden, ob ökonomischer Status oder Bildungsabschlüsse dabei die entscheidenden Einflüsse darstellen. Aus den Bildern ergibt sich nun zunächst einmal umgekehrt, dass *lowbrow*-Orientierungen[19] aus Sicht der Eltern mit höherem Sozialstatus und höheren Bildungsabschlüssen jedenfalls vereinbar sind. Interessant ist dabei freilich, dass die Frage nach *highbrow*- oder *lowbrow*-Aktivitäten offensichtlich falsch gestellt ist, wenn damit auf eine Ausschließlichkeit abgehoben wird. Aus unseren Daten ergibt sich damit ein von anderen Studien deutlich zu unterscheidendes Bild. So bezeichnet Heß in ihrer Studie zum Musikunterricht aus Schülersicht Hip-Hop als exemplarisches Beispiel für Musikrichtungen, die „nicht den Charakter einer *legitimen* [Hervorhebung v. Verf.] Kultur haben (und nicht haben wollen!)" (Heß, 2013a, S. 26).

---

17 Durch Triangulation mit den Daten des Datenpools lässt sich sowohl der Sozialstatus als auch das Bildungsniveau der Familien, aus denen die Fotos stammen, genauer beschreiben. Dabei lassen sich im Einzelfall auch Differenzen zwischen Sozialstatus und Bildungsnähe beobachten, wie sie in Familien mit hochwertigen Abschlüssen von Elternteilen im sozial- und geisteswissenschaftlichen Bereich vorkommen. Entscheidend ist auf dieser Ebene freilich nicht der objektive Status der Familie, sondern die (intendierten oder inzidentellen) visuellen Verweise auf einen sozialen Ort.
18 Derlei Wohlwollen ist nicht selbstverständlich. Eine der vielen Internet-Seiten zum Rap, die in den USA für Eltern eingerichtet worden ist, warnt vor Drogen und unangemessenem Verhalten und fordert die Eltern u. a. auf, die Playlists auf HipHop-Titel zu kontrollieren (vgl. hierzu unter: http://www.boston.com/yourlife/family/articles/2004/07/22/rap_music_is_parents_proof_their_teens_need_their_help/?page=full [05.05.2014]).
19 Kröner (2013) hat diese Begriffe des amerikanischen Soziologen Richard Peterson in den Diskurs um kulturelle Teilhabe eingebracht.

Ganz offensichtlich finden sich bei den Grundschulkindern aus der Stichprobe solche Orientierungen parallel. Das lässt sich einerseits in den Fotografien ablesen, wo aktive und rezeptive musikbezogene Praxen nebeneinander stehen, aber auch Beschäftigung mit ‚populärer' neben ‚klassischer' Musik. Besonders deutlich wird das im Beispiel des Jungen aus Abbildung V.7. Neben dem oben gezeigten Foto schickt die Mutter einen Monat später ein Foto ein, das offensichtlich auf den ‚Rapper' Bezug nimmt. Es zeigt einen eher in sich versunkenen Jungen, der konzentriert und ohne Blickkontakt mit dem Fotografen aufzunehmen Gitarre übt. Der ebenfalls übermittelte Kommentar lautet: „Das gleiche Kind gibt es auch in ruhig". In seiner Malmappe aus dem zweiten Schuljahr findet sich ein Bilderpaar, an dem dieses Nebeneinander gut illustriert werden kann (Abb. V.8).

Abbildung V.8: Malmappe eines Jungen zum ersten Erhebungszeitpunkt. Überschrift zum Bild links: *Ich in 18 Jahren*; Kommentar zum Bild rechts: *Alex und ich werden auf ein [sic] Konzert sein auf dem David Gerrett spielt. Ich freue mich das Konzert findet im November statt*

Das erste Bild ist als kondensierter Entwurf zukünftiger Freizeitaktivitäten zu deuten. „Ich in 18 Jahren" zeigt wesentliche Elemente eines konsumorientierten Freizeitsektors: Tourismus (Szene unter Palmen), Mode (die ‚stylische' Hose), Gesundheits- und Fitnessbranche (‚Waschbrettbauch') sowie das Musikgeschäft (Kopfhörer). Bezieht man die oben abgebildeten Fotos mit ein, darf man von einer popularmusikalischen Orientierung im Kontext dieser Zeichnung ausgehen. Der gleiche Junge zeichnet einen Monat später allerdings auch ein Bild, das sich mit einem (aus kindlicher Sicht) weit in der Zukunft liegenden Konzert beschäftigt. Selbst wenn man konzediert, dass Garrett medial für Crossover und damit die Überwindung von Dichotomien wie *highbrow* an *lowbrow* steht, so ist doch offensichtlich, dass für den Zeichner die ‚klassische' Dimension bewusst ist. Nicht umsonst wird die Krawatte detailgenau gezeichnet. Bemerkenswert ist die positive emotionale Konnotation, die mit dem Konzert ein halbes Jahr im Voraus verbunden wird (s. Bildunterschrift). Insofern verdeutlicht diese kleine Serie, dass die im Diskurs oft implizierten Dichotomien (‚Klassik' *oder* ‚Pop' etc.) die Lebenswelt der Kinder dieser Studie nicht hinreichend beschreiben. Das wird bei der Modellierung der Teilhabe (s. Abschnitt 6 in diesem Beitrag) zu berücksichtigen sein.

Der oben bereits erwähnte Aspekt des Expertise-Erwerbs zeigt sich auch in dieser Zeichnung. Obwohl der Junge selbst Gitarre lernt, vermag er detailgetreu Geige und

Bogen zu zeichnen. Die Kleidung des Geigers im Bild entspricht kaum dem medialen Image David Garretts, sie spiegelt implizit aber auch ein Wissen über kulturelle Orte und Konventionen verschiedener ‚Musiken'.

5.3 Bourdieu und Beethoven

Noch eine weitere Frage soll anhand der Fotografien untersucht werden. Der Anspruch von Programmen wie JeKi, *allen* Kindern den Zugang zu Instrumenten und Musik zu eröffnen, steht in einem Spannungsverhältnis zum Bourdieu'schen Modell von Praktiken der Distinktion (Bourdieu, 1994), denen zufolge die Beschäftigung mit ‚klassischer' Musik und insbesondere das Erlernen eines Musikinstruments es der Mittelschicht erlaubt, sich von der Unterschicht abzusetzen. Wenn Distinktion entweder überflüssig geworden ist, weil Abgrenzung gesellschaftlich nicht mehr gewollt ist, oder aber freizeitkulturelle Aktivitäten keine distinktive Funktion mehr erlauben, dann dürfte der Korpus der Fotografien keine Hinweise darauf enthalten.

Der Korpus ist in zweierlei Hinsicht dafür besonders interessant. Zum einen wird, wie eingangs erläutert, den Fragen guter Erziehung und Bildung im populären Diskurs besondere Bedeutung zugesprochen. Offensichtlich schätzen bildungsnahe Eltern und/ oder solche mit hohen Bildungsaspirationen musikalische Angebote besonders; darauf deutet jedenfalls das sozial selektive Anmeldungsverhalten in Bläserklassen der weiterführenden Schulen hin, auch wenn belastbare Zahlen dazu leider fehlen.[20] Zum anderen aber wird von Seiten der Bildungssoziologie betont, welche Bedeutung (Aus-)Bildung für die soziale Absicherung der Mittelschichten einnehme (vgl. Bude, 2011). Daher interessiert, ob in den Fotografien Hinweise darauf zu finden sind, dass traditionelle, ‚bildungsbürgerliche' Vorstellungen mit Instrumentalunterricht verbunden werden. Das würde sich in der Instrumentenwahl, im abgebildeten Kontext des Instrumentalspiels und in der Inszenierung eines bürgerlichen (Mittelschichts-)Ambiente niederschlagen.

Dafür wurden aus dem Korpus diejenigen Fotografien ausgewählt, die Kinder beim Spiel ‚traditioneller' Instrumente zeigen. Sie wurden dann auf der prä-ikonografischen und ikonografischen Ebene hinsichtlich der genannten Merkmale kodiert. Alle Fotografien wurden als Inszenierungen verstanden, auch wenn die Abläufe vor und während der Aufnahmen nicht bekannt sind.

Die Auswahl umfasst 18 von 75 Fotografien. Sie zeigen einen hohen Anteil von Mädchen (89 %), der deutlich höher ist als der Anteil insgesamt (72 %). Auf der prä-ikonografischen Ebene finden sich viele Hinweise auf einen höheren Sozialstatus, wie etwa ein erkennbarer Gartenzugang oder ein vorhandenes Klavier (Abb. V.10), der sich auch in den im Projekt erhobenen quantitativen Hintergrunddaten bestätigen lässt.[21]

---

20 Heß (2013b) weist in ihrer Stichprobe an hessischen Sekundarschulen auf den signifikanten Zusammenhang zwischen Schulform, Bildungsnähe und Teilnahme an ‚Musikprofilklassen' hin (s. https://www.uni-kassel.de/fb01/index.php?id=39813).
21 Allerdings finden sich im Korpus auch Fotografien aus Familien mit einem niedrigeren Sozialindex, bei denen dann aber durchweg überdurchschnittlich viele Bücher vorhanden

Abbildung V.9: Inszenierungen bildungsbürgerlichen Instrumentalspiels (Erhebungszeitpunkt 1)

Besonders dort, wo mehrere Aufnahmen vorliegen und verglichen werden, wird auf der ikonografischen Ebene deutlich, dass die Aufnahmen oft besonders sorgfältig komponiert sind (Fluchtlinien in den Klavieraufnahmen), Kleidung und eingenommene Haltung ‚geordnet' sind. Es ist naheliegend, die genannten Beobachtungen im Begriff des Habitus im Sinne Bourdieus zu verdichten. Auf vielen der Fotografien dieser Auswahl wird ein bildungsbürgerlicher Habitus eingenommen, wie er mit dem non-formalen Instrumentallernen verbunden wird. Trotz mancher Tendenzen zu einer Diversifizierung kultureller Orientierungen, wie sie auch in diesem Projektverbund zu Tage treten, leisten die Kategorien Bourdieus von kulturellem Kapital und Distinktion wichtige Beiträge zum Verständnis musikalischer Bildungsprozesse.

Setzt man diese Serien in ein Verhältnis zum Gesamtkorpus, so tritt ein sozial bestimmter Auswahlmechanismus hervor. Kumuliert man die Anzahl aller Fotos aus Familien mit den Sozialindices 1 bis 3 und setzt sie ins Verhältnis zu jenen aus den Familien mit dem höchsten Index, so beträgt ihr Anteil etwa zwei Drittel (68 %). An den

---

waren. Darin spiegelt sich möglicherweise bereits die partielle Entkoppelung des sozioökonomischen Standards von Bildungsaspirationen.

Fotografien mit dem bildungsbürgerlichen Habitus beträgt ihr Anteil dagegen mit 16 Prozent nur noch weniger als ein Fünftel (Abb. V.10).

Abbildung V.10: Verteilung des Sozialstatus auf die Familien im Korpus der Fotografien

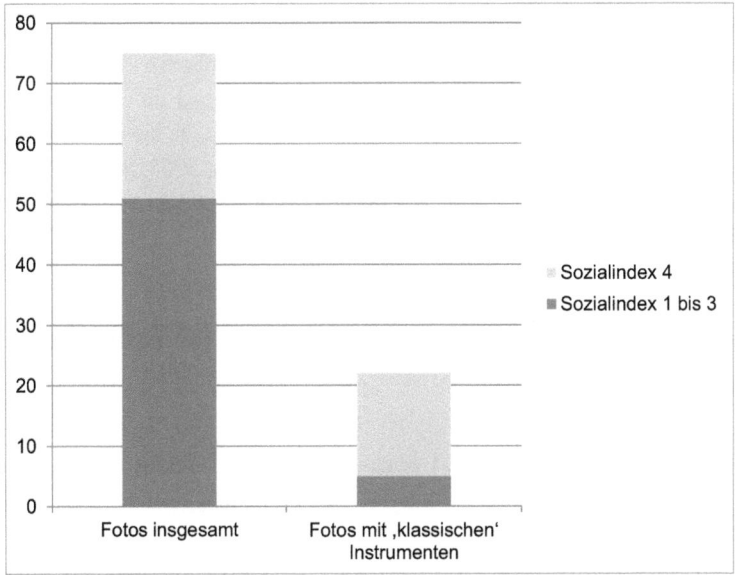

Es liegt nahe, diese Relationen in dem Sinne zu deuten, dass Familien mit höherem Sozialstatus diesen Status auf mehreren Ebenen sichern und dokumentieren. Sie tun das zum einen langfristig, über die Wahl des Instruments für ihr Kind, die entweder innerhalb des JeKi-Angebots eher ‚klassisch' erfolgt (Blockflöte, Geige) oder bereits ökonomisch bedingt ist (Klavier). Verschiedene Autoren haben in den letzten Jahren die in der Erziehung zu Tage tretenden Entwicklungen mit umfassenderen sozialen in Verbindung gebracht. Merkle, Henry-Huthmacher und Wippermann (2008) hatten die gesellschaftliche Entwicklung in Deutschland nicht nur auf die oft zitierte ‚Einkommensschere' reduziert, sondern vielschichtige Entwicklungen auch sozialräumlicher und kultureller Art festgestellt: „Deutschland scheint auf dem Weg in eine neue Klassengesellschaft zu sein, wobei die Trennungslinie eben nicht nur über Einkommen und Vermögen, sondern auch über kulturelle Dimensionen und Bildungsaspirationen, aber auch Werte und Alltagsästhetik verläuft.

Ebenso erweisen sich Ernährung, Gesundheit, Kleidung und Medienumgang als Abgrenzungsfaktoren" (Merkle et al., 2008, S. 8). Aus Sicht dieses Teilprojekts wäre unbedingt zu ergänzen: Auch Musik und Instrumentalunterricht erweisen sich als solche Abgrenzungsfaktoren.

Das oben erwähnte Beispiel des Mädchens (s. Abschnitt 4 in diesem Beitrag) weist auf unterschiedliche Bedeutungszuweisungen hin. Aus der Perspektive der Schülerin besitzt der Instrumentalunterricht keine zentrale Bedeutung. Er taucht in den Malmappen nicht auf, wohl aber verschiedene andere Situationen, in denen Musik bedeutsam ist. Dazu zählen zum Beispiel zwei Abbildungen, auf denen sie mit Kopfhörern zu sehen ist; im Interview erläutert die Mutter auch, wie wichtig der Tochter das Hören ihrer Lieblingsmusik sei. In der dokumentierten (‚offiziellen') Perspektive der Eltern wird aber ein Bild der Tochter mit dem Instrument aus der JeKi-Förderung übermittelt.

Für die Mittelschicht ergibt sich insofern ein weiteres Problem, als sie offensichtlich nicht nur nach ‚unten', sondern auch nach ‚oben' unter Druck geraten: „Die zweite Trennungslinie verläuft soziokulturell und trennt die gehobenen Milieus voneinander. So kommt die Bürgerliche Mitte heute nicht nur zunehmend unter Druck, da sie versucht, sich bewusst nach unten abzugrenzen, sondern auch, da sie bestrebt ist, den Anschluss an die gehobenen Milieus zu halten" (Merkle et al., 2008, S. 9). Mit einer ähnlichen Begründung hatte Bude (2011) die große Aufmerksamkeit für Bildungsfragen in den Medien und im öffentlichen Diskurs begründet.

6 Auf dem Weg zu einem Modell kultureller Teilhabe bei Kindern

Die Hoffnung, in diesem Teilprojekt *Muster* kultureller Teilhabe zu finden, eventuell JeKi-spezifische Ausprägungen zu identifizieren und Auswirkungen der Förderung zu entdecken, konnte nicht erfüllt werden. Wohl aber konnten verschiedene Aussagen zu Phänomenen gemacht werden, die bisher nur bei älteren Kindern und Jugendlichen beobachtet worden waren oder die die bisherigen Annahmen zu Teilhabe modifizieren. Insbesondere ist deutlich geworden, dass die häufig anzutreffenden dichotomen Unterscheidungen – Teilhabe an ‚populärer' *oder* ‚klassischer' Musik, aktive *oder* rezeptive Musikpraxen – der Vielfalt nicht gerecht werden.

Wir haben daher begonnen, auf der Basis der in SIGrun gewonnenen Erkenntnisse kulturelle Teilhabe anders und komplexer zu modellieren. In diesem abschließenden Abschnitt wollen wir daher Grundzüge eines solchen Modells darstellen, auch wenn es noch nicht validiert werden konnte und über das SIGrun-Projekt hinausweist.[22] Angesichts der skizzierten großen terminologischen Unsicherheiten bzw. Unklarheiten und in einem veränderten theoretischen Rahmen sprechen wir statt von Teilhabe dabei von ‚Involviertsein'.[23]

Die meisten Förderprogramme kultureller Teilhabe basieren (explizit oder implizit) auf einem gerechtigkeitstheoretischen Modell, demzufolge jedem Menschen gleiche Ressourcen zur Verfügung stehen müssen. Sei dies gegeben, so hätten alle auch die

---

22   Das Projekt SIGrun wird in einem neuen Forschungsvorhaben fortgeführt. Das Projekt ‚Wirkungen und Effekte langfristiger musikalischer Angebote' (WilmA) wird erneut in einem Verbund mit der Universität Hamburg durchgeführt und begleitet in einer neu zusammengesetzten Stichprobe einige der JeKi-geförderten Kinder im sechsten und siebten Schuljahr.
23   Dieser theoretische Rahmen kann hier nicht ausführlich dargestellt werden. Es sei dafür auf Lehmann-Wermser und Krupp (2014) verwiesen – zur Frage der Gerechtigkeit allgemein siehe Vogt (2013).

Chance diese zu nutzen. Dieser Bezugsrahmen geht implizit von einer eher homogenen Nutzung kultureller Angebote aus und kann der Vielfalt, wie sie bereits bei Grundschulkindern zu beobachten ist, nicht gerecht werden. Er lenkt den Blick stärker auf die Bedingungen der Teilhabe und weniger auf die Wahrnehmungen und Entscheidungen der Subjekte.

Dieses Defizit vermag der sogenannte *capability approach* aufzufangen.[24] Basierend auf den Veröffentlichungen von Amartya Sen (1979) und Martha Nussbaum (2006) werden bei diesem Ansatz die Fähigkeiten des Subjekts, bestehende Möglichkeiten (*capabilities*) auch real zu nutzen (*functionings*), ins Zentrum gerückt. Dabei kommt den individuellen Lebensentwürfen und Bedürfnissen eine entscheidende Rolle zu. Über *gelingende* Teilhabe im Sinne des Involviertseins entscheiden dabei nicht die vorgefundenen strukturellen Möglichkeiten, sondern die individuell vom Subjekt definierten Wohlfahrtsoptionen und das individuelle Wohlbefinden (*well-being*). Für die Modellierung ist vorteilhaft, dass es eine ganze Reihe von empirischen, meist quantitativ vorgehenden Studien gibt, die auf dieser Basis operieren.[25] Was kann nun in ein solches Modell eingehen (Abb. V.11)?

- Die üblicherweise in Untersuchungen eingehenden *Indikatoren kultureller Teilhabe* wie das Erlernen eines Instruments, die Mitwirkung in Ensembles oder der Besuch (hoch-)kultureller Veranstaltungen sind sicherlich weiterhin sinnvoll. Für empirische Studien ist jeweils zu schauen, welche Praktiken an den jeweiligen sozialen Orten verfügbar sind und von Kindern und Jugendlichen genutzt werden können; Erhebungsinstrumente sind gegebenenfalls daran anzupassen. Die Diversifizierung kultureller Praktiken und Orientierungen ist dabei zu berücksichtigen.
- Der Bereich der *Musikrezeption* wird in seiner Tragweite für die Wege zur Musikkultur oft unterschätzt oder sogar völlig ausgeblendet (z. B. Eurostat, 2000). Die Vielfalt der Umgangsweisen ist durch die technischen Möglichkeiten gewachsen. Das spiegelt sich auch in den Zeichnungen und Fotografien aus unserem Projekt.
- Damit verbunden ist der Bereich der *Mediennutzung*. Bereits in den 1990er Jahren sind im Bereich der Medienpädagogik Kriterien für einen reflektierten Umgang mit Medien formuliert worden, der ebenfalls als Form kulturellen Involviertseins zu gelten hat (vgl. Lehmann-Wermser & Krupp, 2014).
- Die Kinder aus SIGrun zeigen immer wieder eine verblüffende *Expertise* in musikalischen Fragen; wir haben das oben erläutert. Auch dies hat in zukünftige Untersuchungen mit einzugehen.
- Sie bildet eine Grundlage für positive Einstellungen zu Musik allgemein und konkret zu eigenen musikalischen Praxen.

---

24 Für das musikspezifische Projekt WilmA haben wir diesen Ansatz ausführlicher in Lehmann-Wermser und Krupp (2014) dargestellt. Einen ersten konzentrierten Überblick liefert Schrödter (2012).
25 *Well-being* wird im angloamerikanischen Bereich oft im Zusammenhang mit *good childhood* speziell auch in marginalisierten oder benachteiligten Milieus diskutiert (vgl. im Überblick Kroll & Meditz, 2009).

– Eng daran gekoppelt ist die Frage des Ressourcenaufwands und der Nutzung von Ressourcen. Hierbei ist sowohl an zeitliche wie auch an finanzielle Ressourcen zu denken. Stärker als die anderen Punkte werden hierbei die Fragen der Verteilungsgerechtigkeit berührt, die im Kontext dieses Beitrags nicht diskutiert werden können.

Quasi quer zu diesen sieben Facetten, die in vielen Studien Dimensionen kulturellen Involviertseins konstituieren, sind jene Faktoren zu denken, die sich in vielen Studien als wichtige Einflussgrößen auf Art und Ausmaß musikalischen Tuns in einem breiten Sinne erwiesen haben. Musikalisches Involviertsein wäre dann gegeben, wenn die realisierte Teilhabe den individuellen Wohlfahrtsoptionen entspricht.

Abbildung V.11: Entwurf eines Modells zum *Involviertsein*. Es nimmt die Erkenntnisse aus SIGrun auf und könnte für künftige Studien die Grundlage bilden

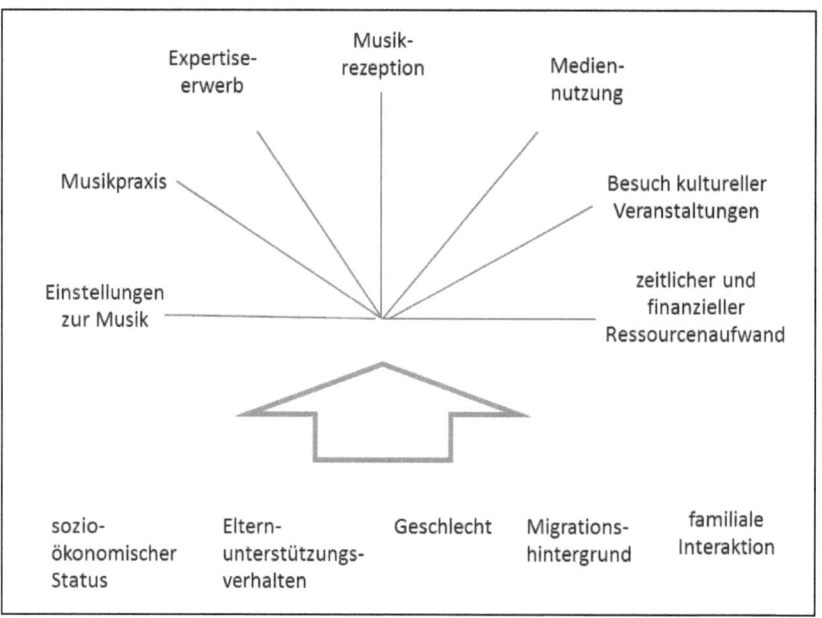

Die Validierung dieses Modells steht freilich noch aus, und viele Zusammenhänge müssen zukünftig noch erforscht werden. Immerhin könnte es damit gelingen, auf empirischer Basis und differenzierter als bislang möglich, Steuerungswissen für Entscheidungsträger bereitzustellen.

Literatur

Autorengruppe Bildungsberichterstattung (2012). *Bildung in Deutschland 2012. Ein indikatorengestützter Bericht mit einer Analyse zur kulturellen Bildung im Lebenslauf.* Bielefeld: Bertelsmann.
Bareis, A. (1972). *Vom Kritzeln zum Zeichnen und Malen.* Donauwörth: Auer.
Behne, K.-E. (2009). *Musikerleben im Jugendalter. Eine Längsschnittstudie.* Regensburg: ConBrio.
Bohnsack, R. (2007). Zum Verhältnis von Bild- und Textinterpretation in der qualitativen Sozialforschung. In B. Friebertshäuser, H. von Felden & B. Schäffer (Hrsg.). *Bild und Text. Methoden und Methodologien visueller Sozialforschung* (S. 21–46). Opladen: Budrich.
Bohnsack, R. & Baltruschat, A. (2010). Die dokumentarische Methode. Bild- und Videointerpretation. In S. Maschke & L. Stecher (Hrsg.), *Enzyklopädie Erziehungswissenschaft Online.* Methoden der empirischen erziehungswissenschaftlichen Forschung, Qualitative Forschungsmethoden.
Bourdieu, P. (1994). *Die feinen Unterschiede. Kritik der gesellschaftlichen Urteilskraft* (7. Aufl.). Frankfurt a.M.: Suhrkamp.
Brown, A. S. (2004). *The values study. Rediscovering the meaning and value of arts participation.* Harfort: Connecticut Commission on Culture and Tourism. Verfügbar unter http://wolfbrown.com/images/articles/ValuesStudyReportComplete.pdf [23.04.2014].
Bude, H. (2011). *Bildungspanik. Was unsere Gesellschaft spaltet.* München: Hanser.
Busch, T. (2013). *Was, glaubst du, kannst du in Musik? Musikalische Selbstwirksamkeitserwartungen und ihre Entwicklung zu Beginn der Sekundarstufe I* (Empirische Forschung zur Musikpädagogik, Bd. 4). Münster: Waxmann.
Chua, A. (2011). Why Chinese mothers are superior. Can a regimen of no playdates, no TV, no computer games and hours of music practice create happy kids? And what happens if they fight back? *The Wall Street Journal* [Online]. Verfügbar unter: http://online.wsj.com/news/articles/SB10001424052748704111504576059713528698754 [21.04.2014].
Dudt, S. (2011). Fair culture. Pre-conditions for a music as a tool for social change. *Sounds in Europe*, 7, 11–12.
Enquete-Kommission Deutscher Bundestag. (2007). Schlussbericht der Kommission ‚Kultur in Deutschland'. Verfügbar unter: http://dip21.bundestag.de/dip21/btd/16/070/1607000.pdf [21.04.2014].
Eurostat. (2000). *Cultural statistics in the EU.* Europäische Kommission. Verfügbar unter: www.culturenet.hr/UserDocsImages/korisno%20-%20statistika/Cultural-statistics-in-the-EU.pdf [21.04.2014].
Feierabend, S., Karg, U. & Rathgeb, T. (2013). Kinder und Medien. Ergebnisse der KIM-Studie 2012. *Media-Perspektiven*, 3, 143–153.
Fink, T. (2012). Die videographische Rahmenanalyse (VRA). Eine Methode zur Erforschung (kultur-)pädagogischer Praxis. In T. Fink, H. Burkhard, V.-I. Reinwand-Weiss & A. Wenzlik (Hrsg.), *Die Kunst, über kulturelle Bildung zu forschen. Theorie- und Forschungsansätze* (Kulturelle Bildung, Bd. 29) (S. 119–132). München: kopaed.
Fuchs, M. (2012). Kulturbegriffe, Kultur der Moderne, kultureller Wandel. In H. Bockhorst, V.-I. Reinwand-Weiss & W. Zacharias (Hrsg.), *Handbuch Kulturelle Bildung* (Kulturelle Bildung, Bd. 30) (S. 63–67). München: kopaed.

Grebe, S. (2006). ‚Ohne Titel', mit Kontext. Wieso es auf der ganzen Welt kein Foto ohne (Kon)text gibt. In A. Holzbrecher, I. Oomen-Welke & J. Schmolling (Hrsg.). *Foto + Text. Handbuch für die Bildungsarbeit* (S. 39–57). Wiesbaden: VS Verlag für Sozialwissenschaften.

Grgic, M., Holzmayer, M. & Züchner, I. (2013). Medien, Kultur und Sport im Aufwachsen junger Menschen. Das Projekt MediKuS. *Diskurs Kindheits- und Jugendforschung, 8* (1), 105–111.

Grgic, M. & Züchner, I. (2013). Musikalische Aktivitäten von Kindern und Jugendlichen. Zur Verbreitung und Bedeutung des Spielens von Instrumenten unter Heranwachsenden. *Zeitschrift für Erziehungswissenschaft, 16* (Sonderheft 21), 123–142.

Hammel, L. (2007). Der Kulturbegriff im wissenschaftlichen Diskurs und seine Bedeutung für die Musikpädagogik. Versuch eines Literaturberichts. *Zeitschrift für Kritische Musikpädagogik*, 1–21. Verfügbar unter: http://home.arcor.de/zfkm/07-hammel1.pdf [30.03.2010].

Hejl, P. M. (2001). Kultur. In A. Nünning (Hrsg.), *Metzler Lexikon Literatur- und Kulturtheorie. Ansätze, Personen, Grundbegriffe* (2. Aufl.) (S. 343–345). Stuttgart: Metzler.

Herrlitz, H.-G. & Rittelmeyer, C. (Hrsg.). (1993). *Exakte Phantasie. Pädagogische Erkundungen bildender Wirkungen in Kunst und Kultur*. Weinheim: Juventa.

Heß, F. (2013a). Musikalisch-kulturelle Praxis als soziale Distinktion? In S. Gies & F. Heß (Hrsg.), *Kulturelle Identität und soziale Distinktion. Herausforderungen für Konzepte musikalischer Bildung* (S. 15–44). Innsbruck: Helbling.

Heß, F. (2013b). ‚... dass einer fidelt ...' – Klassenmusizieren als Motivationsgarant. Ergebnisse der Studie Musikunterricht aus Schülersicht. In A. Eichhorn & H. J. Keden (Hrsg.), *Musikpädagogik und Musikkulturen* (S. 78–93). München: Allitera.

Huth, R. & Weishaupt, H. (2009). Bildung und hochkulturelle Freizeitaktivitäten. *Journal for Educational Research Online, 1,* (1), 224–240.

Isengard, B. (2005). Freizeitverhalten als Ausdruck sozialer Ungleichheiten oder Ergebnis individualisierter Lebensführung? Zur Bedeutung von Einkommen und Bildung im Zeitverlauf. *Kölner Zeitschrift für Soziologie und Sozialpsychologie, 57* (2), 254–277.

John-Winde, H. (1981). *Kriterien zur Bewertung der Kinderzeichnung. Empirisch-pädagogische Längsschnittuntersuchung zur Entwicklung der Kinderzeichnung vom 1, bis 4. Schuljahr unter Berücksichtigung des sozio-ökonomischen Status.* (Abhandlungen zur Philosophie, Psychologie und Pädagogik, Bd. 156). Bonn: Bouvier.

Kerschensteiner, G. (1905). *Die Entwicklung der zeichnerischen Begabung. Neue Ergebnisse aufgrund neuer Untersuchungen*. München: Gerber.

Keuchel, S. (2006). Das 1. Jugend-KulturBarometer – ‚Zwischen Eminem und Picasso'. In S. Keuchel & J. A. Wiesand (Hrsg.), *Das 1. Jugend-KulturBarometer* (S. 19–95). Bonn: ARCult Media.

Keuchel, S. (2013). Jugend und Kultur. Zwischen Eminem, Picasso und Xavier Naidoo. *Zeitschrift für Erziehungswissenschaft, 16* (Sonderheft 21), 99–122.

Keuchel, S. & Wiesand, A. J. (Hrsg.). (2006). *Das 1. Jugend-KulturBarometer*. Bonn: ARCult Media.

Khadiri, S. (1963). *Das Musikinteresse deutscher Gymnasiasten. Eine Untersuchung an den Gymnasien der Stadt Heidelberg*. Heidelberg: Ruprecht-Karl-Universität.

Kleinen, G. (1986). Kinderbilder als Erhebungsverfahren zur Musiksozialisation im Grundschulalter. In J. K. Hermann (Hrsg.), *Unterrichtsforschung* (Musikpädagogische Forschung, Bd. 7) (S. 51–69). Laaber: Laaber.

Kleinen, G. & Schmitt, R. (1991). ‚Musik verbindet'. Musikalische Lebenswelten auf Schülerbildern. Essen: Die Blaue Eule.

Kröner, S. (2013). Kulturelle Partizipation bei Jugendlichen als Feld der Person-Umwelt-Transaktion. *Zeitschrift für Erziehungswissenschaft, 16* (Sonderheft 21), 233–256.

Kroll, C. & Meditz, H. (2009). *Wissenschaftliche Bestandsaufnahme der Forschung zu ‚Wohlbefinden von Eltern und Kindern'* (Monitor Familienforschung, Bd. 19). Berlin: BMFSFJ.

Lehmann-Wermser, A. (2013). Music education in Germany. On politics and rhetoric. *Arts Education Policy Review, 114* (3), 126–134.

Lehmann-Wermser, A. (2014). Kulturelle Teilhabe ermöglichen? Über die Schwierigkeit, ein populäres Konstrukt empirisch zu erforschen. In C. Khittl & S. Dressler-Zöllner (Hrsg.), *Musik: wissenschaftlich – pädagogisch – politisch. Festschrift für Arnold Werner Jensen zum 70. Geburtstag* (S. 163–184). Essen: Die Blaue Eule.

Lehmann-Wermser, A. & Jessel-Campos, C. (2013). Aneignung von Kultur. Wege zu kultureller Teilhabe und zur Musik. In A. Hepp & A. Lehmann-Wermser (Hrsg.), *Transformation des Kulturellen* (S. 152–177). Wiesbaden: VS Verlag für Sozialwissenschaften.

Lehmann-Wermser, A. & Krupp, V. (2014). Musikalisches Involviertsein als Modell kultureller Teilhabe und Teilnahme. In B. Clausen (Hrsg.), *Teilhabe und Gerechtigkeit* (Musikpädagogische Forschung, Bd. 35). Münster: Waxmann.

Mayring, P. (2002). *Einführung in die qualitative Sozialforschung.* Weinheim: Beltz.

Mayring, P. (Hrsg.). (2008). Die Praxis der qualitativen Inhaltanalyse. Weinheim: Beltz.

Merkle, T., Henry-Huthmacher, C. & Wippermann, C. (2008). *Eltern machen Druck. Selbstverständnisse, Befindlichkeiten und Bedürfnisse von Eltern in verschiedenen Lebenswelten.* Stuttgart: Lucis & Lucis.

Mietzner, U. & Pilarczyk, U. (2004). *Fotografien als Quellen in der erziehungswissenschaftlichen und historischen Forschung.* Verfügbar unter: http://hsozkult.geschichte.hu-berlin.de/forum/type=diskussionen&id=394&type=diskussionen [15.03.2014].

Mühle, G. (1971). Entwicklungspsychologie des zeichnerischen Gestaltens. Grundlagen, Formen und Wege und der Kinderzeichnung (3. Aufl.). Frankfurt a.M.: Barth.

Nonte, S. & Schwippert, K. (2013). Hintergründe, Fragestellungen und Methoden. Teilprojekt Transfer. In Koordinierungsstelle des BMBF-Forschungsschwerpunkts zu Jedem Kind ein Instrument (Hrsg.), *Empirische Bildungsforschung zu Jedem Kind ein Instrument. Ergebnisse des BMBF-Forschungsschwerpunkts zu den Aspekten Kooperation, Teilhabe und Teilnahme, Wirkung und Unterrichtsqualität* (S. 28). Bielefeld: Universität Bielefeld.

Nünning, A. & Nünning, V. (Hrsg.). (2008). *Einführung in die Kulturwissenschaften: Theoretische Grundlagen, Ansätze, Perspektiven.* Stuttgart: Metzler.

Nussbaum, M. C. (2006). *Frontiers of justice: Disability, nationality, species membership. The Tanner lectures on human values.* Cambridge, Mass: Harvard University Press.

Oelkers, J. (1999). Kinderbilder. Zur Geschichte und Wirksamkeit eines Erziehungsmediums. In G. E. Schäfer & C. Wulf (Hrsg.), *Bild – Bilder – Bildung* (Pädagogische Anthropologie, Bd. 10) (S. 35–58). Weinheim: Deutscher Studien-Verlag.

O'Toole, F. (2006). *Dismantling the barriers of cultural life. National disability authority.* Verfügbar unter: http://www.nda.ie/CntMgmtNew.nsf/dcc524b4546adb3080256c700071b049/5A19C972AF5A7B93802571E60052A06B/$File/3_fintan_otoole.htm [06.04.2014].

Peterson, R. A. (1997). The rise and fall oft highbrow snobbery as a status marker. *Poetics, 25*, 75–92.

Peterson, R. A. & Simkus, A. (1992). How musical tastes status groups. In M. Lamont & M. Fournier (Hrsg.), *Cultivating differences. Symbolic boundaries and the making of inequality* (S. 152–186). Chicago: The University of Chicago Press.

Pilarczyk, U. (2007). Fotografie als Quelle erziehungswissenschaftlicher Forschung. In B. Friebertshäuser, H. von Felden & B. Schäffer (Hrsg.), *Bild und Text. Methoden und Methodologien visueller Sozialforschung* (S. 217–238). Opladen: Budrich.

Pilarczyk, U. & Mietzner, U. (2005). *Das reflektierte Bild. Die seriell-ikonografische Fotoanalysen den Erziehungs- und Sozialwissenschaften*. Bad Heilbrunn: Klinkhardt.

Reckwitz, A. (2004). Die Kontingenzperspektive der ‚Kultur'. Kulturbegriffe, Kulturtheorien und das kulturwissenschaftliche Forschungsprogramm. In F. Jaeger & J. Rüsen (Hrsg.), *Handbuch der Kulturwissenschaften*, Bd. 3 (S. 1–20). Stuttgart: Metzler.

Reinwand-Weiss, V.-I. (2012). Künstlerische Bildung – Ästhetische Bildung – Kulturelle Bildung. In H. Bockhorst, V.-I. Reinwand-Weiss & W. Zacharias (Hrsg.), *Handbuch Kulturelle Bildung* (Kulturelle Bildung, Bd. 30) (S. 108–114). München: kopaed.

Richter, H.-G. (1997). *Die Kinderzeichnung. Entwicklung, Interpretation, Ästhetik*. Berlin: Cornelsen.

Ridder, R. de (2013, 18. Juli). Notgedrungen nach Südfrankreich. *Süddeutsche Zeitung*, S. 7.

Rössel, J. & Beckert-Zieglschmid, C. (2002). Die Reproduktion kulturellen Kapitals. *Zeitschrift für Soziologie, 31* (6), 497–513.

Schäfer, G. E. & Wulf, C. (Hrsg.). (1999). *Bild – Bilder – Bildung* (Pädagogische Anthropologie, Bd. 10). Weinheim: Deutscher Studien-Verlag.

Scheid, C. (2012). Eine Erkundung zur Methodologie sozialwissenschaftlicher Analysen von gezeichneten und gemalten Bildern anhand der Analyse zweier Kinderzeichnungen. *Forum Qualitative Sozialforschung, 14* (1). Verfügbar unter: http://nbn-resolving.de/urn:nbn:de:0114-fqs130132 [28.04.2014].

Schmolling, J. (2006). Fotografie als Lebenszeichen. Der Deutsche Jugendfotopreis als Forum für authentische Sichtweisen. In A. Holzbrecher, J. Schmolling & I. Oomen-Welke (Hrsg.), *Foto + Text. Handbuch für die Bildungsarbeit* (S. 59–72). Wiesbaden: VS Verlag für Sozialwissenschaften.

Schoppe, A. (1991). *Kinderzeichnung und Lebenswelt. Neue Wege zum Verständnis des kindlichen Gestaltens*. Herne: Verlag für Wissenschaft und Kunst.

Schrödter, M. (2012). Wohlergehensfreiheit – Welche Lebenschancen brauchen junge Menschen? Der Capabilities-Ansatz als möglicher Orientierungsrahmen. In H. Bockhorst, V.-I. Reinwand-Weiss & W. Zacharias (Hrsg.), *Handbuch Kulturelle Bildung* (Kulturelle Bildung, Bd. 30) (S. 262–268). München: kopaed.

Schünemann, G. (1930). *Musikerziehung*. Leipzig: Kistner & Siegel.

Schulze, T. (2010). Bildinterpretation in der Erziehungswissenschaft. In B. Friebrtshäuser, A. Langer & A. Prengel (Hrsg.), *Handbuch Qualitative Forschungsmethoden in der Erziehungswissenschaft* (S. 529–546). Weinheim: Juventa.

Schwanenflügel, L. von (2013). ‚Ich wusste ja nicht, dass ich mal was sagen darf'. Partizipation und Engagement Jugendlicher. In P. M. Thomas & M. Calmbach (Hrsg.), *Jugendliche Lebenswelten. Perspektiven für Politik, Pädagogik und Gesellschaft* (S. 229–242). Heidelberg: Springer Spektrum.

Schwanenflügel, L. von & Walther, A. (2012). Partizipation und Teilhabe. In H. Bockhorst, V.-I. Reinwand-Weiss. & W. Zacharias (Hrsg.), *Handbuch Kulturelle Bildung* (Kulturelle Bildung, Bd. 30) (S. 274–278). München: kopaed.

Sen, A. (1979). *Equality of what? The Tanner lecture on human values.* Cambridge, Mass: Belknap Press of Harvard University Press.

Der Spiegel. (Hrsg.). (2011). Die Kunst der Erziehung. *Der Spiegel Wissen, 3*. Hamburg: Spiegel-Verlag Augstein.

Starl, T. (1995). *Knipser. Die Bildgeschichte der privaten Fotografie in Deutschland und Österreich von 1880 bis 1980.* München: Köhler & Amelang.

Stein, P. (2005). Soziale Mobilität und Lebensstile. Anwendung eines Modells zur Analyse von Effekten sozialer Mobilität in der Lebensstilforschung. *Kölner Zeitschrift für Soziologie und Sozialpsychologie, 57* (2), 205–229.

UNESCO. (2001). UNESCO Universal Declaration on Cultural Diversity. Adopted by the 31st Session of the General Conference of UNESCO, Paris, 2. Nov. Verfügbar unter: http://www.unesco.org/confgen/press_rel/021101_clt_diversity.shtml [28.04.2014].

UNESCO Institute for Statistics. (2012). *Measuring cultural participation. 2009 Framework for cultural statistics handbook, 2.* Montreal: UNESCO.

Vogt, J. (2013). Benachteiligung und Teilhabe im Kontext von Kultur- und Musikpädagogik. *Zeitschrift für kritische Musikpädagogik*, 1–19. Verfügbar unter: http://www.zfkm.org/13-vogt.pdf [30.12.2013].

Weishaupt, H. & Zimmer, K. (2013). Indikatoren kultureller Bildung. *Zeitschrift für Erziehungswissenschaft,16* (Sonderheft 21), 83–98.

Sabrina Kulin & Knut Schwippert

VI Wege zur Kooperation
Rahmenbedingungen, Merkmale und Beziehungsstrukturen bei der Kooperation zwischen Grundschule und Musikschule

1 Einleitung

In den letzten Jahren ist im Schulkontext ein erhöhtes Interesse an Kooperationen mit außerschulischen Akteuren zu beobachten (vgl. beispielsweise Berkemeyer, Bos, Manitius & Müthing, 2008; Maag Merki, 2009). Diese Kooperationen sollen dazu führen, Innovationen oder Reformanforderungen gerecht zu werden, Synergieeffekte zu schaffen und Projekte durchzuführen, die alleine nicht zu bewältigen wären (Helms, 2002). Letztendlich tragen sie damit auch zur Lehrerprofessionalisierung sowie Schul- und Unterrichtsentwicklung bei (Czerwanski, Hameyer & Rolff, 2002). Auch bei der Umsetzung des Programms ‚Jedem Kind ein Instrument' (JeKi) kommt es zu einer schulischen Kooperation, und zwar zwischen Akteuren aus Grund- und Musikschule.

Ziel dieses Beitrags ist es, die Beziehungen zwischen den an der Kooperation beteiligten Akteuren anhand quantitativer Daten zu fokussieren, um die soziostrukturellen Ressourcen (Coleman, 1991), die die Lehrkräfte möglicherweise durch die Zusammenarbeit erhalten, zu beschreiben. Um gelingende Rahmenbedingungen für die Umsetzung der Zusammenarbeit nach dem ersten JeKi-Jahr zu identifizieren, werden qualitative Daten herangezogen, die den Zusammenhang zwischen Kooperationszufriedenheit und Rahmenbedingungen beschreiben. Zudem werden mögliche Schwierigkeiten und Implementationsstrategien zu Beginn von JeKi sowie im weiteren Verlauf der Kooperation herausgearbeitet, um für die Umsetzung der Zusammenarbeit zu sensibilisieren.

2 Theoretischer Hintergrund und Forschungsfragen

Musikschulen wurden insbesondere in den letzten 15 Jahren immer gefragtere Kooperationspartner im schulischen Bereich; vor allem bei Grundschulen wurde eine verstärkte Zusammenarbeit während des regulären Unterrichtsangebotes angestrebt (Schwanse, 1998). Ein Beispiel für die Umsetzung musikpädagogischer Kooperationsprojekte ist das Programm ‚Jedem Kind ein Instrument' (JeKi). Aufgrund der speziellen Anforderungen des Programms (beispielsweise Verknüpfung von musikalischen bzw. instrumentenbezogenen Kenntnissen mit didaktischen Kompetenzen) bildet die Zusammenarbeit von Grundschulen mit Lehrkräften, die in der Regel einer Musikschule angehören (im Folgenden auch JeKi-Lehrkräfte genannt), die Basis für die Umsetzung von JeKi. Während es sich in NRW im ersten JeKi-Jahr beim Tandemunterricht noch um eine direkte, sich zwischen zwei Personen manifestierende Zusammenarbeit handelt, führt ab dem zweiten JeKi-Jahr eine Musikschullehrkraft den JeKi-Instrumentalunterricht alleine in Kleingruppen in den Räumlichkeiten der Grundschule durch. An dieser Stelle handelt es sich nicht mehr um eine Zusammenarbeit im Tandem, sondern um eine reine Interorganisationsbeziehung (Sydow & Windeler, 1994). Die interorganisationale Kooperation – also die Zusammenarbeit zwischen den Institutionen Grundschule und Musikschule, die zu Beginn den Rahmen für die gemeinsame Umsetzung von JeKi durch zwei Lehrkräfte im Tandem darstellte – ist nun auf der Ebene der handelnden Akteure beider Institutionen der kooperative Bestandteil zur Umsetzung des Programms. Darüber hinaus kommt es aber beispielsweise beim Planen von Schulfestaufführungen oder beim Austausch über die Schülerleistung zu kooperativen Arbeitsformen zwischen den beteiligten Lehrkräften der beiden Institutionen, die über eine reine Interorganisationsbeziehung hinausgehen (vgl. Meyer-Clemens, 2007). In diesem Beitrag wird eben diese Form der Kooperation fokussiert, indem die zwischen zwei Institutionen geschlossene Kooperation auf der Handlungsebene der beteiligten Lehrkräfte und die dazugehörigen strukturellen Rahmenbedingungen in den Blick genommen werden.

Aus den JeKi-Studien des BMBF-Verbundes liegen bereits Ergebnisse zu förderlichen Rahmenbedingungen für die Kooperation in der Tandemsituation des ersten JeKi-Jahres vor (siehe hierzu Cloppenburg & Bonsen, 2012; Franz-Özdermir, 2012; Kranefeld, 2013; Lehmann, Hammel & Niessen, 2012); die Frage nach strukturellen Eigenschaften der Kooperation sowie förderlichen Aspekten der Interorganisationsbeziehung auf Handlungsebene der beteiligten Akteure nach dem ersten JeKi-Jahr ist bislang offen geblieben. In der Literatur zur musikpädagogischen und allgemeinen Kooperationsforschung im Schulkontext werden Einflussgrößen benannt, die auf begünstigende Bedingungen von Kooperationsvorhaben hinweisen. Hierzu zählen z. B. als Basis gemeinsame Wertvorstellungen (Spieß, 1996), eine klare Strukturierung und zu Beginn festgelegte Regeln sowie im weiteren Verlauf der Zusammenarbeit die Anerkennung der geleisteten Arbeit und eine adäquate Raumsituation (Schulten & Lothwesen, 2009) mitsamt entsprechender finanzieller Ressourcen (Maag Merki, 2009). Auch die Innovationsbereitschaft der Beteiligten (Halbheer & Kunz, 2009) und eine Kontaktperson vor Ort sowie fachliche und pädagogische Erfahrungen der Kooperationspartner und eine funktionierende Elternarbeit (Meierkord, 2006) erleichtern den Aufbau einer Kooperationsbeziehung.

Da es sich bei JeKi um ein konzeptuelles Novum handelt, bei dem in Anbetracht der speziellen organisatorischen Umstände noch keine Ergebnisse für ein Gelingen der Zusammenarbeit – insbesondere auch für die Umstände der Kooperation nach dem ersten JeKi-Jahr – vorliegen, liegt der Fokus des Beitrags auf den für die Zusammenarbeit bedeutenden strukturellen Rahmenbedingungen und -merkmalen, die über die Tandemsituation hinausgehen. Die Tatsache, dass bisherige Forschungen zeigen, dass gelingende Kooperation ein mögliches Qualitätskriterium für ‚gute' Schulen darstellt (Czerwanski, 2003), verdeutlicht die Relevanz der Identifikation gelingender bzw. zufriedenheitsförderlicher Rahmenbedingungen aus Sicht der beteiligten Akteure für die Umsetzung von Kooperationsvorhaben.

Unabhängig von der Form der Zusammenarbeit in den verschiedenen JeKi-Jahren bringt die Kooperation einige Herausforderungen mit sich. Zu diesen zählt bei den JeKi-Lehrkräften eine Erweiterung der Arbeitsinhalte zu instrumental-didaktischen Fragestellungen und eine zielgruppengerechte Gestaltung des Unterrichts, da die Kinder unterschiedliche Vorkenntnisse und Motivationen zum Üben mitbringen. Aber auch der Arbeitsaufwand ist größer als an der Musikschule, was beispielsweise durch Fahrtzeiten oder Instrumententransport bedingt ist (Beckers & Beckers, 2008).

Weitere Herausforderungen ergeben sich dadurch, dass bei JeKi zwei Institutionen miteinander arbeiten, die in ihren originären Aufgabengebieten verschiedene Zielsetzungen verfolgen. Während es an den Grundschulen und im JeKi-Konzept vor allem um Unterricht in Gruppen geht, steht in Musikschulen vor allem die Musikausbildung und Begabtenförderung, zumeist im Einzelunterricht, im Vordergrund (Meyer-Clemens, 2007). Damit geht einher, dass die beteiligten Akteure aus den Grundschulen und die JeKi-Lehrkräfte aus den Musikschulen unterschiedliche Erfahrungen im Umgang mit Kindern in Klassenverbänden bzw. im Einzelunterricht haben. Aber auch situativ stellt der JeKi-Unterricht eine Besonderheit für die JeKi-Lehrkräfte dar: In der Regel erfolgt der JeKi-Unterricht außerhalb der Musikschule und somit arbeiten sie außerhalb ihres gewohnten Umfelds (Beckers & Beckers, 2008). Dies kann – wenn die JeKi-Lehrkräfte zeitlich stark eingebunden sind – in der Folge bedeuten, dass sie zu ihren Kolleginnen und Kollegen aus der Musikschule weitaus weniger Kontakt haben als zuvor. In diesem Fall bringt das Unterrichten von JeKi nicht nur ein neues Aufgabenfeld, sondern auch eine Veränderung des Kollegenkreises mit sich. Somit sind die JeKi-Lehrkräfte in einen neuen Kontext mit neuen Kolleginnen und Kollegen eingebettet, in dem sich gleichzeitig ihre ursprünglich zu unterrichtende Zielgruppe erweitert. Ähnliche Anforderungen bzw. erweiterte Aufgabengebiete ergeben sich auch für beteiligte Grundschullehrkräfte und Schulleitungen, insbesondere, wenn sie die Rolle der JeKi-Koordination innehaben.

Um diesen exemplarisch dargestellten Anforderungen gerecht zu werden, existieren JeKi unterstützende Geschäftsstellen. Sie sind auf verschiedenen Ebenen aktiv und unterstützen beispielsweise die Implementation von JeKi vor Ort, koordinieren den Einsatz der JeKi-Lehrkräfte an den Schulen oder gestalten die Verträge mit diesen und stellen Unterrichtsmaterial bereit. Des Weiteren organisieren sie Informationstage, bieten Fort- und Weiterbildungen an, geben Rückmeldungen zu der Umsetzung des Programms und stehen als Ansprechpartner bei Fragen und Problemen zur Verfügung (Grunenberg, 2010; Huß, 2010).

Insgesamt ergeben sich durch die Kooperation im JeKi-Kontext sowohl für die Grundschul- als auch die JeKi-Lehrkräfte neue berufliche Beziehungsstrukturen. Nach Bourdieu (2010) stellt ein Kontakt auch immer einen potenziellen Zugang zu Ressourcen dar, und Coleman (1991) spezifiziert dies mit dem Begriff der soziostrukturellen

Ressourcen. Dies bedeutet, dass durch zwischenmenschliche Kontakte neue Fähig- und Fertigkeiten erlernt werden. Beschreibt man also die Beziehungen, die den Zugang zu Ressourcen ermöglichen, bildet man methodisch gesehen den kulturellen Kontext einer Person ab (Rehrl & Gruber, 2007).

Auf der Basis dieser Hintergründe stehen folgende Forschungsfragen im Zentrum der Analysen:

- Wie lassen sich die Beziehungen der an der Kooperation beteiligten Akteure im Hinblick auf ihre Intensität und ihr Unterstützungspotenzial beschreiben?
- Welche Aspekte fördern die Zufriedenheit der beteiligten Akteure mit der Zusammenarbeit (insbesondere nach dem ersten JeKi-Jahr)?
- Welche Implementationsstrategien und möglichen Probleme gilt es zu Beginn der Zusammenarbeit und im Laufe der Kooperation zu beobachten?

3 Methodisches Vorgehen

3.1 Quantitative Erhebung

Für die quantitativen Analysen wurden Daten aus standardisierten Fragebögen herangezogen, die von den Grundschul- und JeKi-Lehrkräften des befragten Jahrgangs sowie deren Schulleitungen ausgefüllt wurden. Die Fragebögen enthielten Items und Konstrukte zu folgenden Bereichen: allgemeine Hintergrundmerkmale (z. B. Anzahl und Art der Fortbildungen), individuelle Merkmale (z. B. Selbstwirksamkeit, Quellenberg, 2009), Schulmerkmale (z. B. Integration außerschulischer Kooperationspartner, Ditton, Arnoldt & Bornemann, o. J.) und Kooperationsmerkmale (z. B. Aspekte pädagogischer Kooperation mit Instrumentallehrkräften, modifiziert nach Quellenberg, 2009). Für die Untersuchung des Sozialkapitals der Lehrkräfte, stellt die Methode der quantitativen egozentrierten Netzwerkanalyse ein passendes Instrumentarium bereit. So erlauben Maße zur Auswertung von Netzwerkdaten Implikationen für zum Beispiel lernförderliche oder -hemmende Faktoren. Ein persönliches Netzwerk gilt beispielsweise vor allem dann als besonders effizient, wenn die Kontaktpersonen möglichst heterogene Eigenschaften aufweisen; als Maße für die Beziehungsstärke und Unterstützung durch Kontaktpersonen gelten die Kontakthäufigkeit oder die wahrgenommene emotionale Verbundenheit (Wolf, 2006). Mittels sogenannter Positionsinterpretatoren (Lin, 2002) wurden bestimmte Gruppen im JeKi-Kontext ex ante definiert, sodass die soziale Reichweite und Intensität von beruflichen Beziehungen beschrieben werden kann. Da nicht an allen Grundschulen eine JeKi-Koordinatorin bzw. ein JeKi-Koordinator vorhanden ist oder sich diese Position oft mit der Rolle der Schulleitung überschneidet, wurde auf diese Position verzichtet. Durch die offene Antwortkategorie ‚Andere' war jedoch eine Nennung dieser Position möglich. Folgende Gruppen wurden auf Basis der JeKi-Konzeption festgelegt und erfragt:

- Ebene der Schulleitung (auch Stellvertretung),
- Lehrkräfte der Grundschule, zu deren Unterrichtsfächern Musik gehört,
- andere Lehrkräfte der Grundschule,
- Lehrkräfte anderer Schulen (wurde ab Messzeitpunkt 3 ergänzt, da sie zum zweiten Messzeitpunkt häufig in der offenen Antwortkategorie ‚Andere' genannt wurden),
- außerschulische Instrumentallehrkräfte bzw. JeKi-Lehrkräfte, die im Rahmen des musikalischen Förderschwerpunkts an dieser und/oder anderen Grundschulen unterrichten,
- unterstützende Institution (JeKi-Stiftung, Landesinstitut (LI), Behörde für Schule und Berufsbildung (BSB), Jugendmusikschule),
- andere, und zwar (offenes Antwortformat).

Um verschiedene Beziehungsdimensionen zu identifizieren und diese anschließend in einer Netzwerkkarte zu visualisieren (siehe Abb. VI.2), wurden folgende, dem Lehrkräfteberuf entsprechende kooperative Handlungsfelder erfasst:[1]

- Austausch über wichtig empfundene Arbeitsbelange (Burt, 1984),[2]
- Austausch von Unterrichtsmaterialien,
- Reflexion methodischer und didaktischer Fragen,
- Austausch zur gezielten Erweiterung des methodischen und didaktischen Repertoires,
- Umsetzung neuer methodischer und didaktischer Inhalte aufgrund des gemeinsamen Austausches,
- Erhalten wichtiger Informationen für die Arbeit,
- pädagogische Ratfrage,
- formeller Austausch,
- informeller Austausch.

Die Verteilung der Daten über die verschiedenen Messzeitpunkte lässt sich in Tabelle VI.1 ablesen. Genaue Angaben über die Anzahl an Grundschul- und JeKi-Lehrkräften in den befragten Jahrgängen liegen nicht vor. Der Rücklauf liegt im Durchschnitt zwischen 30 und 40 Prozent.

In Bezug auf die Gruppenzugehörigkeit zeigt sich, dass 72.7 Prozent der teilnehmenden Lehrkräfte entweder dem JeKi-Programm in Nordrhein-Westfalen oder Hamburg angehören. Demgegenüber scheint die Gruppe der Instrumentalschulen in Hamburg mit einem Anteil von 7.0 Prozent unterrepräsentiert. Diese Verteilung der Schulen

---

1 Darüber hinaus wurde zur Analyse der Homo- bzw. Heterogenität der Netzwerke erfragt, inwiefern die Vorstellungen der jeweils anderen Positionen aus Sicht der befragten Lehrkraft ähnlich sind, und zwar in Bezug auf die Vorstellungen zur Unterrichtsgestaltung, die Einstellungen zum Förderschwerpunkt sowie die Einstellungen zu Musik bzw. Sport. In diesem Beitrag können nicht alle Beziehungsdimensionen sowie die Homogenität im Netzwerk dargestellt werden; diese Befunde werden im Rahmen einer Dissertation publiziert werden (Kulin, 2014).
2 Die weiteren Beziehungsdimensionen sind in Anlehnung an den JeKi-Kontext in Eigenentwicklung entstanden.

mit musikbezogenem Förderschwerpunkt – Lehrkräfte an Schulen mit sportlichem Förderschwerpunkt sind zu 20.3 Prozent vertreten – verändert sich auch im Laufe der Studie nicht nennenswert. Die Rekrutierung der *Convenience*-Stichprobe der Instrumentalschulen gestaltete sich aufgrund der begrenzten Anzahl an Grundschulen mit langjährigem musikalischem Förderprofil als Herausforderung, wodurch ein Vergleich zwischen JeKi- und Instrumentalschulen auf einer deskriptiven Ebene bleiben muss.

Tabelle VI.1: Befragte Lehrkräfte zu Messzeitpunkt 1 bis 4 der Studie SIGrun. Musikschullehrkräfte = sowohl JeKi-Lehrkräfte als auch Musikschullehrkräfte an Schulen mit musikalischem Förderschwerpunkt (unabhängig von JeKi)

	Grundschullehrkräfte	Musikschullehrkräfte	Gesamt
Messzeitpunkt 1	141	17	158
Messzeitpunkt 2	110	33	143
Messzeitpunkt 3	101	28	129
Messzeitpunkt 4	75	10	85

Über die vier Messzeitpunkte haben sich an der Studie insgesamt 410 Lehrkräfte beteiligt. Einmalig haben 338 Lehrkräfte an der Befragung teilgenommen; 47 Lehrkräfte waren zwei Mal, 17 Lehrkräfte drei Mal beteiligt und acht Lehrkräfte haben an allen vier Messzeitpunkten mitgewirkt.

3.2 Qualitative Erhebung

Zur Identifikation der umfassenden Beziehungsstrukturen im Kooperationskontext und deren Rahmenbedingungen wurden mit den beteiligten Akteuren teilstrukturierte Experteninterviews durchgeführt. Aufgrund vorliegender Informationen wurden sowohl Schulen ausgewählt, die mit der Zusammenarbeit besonders zufrieden waren, als auch solche, die anfänglich Schwierigkeiten bei der Kooperation hatten. Um einen umfangreichen Einblick in die Kooperationsarbeit zu gewinnen, wurden sämtliche Akteure in die Befragung eingeschlossen: die Schulleitung bzw. die JeKi koordinierende Grundschullehrkraft, eine JeKi-Lehrkraft sowie eine Grundschullehrkraft, die zu JeKi nur wenige Berührungspunkte aufweist. Die Interviews wurden zu Beginn des vierten Schuljahres durchgeführt, um neben aktuellen Einblicken in die Zusammenarbeit auch einen retrospektiven Blick auf die Implementation und die Entwicklung der Zusammenarbeit zu ermöglichen.

Zur Erfassung gelingender Rahmenbedingungen wurden die acht interviewten Grundschul- und JeKi-Lehrkräfte sowie Schulleitungen im Interview unter anderem danach gefragt, welche Voraussetzungen erfüllt sein müssen, damit sie mit der Zusammenarbeit zufrieden sind.[3] Für die Analyse der Implementationsstrategien und möglichen Herausforderungen wurde unter anderem danach gefragt, wie sich die Anfangsphase gestaltete, wie verschiedene Akteure darin involviert waren und wie derzeit die Kooperation umgesetzt wird.

Die Interviews wurden transkribiert und mit der Methode der qualitativen Inhaltsanalyse nach Mayring (2010) ausgewertet. Dabei wurde sich an dem adaptierten, allgemeinen schulischen Erklärungsmodell nach Naacke (2010) orientiert, welches schulische und externe Rahmenbedingungen umfasst. Interviewpassagen wurden inhaltlich entsprechenden Punkten (Kodes) des Modells zugeordnet. Eine Zweitkodierung erfolgte bei 50 Prozent der Interviews, wobei die Übereinstimmung für die Aspekte der Kooperationszufriedenheit bei $\kappa = 0.79$ und für die Implementation bei $\kappa = 0.86$ liegt. Die Reliabilität der kodierten Interviews ist somit als sehr zuverlässig einzuschätzen (Bortz & Döring, 2006).

Abbildung VI.1: Adaptiertes Allgemeines Schulisches Erklärungsmodell nach Naacke (2010, S. 64; ‚IZBB-Programm' wurde modifiziert in ‚JeKi-Programm')

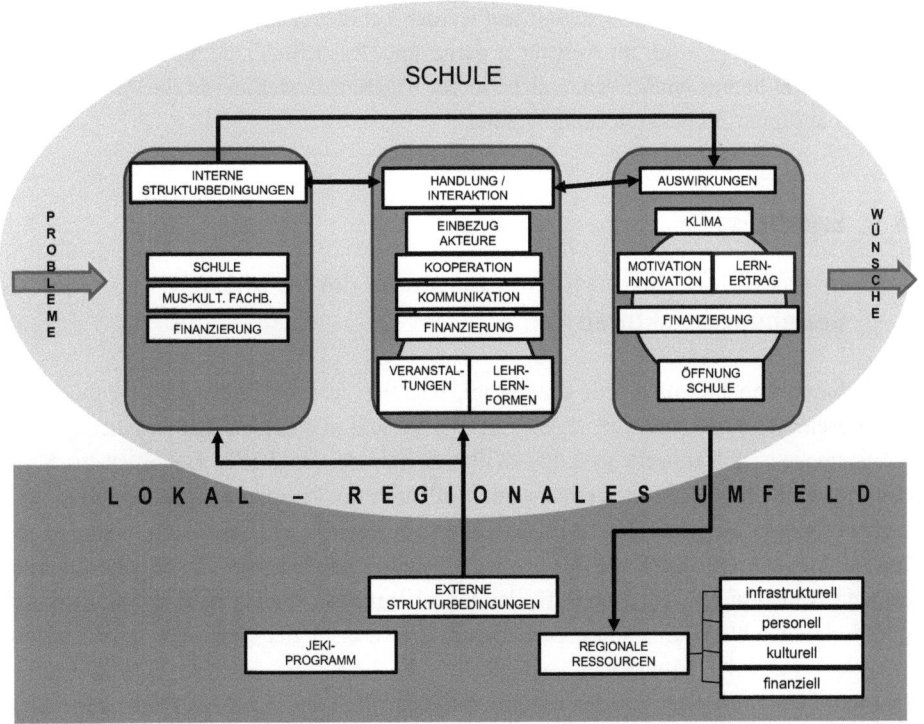

---

3   Um sowohl wahrgenommene als auch erwünschte Aspekte zu erfassen, wurden z. B. folgende Erzählstimuli gewählt: „Was muss denn genau gegeben sein, damit Sie persönlich mit der Zusammenarbeit nach dem ersten JeKi-Jahr zufrieden sind?"

Das allgemeine schulische Erklärungsmodell ist im Rahmen der ‚Studie zur musisch-kulturellen Bildung an Ganztagsschulen' (MUKUS) entwickelt worden. Es basiert auf der Auswertung von Interviews und Gruppendiskussionen mit 149 Akteuren (Schulleitungen, Lehrkräften, Eltern, Schülerinnen und Schülern). Sie werden anhand des Ansatzes der *Grounded Theory* ausgewertet, die eine Rekonstruktion der Sicht- und Handlungsweisen der am Schulleben beteiligten Personen erlaubt. Dabei ließen sich schulübergreifende Struktur- und Kontextbedingungen zum Funktionieren der Schule als System identifizieren (Naacke, 2010). Anhand dieser Kontextbedingungen können die Aussagen der Interviews des Teilprojekts Kooperation strukturiert den einzelnen Ebenen des Modells zugeordnet werden. Abbildung VI.1 gibt einen Überblick über das Modell, welches sich in vier Ebenen bzw. Felder aufteilt: (1) Externe Strukturbedingungen, (2) Interne Strukturbedingungen auf Schulebene, (3) Handlung/Interaktion innerhalb der Schule und (4) Auswirkungen auf die Akteure, den musisch-kulturellen Fachbereich und die Schule insgesamt. Diese Ebenen gliedern sich wiederum in Unterbereiche auf (für eine detaillierte Beschreibung siehe Naacke, 2010, S. 63 ff.). Jede Ebene und jeder Unterbereich wurden im Rahmen eines erstellen Kodierleitfadens mit einem Kode versehen, sodass inhaltlich homogene Interviewpassagen den entsprechenden Punkten des Modells (Kodes) zugeordnet werden konnten. Ein Auszug aus dem Kodierleitfaden ist exemplarisch im Anhang B dargestellt. Zusätzlich sind Kodes induktiv aus dem Material heraus entstanden, welche in der Ergebnisdarstellung (siehe Abschnitt 4.2 und 4.3 in diesem Beitrag) benannt werden.

4 Ergebnisse

4.1 Intensität und Unterstützungspotenzial der beruflichen Beziehungsstrukturen

Im Rahmen von SIGrun wurde untersucht, wie sich je nach Professionszugehörigkeit (Grundschullehrkraft bzw. JeKi-Lehrkraft) die Reflexion methodischer und didaktischer Kompetenzen im Netzwerk gestaltet (Kulin & Schwippert, 2012). Dabei ist aus Sicht der Grundschullehrkräfte die gemeinsame Reflexion mit Personengruppen innerhalb der eigenen Schule aufgrund der Häufigkeit eher als intensiv einzuschätzen, während die JeKi-Lehrkräfte oder auch die JeKi unterstützenden Institutionen für sie eine untergeordnete Rolle spielen. Im Netzwerk der JeKi-Lehrkräfte spielen nach deren Auskunft praktisch ausschließlich andere JeKi-Lehrkräfte, die an der befragten oder anderen Grundschulen JeKi unterrichten, eine Rolle. Mit Blick auf die JeKi unterstützenden Institutionen wird weder von den Grundschullehrkräften noch von den JeKi-Lehrkräften bezüglich der Reflexion methodischer und didaktischer Kompetenzen ein Kontakt realisiert (siehe hierzu detailliert Kulin & Schwippert, 2012).

Danach gefragt, wie häufig die Lehrkräfte aufgrund des Austausches mit den erfragten Personengruppen die besprochenen methodischen und didaktischen Vorgehensweisen im Unterricht auch in die Praxis umsetzen (die zur Verfügung stehenden Antwortkategorien lauteten: 1 = in der Regel nein, 2 = mal ja, mal nein, 3 = in der Regel ja), ist aus Sicht der Grundschullehrkräfte erneut das intensive Netzwerk innerhalb der eigenen Profession zu erkennen, allerdings ist die Beziehung zu den JeKi-Lehrkräften intensiver als bei der Reflexion methodischer und didaktischer Kompetenzen. Bei den JeKi-Lehrkräften wiederum ist an dieser Stelle die Beziehung zu den JeKi unterstützenden Institutionen als besonders intensiv einzuschätzen.

Da sowohl auf die JeKi-Lehrkräfte, aber auch auf die Grundschullehrkräfte, die in JeKi involviert sind, neue Anforderungen zukommen (Beckers & Beckers, 2008), wurden die Beziehungen zwischen den Lehrkräften und den JeKi unterstützenden Institutionen im Hinblick auf deren Unterstützungspotenzial untersucht (Kulin, Schwippert & Rieckmann, 2014). Dabei zeigte sich, dass die befragten JeKi-Lehrkräfte stärkere Beziehungen zu den JeKi unterstützenden Institutionen aufweisen als die Grundschullehrkräfte, was an den in allen Aspekten höheren Kontakthäufigkeiten in Abbildung VI.2 abzulesen ist.

Abbildung VI.2: Beziehungsstärke von Grundschul- und JeKi-Lehrkräften zu den JeKi unterstützenden Institutionen zum dritten Messzeitpunkt* (MZP)

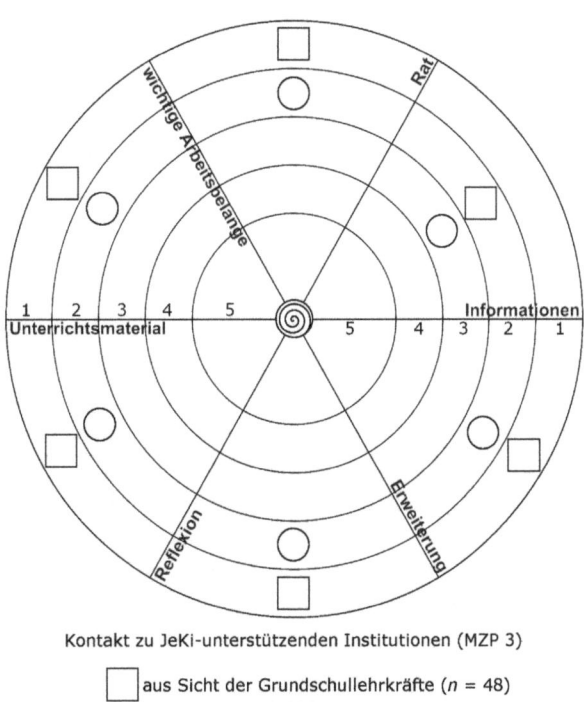

Kontakt zu JeKi-unterstützenden Institutionen (MZP 3)

☐ aus Sicht der Grundschullehrkräfte ($n = 48$)
◯ aus Sicht der JeKi-Lehrkräfte ($n = 24$)

Anmerkung. * Likertskalierung: 5 = ein- oder mehrmals im Monat, 4 = ein- oder mehrmals in 3 Monaten, 3 = ein- oder mehrmals in sechs Monaten, 2 = seltener, 1 = nie.

Die Unterschiede in Bezug auf die intensivere Beziehungsstärke der JeKi-Lehrkräfte zu den Institutionen sind im Vergleich zu den Grundschullehrkräften nach dem nonparametrischen *Mann-Whitney-U-Test* hoch signifikant (p < 0.01). Dies lässt sich dadurch erklären, dass sich die JeKi unterstützenden Institutionen vor allem JeKi-Lehrkräften oder JeKi koordinierenden Lehrkräften an den Grundschulen widmen. Insgesamt zeigt sich hinsichtlich des Kontakts zu Institutionen für beide Berufsgruppen eine schwache Beziehung (vgl. beispielsweise Jansen, 2003). Dies beinhaltet den Umstand, dass der Zugang zu breiter gestreuten Informationen möglich ist, und zwar insbesondere dann, wenn ein konkreter Bedarf nach einer bestimmten Information besteht. Somit stellen die JeKi unterstützenden Institutionen eine Ressource für die Akteure dar (dies belegt auch die Höhe des Multiplexitätswerts, der zeigt, dass den Lehrkräften in sämtlichen unterschiedlichen Kontexten potenzielle Unterstützung zur Verfügung steht; siehe hierzu detailliert Kulin, 2012), auf die von den JeKi-, aber auch den Grundschullehrkräften *on demand* zugegriffen wird. Zugleich muss beachtet werden, dass in Nordrhein-Westfalen neben der JeKi-Stiftung auch die jeweils zugeordnete Musikschule unterstützende Aufgaben für die beteiligten Lehrkräfte innehat. Eine Veränderung der Wahrnehmung der JeKi unterstützenden Institutionen als Ressource lässt sich den Daten nicht entnehmen.

Die Beziehungsintensität zu den JeKi unterstützenden Institutionen stellt über ihr Unterstützungspotenzial hinaus ein Kriterium bei der Zufriedenheit mit den Rahmenbedingungen der Kooperation dar. Es zeigte sich insgesamt ein mittlerer, positiv signifikanter Zusammenhang zwischen der Beziehungsintensität und der Zufriedenheit mit der Zusammenarbeit und der empfundenen Unterstützung. Dieser Zusammenhang gilt insbesondere für die Intensität bei den Beziehungsdimensionen des Erhaltens wichtiger Informationen für die Arbeit ($r = 0.46$, $p < 0.05$, $n = 34$), der Frage nach pädagogischem Rat ($r = 0.46$, $p < 0.05$, $n = 25$) sowie dem Austausch über für die Arbeit als wichtig empfundene Dinge ($r = 0.47$, $p < 0.05$, $n = 25$). Je häufiger diese Beziehungsdimensionen realisiert werden, desto zufriedener sind die Lehrkräfte mit der Zusammenarbeit und der empfundenen Unterstützung durch die JeKi unterstützenden Institutionen (für Details s. Kulin, et al., 2014). Darüber hinaus konnte auch das Unterstützungspotenzial der JeKi-Lehrkräfte untereinander belegt werden (Kulin, 2012) und sollte daher ebenfalls als Ressource für eine gelingende Kooperation betrachtet und gefördert werden. So spiegelt insbesondere bei der Reflexion methodischer und didaktischer Fragen die starke Beziehung innerhalb der eigenen Profession der JeKi-Lehrkräfte die Wichtigkeit des gegenseitigen Austausches wider.

Zu den bislang berichteten quantitativen Befunden weisen qualitative Befunde (s. ausführlich Kulin, et al., 2014) darauf hin, dass zum einen Grundschullehrkräfte, die im ersten JeKi-Jahr Tandemunterricht praktizieren bzw. bei denen sich der Erstkontakt in der Implementationsphase als ausführlich gestaltete, besonders von den JeKi-Lehrkräften profitieren. Die JeKi-Lehrkräfte zum anderen profitieren von der Beziehung zu den JeKi unterstützenden Institutionen und können Unterrichtsmaterialien oder das Wissen aus Workshops für den Unterricht nutzen. Indirekt können wiederum auch die Grundschullehrkräfte Anregungen der JeKi unterstützenden Institutionen erhalten, und zwar durch die JeKi-Lehrkraft, die als Brückenschläger (vgl. Jansen, 2003) agiert. Insgesamt verdeutlichen die dargestellten Befunde, wie mit dem Ausbau sozialer Beziehungen die Erweiterung von Handlungsmöglichkeiten einhergeht. Dazu zählen zum Beispiel das Erhalten wichtiger Informationen sowie der informell stattfindende Austausch; diese Aspekte sind besonders relevant für den Aspekt der Handlungskompetenz und Expertise-Entwicklung. Das Erhalten wichtiger Informationen für die Arbeit stellt insbesondere in einem neuen Arbeitskontext, wie er in der Kooperation im JeKi-Programm zum Tragen kommt, einen wesentlichen Faktor dafür dar, um die anfallende Arbeit den neuen Anforderungen entsprechend zu gestalten. Eigene Handlungsoptionen können somit erweitert werden (Coleman, 1991) und schaffen eine wesentliche Grundlage zur Ausführung der eigenen Arbeit. Die potenziellen Ressourcen im Rahmen eines informellen Austausches geben darüber hinaus Hinweise auf dezentrale Lernprozesse, welche durch ihre Bedarfsgerechtigkeit gekennzeichnet sind und als bedeutender Grundstein für den individuellen Kompetenzerwerb gelten (Harteis, Bauer & Coester, 2004).

4.2 Zufriedenheit fördernde Merkmale in der Zusammenarbeit nach dem ersten JeKi-Jahr

Die zum Thema Zufriedenheit genannten Aspekte werden im Folgenden vertiefend auf den vier Ebenen des modifizierten, allgemeinen schulischen Erklärungsmodells nach Naacke dargestellt (für eine detaillierte Beschreibung des Modells siehe Naacke, 2010, S. 63 ff.). Darüber hinaus erfolgt unter Abschnitt 4.3 eine Darstellung der Analyse zu den Implementations- und Umsetzungsstrategien der kooperativen Zusammenarbeit in JeKi.

Tabelle VI.2 stellt die Kodierungshäufigkeiten auf den jeweiligen Ebenen – sortiert nach ihrer Häufigkeit – mitsamt ihrer kodierten Unterebenen dar. Erläuterungen und Beispiele zu den Kodes im Hinblick auf deren Bedeutung für eine gelingende Kooperation im JeKi-Kontext werden, soweit je *Kode* mindestens fünf Aussagen hierzu vorliegen, nachfolgend erläutert (zur Kodierung siehe auch Anhang B).

Tabelle VI.2: Kodierungshäufigkeiten aus SIGrun auf den Ebenen des modifizierten, allgemeinen schulischen Erklärungsmodells nach Naacke (2010)

Handlungs- und Interaktionsstrategien (173)	
Einbezug der Akteure:	47
Kinder (7), Eltern (12), Schulleitung (4), Grundschullehrkräfte (5), JeKi-Lehrkräfte (7), Einbezug von JeKi in das Schulleben (8), anderes pädagogisches Personal (4)	
Kooperation:	104
Institution Musikschule (5), Pädagogische Fragen (2), Erstkontakt (11), Durchführung (36), Kommunikation (zwischen den an der Kooperation beteiligten Akteuren) (33), *Personen*: Eigene Ziele (4), Profession (6), Einbindung (7)	
Kommunikation (innerhalb der Grundschule)	1
Veranstaltungen:	17
Ensemblespiel (4), andere Präsentationsformen (13)	
Lehr- und Lernformen:	4
Kleingruppen-/Einzelunterricht (4)	
Interne Strukturbedingungen (51)	
Schule:	41
Schule als Gebäude: Ausstattung (3), Raumsituation (10), Zugänglichkeiten (5); *Schule als pädagogische Institution*: Pädagogische Haltung (16), Schülerschaft (7)	
Musisch-kultureller Fachbereich:	10
Fächer (7), Inhalte (3)	
Externe Strukturbedingungen (35)	
JeKi-Programm:	32
Auswirkungen auf Schule (2), Zeit als Ressource (17), Finanzierung (5), Konzept (8)	
Regionale Ressourcen:	3
Infrastrukturell (1), personell (2)	
Auswirkungen (9)	
Motivation und Innovation	1
Lernertrag	8
Sonstige (4)	4
Gesamt	272

Aspekte gelingender Zusammenarbeit im Feld der Handlung und Interaktion

Rund zwei Drittel der Interviewpassagen (63.6 %) wurden mit Kodes auf der Ebene der Handlungs- und Interaktionsstrategien versehen. Dem Kode *Kooperation* wurden die meisten Interviewpassagen (104) zugeordnet. Bei dessen Unterkode *Durchführung der Zusammenarbeit* (36 Aussagen) stellen sich drei wesentliche Aspekte als kooperationsförderliche Merkmale heraus: Belange der Organisation, Kontinuität in der Zusammenarbeit sowie einwandfreie Umsetzung konzeptioneller Grundlagen von JeKi. Bei der Organisation der Zusammenarbeit wird über alle Befragten hinweg die Wichtigkeit eines guten Austausches bei der Stundenplangestaltung zum Thema betont. Hierbei ist aus Sicht der Grundschule zu beachten, dass das zusätzliche Angebot durch JeKi in das Stundenplangerüst der Kernfächer integriert wird.[4] Dies kann dann zur Herausforderung werden, wenn die Kernfächer im Rahmen einer Halbtags- oder offenen Ganztagsschule zumeist vormittags stattfinden. Werden die JeKi-Stunden allerdings nur nachmittags eingeplant, kann die Musikschule an die Grenzen ihrer personellen Ressourcen stoßen.

Eine rechtzeitige Planung und intensive „Abstimmung in der Organisation des Gesamtkonzepts ... was Ensembleunterricht und die einzelnen Stunden angeht" (Schulleitung, Schule A) wird daher als notwendige Basis für eine gelingende Kooperation angesehen. So erscheint es aus Sicht der Befragten förderlich, wenn der Unterricht zahlreicher Instrumentalkurse durch nur wenige JeKi-Lehrkräfte abgedeckt wird. Damit gäbe es ein weniger „zersplittertes Tun" (Schulleitung, Schule A) und der Überblick über die Unterrichtsabläufe sei besser zu behalten. Außerdem könne so insbesondere auch informelle Kommunikation, wie sie sich zum Beispiel in den Pausen ergibt, stattfinden. Eine langfristige Planung und Zuteilung der JeKi-Lehrkräfte zu den Schulen erscheint aufgrund der Aussagen somit nicht nur sinnvoll, sondern auch unumgänglich.

Der Kode *Kommunikation zwischen den an der Kooperation beteiligten Akteuren* wurde 33 Aussagen zugeordnet. Solche Kommunikation trägt vor allem dann zur Zufriedenheit bei, wenn Probleme offen angesprochen und gemeinsam Lösungen eruiert werden. Außerdem haben kurze Kommunikationswege zur Vermeidung von Problemen, die sich durch einen Unterrichtsausfall (z. B. aufgrund von Klassenfahrten oder Krankheit) ergeben können, eine wichtige Bedeutung für die Organisation der Zusammenarbeit. Eine ‚Rollenklarheit' direkter, zuständiger Ansprechpartner wird hierfür als unabdingbar angesehen.

Als zentrales Kommunikationsmedium für organisatorische Belange werden von den Lehrkräften E-Mails positiv herausgehoben: „Das geht schnell und das kann ich machen, wenn ich Zeit habe" (Grundschullehrkraft, Schule C). Darüber hinaus werden in den Interviews auch sogenannte ‚Zwischen-Tür-und-Angel'-Gespräche immer wieder thematisiert. Neben regelmäßigen Treffen werden diese spontanen Kommunikationsgelegenheiten positiv wahrgenommen: „Diese kurzen Gespräche so kurz nach dem Unterricht, die reichen schon manchmal, da kann man dann viel kurz besprechen" (Grundschullehrkraft, Schule B). Insgesamt wird von den Befragten nicht nur eine Kommunikation zwischen den an der Kooperation direkt Beteiligten gewünscht, sondern darüber hinaus auch mit den Eltern der Kinder, um sich mit ihnen über Lernfortschritte, Probleme und Erfolge auszutauschen.

Betreffend des erwarteten bzw. gewünschten Umfangs des Austausches gilt es aus Sicht der Akteure, die zumeist auf die Dauer einer Unterrichtsstunde begrenzten zeitlichen Ressourcen der JeKi-Lehrkräfte zu beachten; der Austausch mit den Eltern kann beispielsweise von der Schulleitung bzw. der JeKi-Koordination übernommen werden, wie es eine befragte Lehrkraft äußert: „Also mir wird da auch Arbeit abgenommen und die suchen dann eben auch den Elternkontakt, was ich mir zeitlich nicht leisten kann" (JeKi-Lehrkraft, Schule B).

Dem Kode *Erstkontakt* wurden 11 Interviewpassagen zugewiesen. Er steht für den praktizierten Austausch, und dieser falle leichter, wenn beide Kooperationspartner vor allem durch die Initiative der Schulleitung miteinander in Kontakt treten. Hierzu zählt neben der persönlichen Vorstellung auch der Austausch über die jeweiligen Erwartun-

---

4   Auf eine Differenzierung der Ergebnisdarstellung zwischen Halbtags- und Ganztagsgrundschulen wird an dieser Stelle verzichtet.

gen, Aufgaben und Ziele (für vertiefende Darstellungen zu den Beweggründen zur Kooperation aus Sicht der befragten Lehrkräfte siehe Kulin & Özdemir, 2011). Gerade vor dem Hintergrund, dass wegen der Vielzahl an Kursen immer wieder neue JeKi-Lehrkräfte an einer Grundschule beschäftigt sind, wünscht sich eine Schulleitung Folgendes:

> Da müsste uns eigentlich die Musikschule etwas mehr Zeit für gewähren und Zeit geben und denen die Möglichkeit geben, dass wir uns alle einmal zusammensetzen können zu Beginn des Schuljahres. Es kommen ja auch dann immer wieder Neue dazu ... Da müsste die Musikschule, glaube ich, ein Zeitfenster einräumen, das, meine ich, auch bezahlt werden müsste. So eine Konferenz könnte ich mir gut vorstellen, ... so eine Eingangskonferenz ..., wie ich sie am Ende der Ferien mit meinem Kollegium mache, damit wir das Schuljahr planen können. (Schulleitung, Schule B)

Solche Konferenzen können nach Aussagen der Lehrkräfte nicht nur zu Beginn der Zusammenarbeit zu einer gelingenden Kooperation beitragen, sondern sie würden auch regulär durch gemeinsame Fachkonferenzen oder in Form von „kleine[n] JeKi-Konferenzen" (Schulleitung, Schule B) zu einer *Einbindung* (7 Aussagen) der JeKi-Lehrkräfte in formale Strukturen der Schule beitragen. Dies fördert darüber hinaus den Austausch über *pädagogische Fragen* (2 Aussagen) und über die eigenen, mit der Zusammenarbeit einhergehenden *Ziele* (4 Aussagen).

Dem Kode *Profession* wurden sechs Aussagen zugeordnet; sie beziehen sich zum einen auf die Profession der JeKi-Lehrkräfte hinsichtlich ihrer fachlichen Kompetenzen, die aus Sicht einer befragten Lehrkraft vor allem deshalb von Bedeutung sind, weil es

> ... einfach in Grundschulen so [ist], ... dass wir so gut wie überhaupt keine ausgebildeten Musiklehrer haben. Das ist ein Fach, das mitgemacht wird, und was mitgemacht werden muss, ohne dass die meisten eine Grundausbildung genossen haben. Und da wäre es natürlich einfach toll, wenn man da jemanden, der vom Fach ist, verstärkt im Unterricht mit drinnen hätte. (Grundschullehrkraft, Schule A)

Zum anderen sollten ihre Kompetenzen auch pädagogisch fundiert sein. Eine JeKi-Koordinatorin formuliert die Vereinbarkeit fachlichen und pädagogischen Könnens wie folgt:

> Für uns ist es das wichtigste Kriterium am guten Instrumentallehrer, dass er belastbar ist. Dass er belastbar ist und mit unseren Kindern hier freundlich umgehen kann. Und dass er auf dem Instrument so solide ist, dass er den Kindern Grundkenntnisse vermitteln kann. Als erstes kommt aber nicht das musikalische Talent. Es muss kein Orchestermusiker sein, kein total toller Musiker sein. Er selber muss solide sein auf seinem Instrument und er muss psychisch belastbar sein. (Grundschullehrkraft, Schule C)

Neben der Zusammenarbeit, die die JeKi- und Grundschullehrkräfte betrifft, wurden auch fünf Textpassagen dem Kode *Institution* (betrifft in diesem Fall die Musikschule) zugeordnet. Genaue und rechtzeitige Absprachen bezüglich der Stundenplangestaltung sowie der Einbezug individueller Bedürfnisse einzelner Schulen können zur Zufriedenheit bei der Umsetzung von JeKi beitragen.

Über die rein kooperativen, JeKi umsetzenden Handlungsvorgänge hinaus wird von den Befragten der *Einbezug der Akteure* (47 Aussagen) als weiterer Aspekt für eine zufriedenstellende Kooperation benannt.[5] Um die *Kinder* (7 Aussagen) für JeKi zu gewinnen und damit auch einen kontinuierlichen Fortbestand der Instrumentalgruppen zu gewähren, erscheint es im Rahmen der Kooperation ratsam, die Schülerinnen und Schüler kindgerecht über die Hindernisse und Wege beim Erlernen eines Instruments aufzuklären und mit ihnen rechtzeitig die Wahl der Instrumente abzustimmen. Gespräche seitens der Grundschul- oder JeKi-Lehrkräfte mit den Eltern, in denen es darum geht, den Wert kultureller Bildung zu vermitteln und den Ablauf sowie Sinn und Zweck des Programms transparent zu machen, könnten dazu beitragen, mehr Kinder für das Programm zu gewinnen. Hierfür wird eine durch die JeKi-Stiftung eingerichtete Stelle zur Pflege des Elternkontakts als hilfreich angesehen.

Der Kontakt zu den *Eltern* (12 Aussagen) kann durch eine Kontaktperson aus der eingerichteten Stelle der JeKi unterstützenden Institutionen hergestellt werden; aber vor allem der Kontakt seitens der Schulleitung zu den Eltern wird als förderliches Element für eine gelingende Zusammenarbeit und Umsetzung des Programms JeKi angesehen. Dazu zählen zum Beispiel Gespräche mit den Eltern, um diese über das Programm zu informieren sowie um über den aktuellen Stand des Unterrichts – als Vermittlerposition zwischen Eltern und JeKi-Lehrkräften, wenn diese aufgrund zeitlicher Ressourcen keine Möglichkeit haben, den Elternkontakt aufrecht zu erhalten – zu sprechen.

Zudem kommen der Schulleitung, insbesondere wenn sie gleichzeitig die Rolle der JeKi-Koordination an der Schule innehat, organisatorische Funktionen zu (z. B. die Integration von JeKi in den Stundenplan, die Raumplanung oder die Initiierung zur Klärung von Problemen zwischen den beteiligten Personen). Darüber hinaus stellt insbesondere aus Sicht der befragten JeKi-Lehrkräfte eine wohlwollende Haltung der Schulleitung dem Programm und den JeKi-Lehrkräften gegenüber die Basis für eine funktionierende Zusammenarbeit dar:

> [Schulleitung, Schule A] besucht meinen Unterricht in gewissen Abständen und fragt, wie es mir persönlich geht, wie sich alles weiterentwickelt, ob die Kinder mitmachen usw. ... Warum dort die Kooperation funktioniert? Weil [Schulleitung, Schule A] wirklich sehr engagiert ist, mit eigenem Interesse [und hat] mir nie das Gefühl vermittelt, ‚Oh ... ich muss mich jetzt irgendwie um Sie kümmern' oder so. ‚Heute passt mir das nicht, kommen Sie doch später, rufen Sie doch einmal an oder schicken Sie mir eine Mail'. Also solche Aussagen habe ich ... nie bekommen. (JeKi-Lehrkraft, Schule A)

Die *Grundschullehrkräfte* (5 Aussagen) können insofern in JeKi einbezogen werden, als dass sie zum einen über den Tandemunterricht des ersten JeKi-Jahres hinaus auch in

---

5 In den Interviews wurde das *weitere pädagogische Personal* (beispielsweise Hausaufgaben- oder Hortbetreuung im Nachmittagsbereich) als relevante Personengruppe identifiziert und als induktiver Kode integriert. Zudem wurden darüber hinaus Aussagen, die sich auf den Einbezug von JeKi in das Schulleben beziehen, zu einem induktiven Kode zusammengefasst und dem *Einbezug der Akteure* zugeordnet, da sie ebenfalls auf die musisch-kulturelle Praxis und eine Stärkung des musischen Fachbereichs abzielen (Naacke, 2010), wenngleich es sich dabei nicht um einen Akteur im personellen Sinne handelt.

den folgenden JeKi-Jahren mit den JeKi-Lehrkräften Kontakt haben. Dazu lassen sich im Rahmen der Interviews z. B. der Austausch über die Arbeit an sich, über die Lernfortschritte der Kinder oder allgemeine Probleme und Erfolge zählen. Dieser Austausch kann in gegenseitiger Unterstützung und in Verständnis für die Arbeiten der an der Kooperation Beteiligten münden. Gleichzeitig komme den Grundschullehrkräften eine zentrale Rolle zu, wenn es darum geht, JeKi auch in den regulären Unterricht und das Schulleben zu integrieren. Dazu kann gehören, dass „der Klassenlehrer die Kinder fragt ‚Wie war es denn? Was habt ihr gemacht? Wie hat es Dir gefallen?'" (Grundschullehrkraft, Schule C). So könne eine erste Verbindung zwischen JeKi- und regulärem (Musik-)Unterricht hergestellt werden, wenngleich dies aus Sicht der Befragten insgesamt in der Praxis aus Zeitgründen oder mangelnder musikalisch-künstlerischer Ausbildung seitens der Grundschullehrkräfte noch nicht immer der Fall ist. Umso mehr spielt die Bekanntheit der JeKi-Lehrkräfte und der Kontakt mit dem Kollegium der Grundschule eine Rolle beim *Einbezug von JeKi in das Schulleben* (8 Aussagen, induktiv entstandener Kode). Dazu kann gehören, „dass man auch da einfach mal reinschnuppern kann, dass es nicht separiert ist. So hinter verschlossener Tür, sondern dass es auch mal so ein bisschen geöffnet wird" (Grundschullehrkraft, Schule A) oder dass „die Kinder auch in der Klasse [im Klassenunterricht] die Gelegenheit haben, vorzustellen, was sie schon gelernt haben" (Grundschullehrkraft, Schule C) und dass JeKi insgesamt ein „selbstverständlicher Bestandteil des Schullebens [ist]" (Schulleitung, Schule A).

Im Feld der Handlungs- und Interaktionsstrategien konnten des Weiteren 17 Passagen dem modifizierten Kode *Veranstaltungen* zugeordnet werden, wobei insbesondere neben den offiziellen Auftritten des JeKi-Ensemblespiels (z. B. *Ensemble Kunterbunt*, 4 Aussagen) *andere Präsentationsformen* (13 Aussagen) im Fokus stehen. Hierzu zählen unter anderem Auftritte bei Weihnachtskonzerten oder Schulfesten. Dies kann zum einen dazu beitragen, dass die Kinder die Möglichkeit bekommen, ihr bisher Gelerntes vorzuführen. Zum anderen ist es auch für die JeKi-Lehrkräfte wünschenswert, dass ihre geleistete Arbeit Wert geschätzt und wahrgenommen wird:

> Ich wünsche mir für die beiden, dass sie hier vielleicht noch mehr Möglichkeit haben, ihre Gruppen zu präsentieren. Das ist ein Punkt, der glaube ich auch diesen beiden Leuten gut tun würde. Damit sie auch sehen, was sozusagen daraus geworden ist. (Grundschullehrkraft, Schule C)

Aspekte gelingender Zusammenarbeit im Feld der schulischen Strukturbedingungen

Die zweithäufigste kodierte Ebene ist die der internen schulischen Strukturbedingungen (18.7 %), wobei 80.4 Prozent der Interviewpassagen innerhalb dieser Ebene den Kodes der *Schule als Gebäude* und *Schule als pädagogische Institution* (41 Aussagen) zugeordnet wurden. Hierbei stechen insbesondere Aussagen zur *Raumsituation* und *pädagogischen Haltung* hervor, gefolgt von Aussagen zu *Ausstattung, Zugänglichkeiten* und *Struktur der Schülerschaft* – die beiden letzten Kodes sind induktiv in Erweiterung des schulischen Erklärungsmodells aus dem Material heraus entstanden; die *Zugänglichkei-*

ten wurden dem Punkt *Schule als Gebäude* zugeordnet, und die *Struktur der Schülerschaft* der *Schule als pädagogische Institution*.

Bei der *Raumsituation* (10 Aussagen) wurde z. B. der Zustand bzw. die Angemessenheit der Räume für Instrumentalunterricht thematisiert; so kann es vorkommen, „dass Akkordeon ... zum Beispiel im Kunstraum stattfinde[t]. Das ist natürlich auch kein Raum zum Akkordeon spielen" (Grundschullehrkraft, Schule C). Aus Sicht der JeKi-Lehrkräfte ist es für eine gelingende Zusammenarbeit zudem ungünstig, wenn sie durch häufigen Raumwechsel Zeit verlieren. Darüber hinaus kann auch die Lage innerhalb der Schule eine Rolle spielen:

> Ein Extraraum für mich wäre fantastisch. Wo nur ich dann sein kann .... Der gut liegt. (lacht) Nicht so mit Blick auf den Schulhof, wo die Kinder alle Fußball spielen und die armen Kinder müssen dann merken, dass sie gar nicht Fußball spielen. (JeKi-Lehrkraft, Schule B)

Um Unzufriedenheit und Verlust an Unterrichtszeit zu vermeiden, sollte auf problemlose *Zugänglichkeiten* (5 Aussagen) zu den entsprechenden Unterrichtsräumen geachtet werden. Aus Sicht der JeKi-Lehrkräfte steht aber auch der Zugang zu weiteren Ressourcen, Materialien oder Räumen der Grundschule in Zusammenhang mit ihrer Kooperationszufriedenheit, wie folgendes Zitat verdeutlicht:

> Ich habe den Kopierkode sofort genannt bekommen. Wenn mal was sein sollte, kann ich natürlich jederzeit hin und etwas kopieren. Das ist überhaupt gar kein Problem. Wenn ich auf die Toilette muss, kann ich sofort herunter zur Betreuung, mir einen Schlüssel holen und dann zur Toilette gehen. Das fördert natürlich die Zufriedenheit. Das fördert auch meine persönliche Zufriedenheit, im Alltag. (JeKi-Lehrkraft, Schule A)

Neben diesen die Räumlichkeiten der Schule betreffenden Aussagen werden auch Aspekte von Schule als pädagogischer Institution mit der Kooperationszufriedenheit in Verbindung gebracht. So wurden in Bezug auf die *pädagogische Haltung* 16 Aussagen identifiziert, wobei hinsichtlich JeKi die pädagogische Haltung als Basis für die Zusammenarbeit angesehen wird – vor allem, wenn das Programm an der Schule etabliert ist, nicht mehr in Frage gestellt und vom Kollegium akzeptiert wird. Darüber hinaus konnten Aussagen zur pädagogischen Zusammenarbeit herausgestellt werden. Dazu zählen die Bereitschaft zur Kommunikation und Problemlösung sowie die Anerkennung für die Arbeit der jeweils anderen Berufsgruppe. Zudem spielen Motivation, Zusammensetzung und Ausgangslagen der *Schülerschaft* (7 Aussagen) aus Sicht der befragten Personen für eine gelingende Zusammenarbeit eine wichtige Rolle.

Aspekte gelingender Zusammenarbeit im Feld der externen Strukturbedingungen

Der Ebene der externen Strukturbedingungen sind 12.9 Prozent der Interviewpassagen zuzuordnen Der ursprüngliche Kode *IZBB-Programm* wurde in *JeKi-Programm* modifiziert; die beiden dazugehörigen Unterpunkte *Auswirkungen allgemein auf den Bereich Schule* und *Auswirkungen allgemein auf den musischen Bereich* wurden beibehalten; induktiv sind die Unterkodes *Zeit als Ressource*, *Finanzierung* und *Konzept* entstanden.

Die Aussagen zu *zeitlichen Ressourcen* (17 Aussagen) beziehen sich zum einen auf den Wunsch nach mehr Zeit für den Unterricht bzw. die Kinder. Zum anderen lassen sich Aussagen identifizieren, die zeitliche Aspekte für organisatorische Belange zum Thema haben. Hierzu gehören zeitliche Ressourcen für einen Austausch der Lehrkräfte untereinander, aber auch im Hinblick auf einen Austausch mit Eltern. Darüber hinaus beziehen sich einige Interviewpassagen auf eine rechtzeitige Organisation der Kurse und auf eine gute Zeitplanung zwecks alltagstauglicher Durchführung der Unterrichtsangebote für die JeKi-Lehrkräfte, für die ein Wechsel zwischen verschiedenen Räumen innerhalb einer Grundschule und auch der Wechsel zwischen verschiedenen Grundschulen innerhalb eines Tages zum Alltag gehören. Dabei spielen auch Bedürfnisse nach „Pause[n] zum Essen und Trinken" (JeKi-Lehrkraft, Schule B) für eine gut durchdachte Kursplanung eine wichtige Rolle.

Die Interviewpassagen mit dem Kode *Konzeptionelles* (8 Aussagen) in Bezug auf das JeKi-Programm beziehen sich zum einen auf die Notwendigkeit, das Konzept und dessen Inhalte transparent zu machen. Zum anderen kann es zur Zufriedenheit bei den kooperierenden Akteuren führen, wenn „die Kinder in der ganzen Grundschulzeit durch eine JeKi-Lehrkraft begleitet werden" (Schulleitung, Schule A). Dies spiele insbesondere vor dem Hintergrund der Nachhaltigkeit eine Rolle. In diesem Zusammenhang wurden auch Passagen zur *Finanzierung von JeKi* (5 Aussagen) identifiziert, denen nicht nur der Wunsch nach vermehrter und ausgeweiteter aktueller, sondern auch zukünftiger Förderung zu entnehmen ist. Und schließlich wurden auch Entgelte für die JeKi-Lehrkräfte thematisiert, die zusätzlich aufzubringen wären, um ihnen die Teilnahme an schulischen Konferenzen zu ermöglichen.

Aspekte gelingender Zusammenarbeit im Feld der Auswirkungen

Auf der Ebene der Auswirkungen wurden neun Textpassagen kodiert (3.3 %); dabei stand der *Lernertrag auf Kinderseite* (8 Aussagen) im Fokus. Zum einen lassen sich Aussagen identifizieren, die den Wunsch nach Transparenz über den aktuellen Leistungsstand und die Entwicklung der Kinder fokussieren. Zum anderen lassen sich Passagen zusammenfassen, die die Nachhaltigkeit des Programms mit der Zufriedenheit zur Durchführung der Kooperation in Verbindung bringen.

Über die explorativen Ergebnisse der Interviews hinaus wurden quantitativ erfasste Kooperationsmerkmale des vierten Messzeitpunkts mit der Gesamteinschätzung der Zusammenarbeit korreliert (siehe Tabelle VI.3). Die quantitativen Befunde korrespondieren hierbei mit den qualitativen Befunden: neben günstigen Rahmenbedingungen wie Ausstattung, Räumlichkeiten und Motivation der Beteiligten Lehrkräfte, stehen insbesondere auch Aspekte zwischen den handelnden Akteuren sowie deren Kommunikationsstrukturen und Einbindung in das Schulleben im positiven Zusammenhang mit der Einschätzung der Zusammenarbeit.

Tabelle VI.3: Zusammenhänge (Korrelationskoeffizient nach Pearson) zwischen der Einschätzung der Kooperation und der Zufriedenheit mit den Rahmenbedingungen, der Kommunikationsabläufe, der Projektmotivation sowie der Integration außerschulischer Kooperationspartner aus Sicht der befragten Grundschul- und JeKi-Lehrkräfte zum vierten Messzeitpunkt

	Wie schätzen Sie insgesamt die Kooperation im Rahmen des musikalischen Förderschwerpunkts ein? (Einzelitem, 1 = mangelhaft, 5 = sehr gut; n = 55; m = 2.18; sd = 0.72; Eigenentwicklung)
Zufriedenheit mit den Rahmenbedingungen: (1 = sehr unzufrieden, 4 = sehr zufrieden; Cronbachs Alpha = 0.92; n = 44; m = 2.81; sd = 0.55; Beispielitem: Wie zufrieden sind Sie mit dem Bestand an Materialien?) (Quelle: Meyer-Clemens, 2007)	$r = 0.71^{**}$
Kommunikationsabläufe zwischen den Kooperationspartnern: (1 = sehr unzufrieden, 4 = sehr zufrieden; Einzelitem; n = 51; m = 3.06; sd = 0.54) (Quelle: Quellenberg, 2009)	$r = 0.57^{**}$
Projektmotivation: (1 = stimmt gar nicht, 4 = stimmt genau; Cronbachs Alpha = 0.87; n = 45, m = 3.15; sd = 0.53; Beispielitem: Ich traue mir zu, die Schülerinnen und Schüler für den Förderschwerpunkt zu begeistern; Eigenentwicklung)	$r = 0.48^{**}$
Integration außerschulischer Kooperationspartner: (1 = stimme überhaupt nicht zu, 4 = stimme voll zu, Cronbachs Alpha = 0.78, n = 74; m = 2.99; sd = 0.46; Beispielitem: Man bemüht sich an dieser Schule sehr darum, dass sich außerschulische Kooperationspartner schnell zurechtfinden) (Quelle: Ditton, Arnoldt & Bornemann, o.J.)	$r = 0.51^{*}$

Anmerkungen. * $p < 0.05$; ** $p < 0.01$.

4.3 Herausforderungen und Implementationsstrategien zu Beginn der Zusammenarbeit und im Laufe der weiteren Kooperation

Die Grundschul- und JeKi-Lehrkräfte sowie Schulleitungen wurden im Laufe des Interviews auch danach gefragt, wie sie die Gestaltung der Zusammenarbeit in der Anfangsphase erinnern und wie die Kooperation aktuell umgesetzt wird. Der Fokus wurde darauf gelegt, welche Prozesse gut funktionieren sowie welche Problemlösestrategien angewendet werden, um mit Komplikationen umzugehen. Um den Auswertungsprozess in seiner Differenzierung zu erleichtern, wurden in diesem Schritt die Kodes in drei Ausprägungen unterteilt, was eine weitere Modifizierung im schulischen Erklärungsmodell bedeutete. So gab es die Ausprägungen ‚schwierig' und ‚neutral'. Eine Zweitkodierung erfolgte bei 50 Prozent der Interviews. Die Übereinstimmung liegt bei $\kappa = 0.86$ und ist somit als sehr zuverlässig einzuschätzen (Bortz & Döring, 2006). Die meisten Kodierungen wurden erneut den Handlungs- und Interaktionsstrategien (81.7 %) zugewiesen, gefolgt von den internen Strukturbedingungen innerhalb der Schule (11.3 %), den externen Strukturbedingungen (6.6 %) und den Auswirkungen (0.5 %). Tabelle VI.4 stellt detailliert die absoluten Kodierungshäufigkeiten auf den jeweiligen Ebenen mitsamt ihrer kodierten Unterebenen dar, um darauf aufbauend funktionierende und problembehaftete Implementationsvorgänge, über die mindestens fünf Aussagen vorliegen, zu erläutern.

Tabelle VI.4: Absolute Kodierungshäufigkeiten aus SIGrun auf den Ebenen und (teilweise modifizierten) Unterebenen des allgemeinen schulischen Erklärungsmodells nach Naacke (2010)

Handlungs- und Interaktionsstrategien (174, davon ± : 95, + : 43, - : 36)*	
Einbezug der Akteure:	81
Kinder (18), Eltern (12), Schulleitung (14), Grundschullehrkräfte (23), JeKi-Lehrkräfte (9), Einbezug von JeKi in das Schulleben (3), anderes pädagogisches Personal (2)	davon ± : 39, + : 24, - : 18
Kooperation:	79
Institution Musikschule (4), Pädagogische Fragen (1), Erstkontakt (11), Durchführung (31), Kommunikation (zwischen den an der Kooperation beteiligten Akteuren) (12), Kooperationsverträge: (1), *Personen*: Eigene Ziele (1), Profession (14), Einbindung (3), Beteiligung Konzeptentwicklung (1)	davon ± : 48, + : 16, - : 15
Kommunikation (innerhalb der Grundschule):	4
	davon ± : 4, + : 0, - : 0
Veranstaltungen:	2
andere Präsentationsformen (2)	davon ± : 2, + : 0, - : 0
Finanzierung:	2
Eltern (2)	davon ± : 0, + : 2, - : 0
Lehr- und Lernformen:	6
Kleingruppen-/Einzelunterricht (6)	davon ± : 2, + : 1, - : 3
Interne Strukturbedingungen (24, davon ± : 9, + : 6, - : 9)	
Schule:	1
Schule als Gebäude: Ausstattung (3), Raumsituation (2), Zugänglichkeiten (1); *Schule als pädagogische Institution*: Pädagogische Haltung (6), Profilbildung (1) Schülerschaft (5)	davon ± : 6, + : 6, - : 7
Musisch-kultureller Fachbereich:	5
Fächer (4), Konzepte (1)	davon ± : 3, + : 0, - : 2
Externe Strukturbedingungen (14, davon ± : 4, + : 1, - : 9)	
JeKi-Programm:	8
Auswirkungen auf Schule (2), Zeit als Ressource (1), Finanzierung (1), Konzept (4)	davon ± : 1, + : 1, - : 6
Regionale Ressourcen:	6
personell (6)	davon ± : 3, + : 0, - : 3
Auswirkungen (1, davon ± : 1, + : 0, - : 0)	
Lernertrag (1)	1
	davon ± : 1, + : 0, - : 0
Gesamt	213
	davon ± : 109, + : 50, - : 54

Anmerkungen. * Ausprägungen der Kodes: ± = ‚neutral'; + = ‚einfach'; - = ‚schwierig'; nur Interviewpassagen mit entsprechend kodierten Kodes werden aufgeführt.

Implementation und Problemfelder im Feld der Handlung und Interaktion

Dem Kode *Einbezug der Akteure* wurden die meisten Interviewpassagen (81) zugeordnet (siehe Tabelle VI.4). Um in der Implementationsphase die *Kinder* (18 Aussagen) in das Programm einzubeziehen, zeigte sich an einigen Schulen ein besonderes Engagement zur konzeptionellen Umsetzung von JeKi, bei welchem die Zusammenarbeit über das gemeinsame Unterrichten von JeKi hinausging:

> Wir haben dann gemeinsam Fragebögen und Wahlbögen für die Kinder erarbeitet und die Kinder wählen lassen im ersten Jahr. Am Ende waren tatsächlich sehr viele Gitarren gewünscht und zwei Akkordeongruppen konnten sich für das nächste Jahr bilden und eine Djembégruppe. Und die existieren bis heute. Die Kinder sind jetzt in der vierten Klasse. Mit vielen Hochs und Tiefs, aber die Djembégruppe hat z. B. ihren Kurs eingefordert. (Grundschullehrkraft, Schule C)

Bei der Implementationsphase stehen laut Aussagen der Lehrkräfte auf Ebene der Kinder Neugierde, Motivation und ein sehr sorgfältiger Umgang mit den Instrumenten einer fehlenden Bereitschaft zum Üben oder einem Nichterscheinen zum Unterricht gegenüber. Die intrinsische Motivation der Kinder gestaltete sich je nach Schule und Kindern unterschiedlich. Als umso wichtiger empfinden es die Befragten, besonders zu Beginn von JeKi die *Eltern* (12 Aussagen) mit einzubeziehen. Einerseits waren die Eltern bereits von alleine sehr engagiert, wobei dies laut Beobachtung der Lehrkräfte vor allem „Elternhäuser gewesen [sind], die vielleicht auch zu Hause Musik machen. Die also schon mit klassischer Musik in Berührung gekommen sind" (Schulleitung, Schule B). Zusätzlich erscheint besonders das erste JeKi-Jahr, welches in Nordrhein-Westfalen noch kostenfrei ist (in Hamburg ist JeKi durchgehend kostenfrei), für die Eltern attraktiv. Andererseits haben laut Aussage der Befragten einige Eltern aufgrund ihres soziokulturellen Hintergrunds wenig Interesse am Musizieren und Kunst, wobei es aber auch Ausnahmen gebe. Umso bedeutender erscheinen eine dauerhafte Transparenz des Sinn und Zwecks von JeKi sowie offene Informationen über die Zusammenarbeit zwischen Grundschule und Musikschule gegenüber den Eltern. So könne zusätzlich zu den gängigen Informationen weitere Elternarbeit in persönlichen Gesprächen mit der Schulleitung, der JeKi koordinierenden Lehrkraft oder der JeKi-Lehrkraft geleistet werden, wie sie beispielsweise an Schule A und B stattgefunden haben. Folgendes Zitat exemplifiziert, wie dies nicht nur während der Implementationsphase, sondern auch im weiteren Verlauf der Durchführung von JeKi aussehen kann:

> Am Anfang haben wir eine Information für die Eltern eingerichtet, dass man ihnen erklärt, welche Möglichkeiten das Kind dadurch hat, dass es jetzt ein Instrument erlernen kann. Und welche Vorteile hat es vor allen Dingen für das Kind. ... Und ich bin davon überzeugt, dass wir einige Eltern ansprechen und überzeugen konnten, und dann war es auch schwierig, sie manchmal bei der Stange zu halten. ... Und da war manchmal Überzeugungsarbeit notwendig, wenn dann die Eltern kamen und sagten: ‚Also wir wollen nicht mehr'. Da hab ich manches Gespräch führen müssen und auch die Musikpädagogen, um auch die Eltern zu überzeugen. Das ist auch jetzt noch so. Das wir immer noch daran arbeiten müssen, auch die Eltern dabei mitzunehmen. (Schulleitung, Schule B)

Die Lehrkräfte berichten darüber hinaus von Verärgerungen bei den Eltern, die die konzeptuelle Umsetzung von JeKi zu Beginn der Implementationsphase betreffen. So sei der Übergang vom ersten zum zweiten JeKi-Jahr mit der Wahl der Instrumente problematisch gewesen. Zudem seien bestimmte Wunsch-Instrumentalgruppen nicht zustande gekommen:

> Das haben dann viele Eltern bemängelt damals, dass was angeboten wird und die Kinder auf den Geschmack kommen und ein Jahr lang ein Instrument lernen und begeistert sind. Und auf einmal heißt es, ‚du kannst es nicht mehr weiter lernen. Privat können wir das nicht bezahlen'. (Grundschullehrkraft, Schule A)

Bei Schule A haben die Beteiligten dieses Problem im Verlauf der Zusammenarbeit gemeinsam mit Hilfe der JeKi unterstützenden Institution in den Griff bekommen.

Das Engagement der Eltern betreffend sticht bei den befragten Schulen die besondere Rolle der *Schulleitung* (14 Aussagen) heraus. Aber auch insgesamt zeigen die Interviewaussagen, dass die Schulleitung bei der Implementationsphase auf verschiedene Weisen involviert sein kann. So können ihr folgende Aufgaben zugewiesen werden:

- Organisation und Koordination: „Wir haben einen ziemlich komplizierten Stundenplan und das fällt jetzt immer in den Vormittag und in die Unterrichtszeit. Und das musste die Schulleitung ein bisschen regeln" (Grundschullehrkraft, Schule C.).
- Überzeugungsarbeit für das Programm im Kollegium und Motivation der Lehrkräfte: „Ich war gleich überzeugt, aber auch die anderen Lehrerinnen und Lehrer zu überzeugen und vor allen Dingen auch die Eltern mit ins Boot zu holen" (Schulleitung, Schule B).
- Funktion als Tandempartner im ersten JeKi-Jahr, Gestaltung des Kontakts zu den JeKi-Lehrkräften sowie Unterstützung der JeKi koordinierenden Lehrkraft (falls vorhanden): „Die Schulleitung hat mich am Anfang unterstützt, wenn es um Verträge ging. Dort hatte ich zum Teil richtig Panik …. Und die eine Schulleiterin aus dem Team hat gesagt: ‚Ich finde JeKi toll. Und komm zu mir! Wenn du Fragen hast, ich unterstütz' dich'. Und die hat mir auch viel von dem bürokratischen Kram abgenommen" (Grundschullehrkraft, Schule C).

In Bezug auf die *Grundschullehrkräfte* (23 Aussagen) lassen sich Interviewpassagen identifizieren, die zu Beginn der Implementationsphase problemlos funktioniert haben. So sprechen Aussagen wie „Jeder wusste voneinander. Und die Kolleginnen wussten auch an der Schule, was wie läuft" (Schulleitung, Schule A) für eine gute Informiertheit der Beteiligten. Darüber hinaus gab es auch Lehrkräfte, die motiviert und dem Projekt gegenüber positiv gestimmt waren („Die meisten waren aber sehr aufgeschlossen", Schulleitung, Schule B; „Manche sind neugierig und offen", JeKi-Lehrkraft, Schule B). Auf die Frage, wie sich in der Anfangsphase der Kontakt zu den Grundschullehrkräften gestaltete, antwortete eine JeKi-Lehrkraft, dass der Kontakt zu Beginn eher zurückhaltend gewesen sei, und sich durch den Tandemunterricht oder die gemeinsame Teilnahme an Schulfesten intensiviert habe.

Langfristig gesehen könne es sich für den Kontakt und Austausch der Lehrkräfte untereinander auszahlen, wenn die JeKi-Lehrkräfte zeitlich länger an eine bestimmte Schule gebunden sind, da sie so die Möglichkeit haben, „mit den meisten zusammen[zu]arbeiten. Weil ich schon so lange an dieser Schule bin, dass ich fast auch schon mit jedem Lehrer einmal ein Tandem gemacht habe und somit die auch wirklich alle kenne. Und im Moment ist das eine sehr enge und freundschaftliche Zusammenarbeit, als wäre ich Teil der Schule" (JeKi-Lehrkraft, Schule B). Daraus resultiert eine steigende Bekanntheit der JeKi-Lehrkraft und auch des Programms an der Schule, welche dazu beitragen könne, dass ein Umgang mit zum Beispiel räumlichen Engpässen konstruktiv gestaltet wird:

> Und die Kolleginnen und Kollegen mussten dahingehend überzeugt werden, dass man natürlich aufeinander Rücksicht nehmen muss in so einem Gebäude, das vielleicht nicht so viele Ausweichmöglichkeiten hat, vom Platzbedarf her. (Schulleitung, Schule B)

Einige Grundschullehrkräfte waren „auch nicht begeistert, dass sie jetzt JeKi machen müssen oder dabei sitzen" (JeKi-Lehrkraft, Schule B); auch die Koordination kann sich zu Beginn vor allem in Bezug auf bürokratische Aufgaben ‚schwierig' gestalten, die sich zum Beispiel auf die Rekrutierung von Personal oder die Finanzverwaltung beziehen.

Um die *JeKi-Lehrkräfte* (9 Aussagen) in den Schulalltag zu integrieren und damit auch gleichzeitig die beruflichen Kooperationsbeziehungen zu intensivieren, sei es sinnvoll, die JeKi-Lehrkräfte zu einzelnen Schulveranstaltungen einzuladen sowie diese längerfristig an bestimmte Schulen anzubinden; so könne auch *JeKi in das Schulleben* (3 Aussagen) einfacher integriert werden. Zur Implementation sollte ebenfalls dazugehören, das weitere pädagogische Personal über die JeKi-Zeiten und das Programm zu informieren. Folgende Zitate verdeutlichen, wie es aussehen kann, wenn JeKi im Verlauf der Kooperation als fester Bestandteil im Schulleben integriert ist:

> Und die Kinder, man merkte es an dieser Schule, auch die, die das nicht machten, irgendwann wussten sie, was JeKi ist. Die Freunde hatten aus einem Kurs mit JeKi berichtet. Somit hat man gemerkt, die sind da einfach mehr und mehr auch mit reingewachsen, die Lehrer auch und wir als Lehrer auch. Je länger es das gibt, desto mehr wird es akzeptiert und auch als fester Bestandteil gesehen. (JeKi-Lehrkraft, Schule B)

> Dass sie in der Klasse auch ein Instrument haben, mit dem sie – je nachdem wie die Absprache ist – in der Freiarbeit Musik machen können und ausprobieren können. (Grundschullehrkraft, Schule C)

> Wir hatten anfangs das sogar immer hier, dass einige Kollegen Übungszeit angeboten haben, in der Mittagszeit. Wenn die Kinder Freiraum haben. (Grundschullehrkraft, Schule C)

Dem Kode *Kooperation* (79 Aussagen) mitsamt seiner Unterkodes wurden am zweithäufigsten Textpassagen zugeordnet. Dabei gestalte sich nach Aussagen der Befragten der *Erstkontakt* (11 Aussagen) dort ‚einfach', wo die JeKi-Lehrkräfte direkt zu Beginn der Zusammenarbeit die Gegebenheiten an der Schule gezeigt bekommen haben

(Kopierer, Klassenräume, Lehrerzimmer etc.) und ein Interesse am Programm signalisiert wurde. Nachstehendes Zitat gibt beispielhaft an, wie die interessierte Haltung einer Schulleitung auf eine JeKi-Lehrkraft wirken kann:

> Also mein erster Eindruck war, dass sie sehr interessiert ist, die Schulleiterin. Das fiel mir besonders positiv auf. Ich war ja zeitgleich an einer anderen Schule und da war das ganz anders. Es war sehr anonym, und ich hab mich immer als Aussätzige gefühlt und dass das ja dieses lästige Projekt ist. Und wirklich so als nicht zugehörig. Und sie war eben auch auf Konzerten, ich hab sie vorher schon kennengelernt. Durch die Chefin an meiner Musikschule, die das betreut. Die stellte mich gleich ihr vor. (JeKi-Lehrkraft, Schule B)

Als ‚schwierig' gestaltete sich der Erstkontakt bei einer Grundschullehrkraft, die erst nach der Implementationsphase von JeKi ihren Dienst an der befragten Grundschule aufgenommen hat. Sie berichtet davon, dass ihr die JeKi-Lehrkräfte nicht vorgestellt wurden, was darauf hindeutet, dass dem Aufbau eines Erstkontakts nicht nur während der Implementationsphase, sondern auch beim Zuwachs im Kollegium Beachtung geschenkt werden sollte.

Der Erstkontakt mündet in der *Durchführung* (31 Aussagen) der Zusammenarbeit, die an einigen Stellen bereits zu Beginn reibungslos funktionierte, aber auch partiell an ihre Herausforderungen stieß. An einer Schule erwies sich die Kontinuität in Bezug auf das Vorhandensein bestimmter JeKi-Lehrkräfte vor Ort als vorteilhaft zum Ausbau des Programms:

> Das war insofern eigentlich mit der Zeit ganz positiv, weil es, vor allem im ersten Jahrgang, eine fest angestellte, uns zugewiesene Musiklehrkraft gab. Und das war positiv. Dadurch konnte sich Kontakt herstellen und man konnte sich gut austauschen. Jeder wusste voneinander. Und die Kolleginnen wussten auch an der Schule, was wie läuft. Das hat sich also verbessert. Da ist Kontinuität das entscheidende Merkmal gewesen. Ein ständiger Wechsel hat also nicht stattgefunden. (Schulleitung, Schule A)

Kooperative Aspekte, die als ‚neutral' eingestuft wurden, aber aufgrund der Interviewaussagen dennoch bei der Implementation und weiteren Durchführung beachtet werden müssen, sind im Folgenden aufgelistet:

– Umsetzung des Tandemunterrichts (beispielsweise Klärung der Ziele sowie Rollen- und Aufgabenverteilung),
– Integration von JeKi in den Stundenplan: „Man hat davon gar nicht so viel mitgekriegt, weil es entweder vor dem Unterricht oder nach dem Unterricht war" (Grundschullehrkraft, Schule A),
– Entwicklung der Zusammenarbeit zwischen Grundschul- und JeKi-Lehrkräften: „Und der Kontakt ist wirklich nur dadurch enger geworden, dadurch dass einige mit mir in dem Unterricht waren, quasi im Tandem. Oder dass einige [uns] an bestimmten Festen gesehen haben" (JeKi-Lehrkraft, Schule B),
– Einteilung der Kinder in die entsprechenden Instrumentalgruppen: „Die Gruppe war hinterher gesplittet, denn es ging gar nicht in der großen Gruppe. Das war das Problem. Sie [die JeKi-Lehrkraft] war überfordert mit unseren Kindern und ihren Entwicklungen. ... [Es ist] ganz schwierig, mit unseren Kindern Musikunterricht zu

machen. Aber ... wir hatten auch gute Absprachen und haben irgendwann auch Abmachungen getroffen, wie z. B. ‚Wir teilen die Gruppen auf. Wir stellen die Gruppen individuell zusammen, nach Entwicklungsstufen' ... Wir haben auch die Zeiten gekürzt. ... Wir haben das dann meistens, glaube ich, in drei Teile à 30 Minuten geteilt" (Grundschullehrkraft, Schule C). An dieser Stelle zeigt sich ein Umgang mit dem Problem, dass das Programm in der Form, wie es konzeptuell vorgesehen ist, an der Schule nicht umgesetzt werden konnte und in der Zusammenarbeit gezielt nach einer individuellen, auf die Schule und die Schülerschaft passenden Lösungsstrategie gesucht und dann auch umgesetzt wurde.

Zu Schwierigkeiten kann es anfänglich bei der Integration von JeKi in den Stunden- bzw. Raumplan der Schule kommen. Findet JeKi im vormittäglichen Bereich statt, kann es zu Unzufriedenheit bei den Grundschullehrkräften führen, denn „dann kommen Kinder heraus, es kommen Kinder wieder, dann gehen wieder Kinder heraus. Wir haben sie so nie so richtig zusammen" (Grundschullehrkraft, Schule C). Liegt JeKi jedoch im Nachmittagsbereich, sind der Unterricht und somit auch die JeKi-Lehrkräfte vom alltäglichen Schulbetrieb separiert; dies gilt insbesondere dann, wenn es sich um eine offene Ganztagsschule handelt. Auch räumlich bedeutet die Teilnahme an JeKi für eine Grundschule, dass man „natürlich zusammenrücken" (Schulleitung, Schule B) muss, was anfänglich zu Gesprächsbedarf geführt hat. An Schule B wurde dem mit intensiven Gesprächen mit allen Beteiligten durch die Schulleitung sowie mit der Suche nach anderen bzw. weiteren möglichen Räumlichkeiten begegnet.

Bei den Aussagen, die dem Kode *Kommunikation zwischen den an der Kooperation beteiligten Akteuren* (12 Aussagen) zugeordnet wurden, zeigte sich, dass neben dem persönlichen Kontakt Absprachen für vertragliche Fragen, Unterrichtsausfall o. ä. in E-Mails erfolgten, und zwar sowohl zwischen den Grundschul- und JeKi-Lehrkräften als auch den Lehrkräften und den JeKi unterstützenden Institutionen. Absprachen vor Ort beziehen sich darüber hinaus beispielsweise auf Absprachen bezüglich der Gruppenzusammensetzung oder der individuell an die Schülerschaft angepassten Gruppenaufteilung. Weiterhin erforderte es eine kooperative Problemlösestrategie zwischen den Lehrkräften, um die Kinder im ersten JeKi-Jahr zu beschäftigen, die beim Austesten der Instrumente aufgrund der Anzahl an den zur Verfügungen stehenden Instrumenten keine Aufgabe hatten. Hierzu wurden von den Lehrkräften gemeinsam Möglichkeiten gefunden, um auch diese Kinder in den Unterricht zu integrieren. Zudem erkrankte an einer Schule eine JeKi-Lehrkraft, die sämtliche Gruppen mit ihrem Unterricht abdeckte, längerfristig. Auch hierbei erfolgte ein gemeinsamer Austausch zwischen der JeKi koordinierenden Lehrkraft und der JeKi-Lehrkraft, um mit dieser Situation umzugehen. So übernahm jene Lehrkraft nach ihrem Ausfall weniger Kurse, und die weiteren wurden einer zusätzlichen JeKi-Lehrkraft zugeteilt.

Bei der *Profession* (14 Aussagen) der beteiligten Akteure wurden Aussagen, die die Kenntnis der JeKi-Lehrkräfte mit den Instrumenten betreffen, der Ausprägung ‚neutral' zugeordnet. Dabei stellt sich heraus, dass die JeKi-Lehrkräfte sehr versiert im Umgang mit sämtlichen Instrumenten sind und dies auch als Notwendigkeit – insbesondere für das erste JeKi-Jahr, in dem das Instrumentenkarussell stattfindet – von den Befragten angesehen wird. Darüber hinaus besuchten Grundschullehrkräfte Weiterbildungsangebote, um sich vor Beginn der Implementation über die verschiedenen Umsetzungen von JeKi zu informieren und sich für ein JeKi-Modell (beispielsweise Hochschulmodell oder Modell der Behörde für Schule und Berufsbildung) zu entscheiden. Jene Aussagen zum Beginn von JeKi wurden als ‚schwierig' eingestuft, die den Umgang von JeKi-Lehrkräften mit einer neuen Klientel und deren pädagogisches Fachwissen betreffen. Folgende Aussage belegt dies beispielhaft:

> Ja, ich glaube, dass es für manche Musiklehrkräfte nicht ganz einfach ist, sich auf die sehr unterschiedliche Lerngruppen im ersten Jahrgang einzustellen. Selbst wenn sie im Tandem sind, ist es doch so, dass die Anforderungen mitunter sehr hoch sind, eine Stunde zu gestalten. ... Und da zu schauen, wie flexibel kann ich auf so eine Lerngruppe eingehen, das ist nicht immer einfach gewesen. (Schulleitung, Schule A)

Auf den Kode *Lehr- und Lernformen* entfallen 6 Aussagen. Wenn es zu Anfang beim Ablauf des Unterrichts Probleme gab, kann aufgrund der vorliegenden Aussagen zum Beispiel eine Überforderung der JeKi-Lehrkraft insbesondere an Brennpunktschulen als mögliche Ursache interpretiert werden, und zwar vor allem dann, wenn es sich um das Instrumentenkarussell im ersten JeKi-Jahr handelte, da zu diesem Zeitpunkt die Gruppen noch größer sind als in den Folgejahren beim Instrumentalspiel in Kleingruppen. Ein möglicher Lösungsansatz an Schule C war es, die Gruppen zu verkleinern und die Kinder nach Einwicklungsstufen einzuteilen sowie die Zeiten für den Unterricht zu kürzen („Wir haben auch die Zeiten gekürzt. Eineinhalb Stunden waren nicht möglich, ... weil die Kinder das gar nicht können, anderthalb Stunden lang", Grundschullehrkraft, Schule C). Als ‚schwierig' kann sich in den Folgejahren auch der Bestand der Instrumentalgruppen gestalten, da sich zunächst zwar kleine Instrumentalgruppen gebildet haben, diese aber aufgrund organisatorischer Belange – je nach Gruppengröße – beim Ausscheiden eines Kindes nicht mehr fortgeführt werden konnten.

Implementation und Problemfelder im Feld der schulischen Strukturbedingungen

Die zweithäufigste kodierte Ebene ist die der internen schulischen Strukturbedingungen (11.3 %), wobei 79.2 Prozent der zugeordneten Interviewpassagen innerhalb dieser Ebene den Kodes *Schule als Gebäude* und *Schule als pädagogische Institution* (19 kodierte Passagen) zugehören.

Bei der *pädagogischen Haltung* (6 Aussagen), die als Unterpunkt dem Kode *Schule als pädagogische Institution* angehört, gestaltete sich an den befragten Schulen die Motivation und Überzeugung für das Programm als ‚einfach', und zwar sowohl seitens

– des Kollegiums: „Die Reaktionen waren erst einmal positiv von der Grundhaltung her" (Schulleitung, Schule A),
– der JeKi-Lehrkräfte: „Die JeKi-Lehrer waren immer einsatzbereit und immer da, immer gut vorbereitet, immer voll motiviert und einsatzfähig" (Grundschullehrkraft, Schule B) als auch

– der Schulleitung: „Also mein erster Eindruck war, dass sie sehr interessiert ist, die Schulleiterin. Das fiel mir besonders positiv auf. ... Und ich merkte auch, sie hat Erwartungen an mich oder überhaupt an den Unterricht und möchte das auch wirklich gerne erweitern und sieht das sehr ernst und das fand ich sehr gut" (JeKi-Lehrkraft, Schule B).

Wenn von Vorbehalten berichtet wird, stehen sie im Zusammenhang mit der Frage, ob „das etwas für die Schülerschaft ist, was die Schüler erreicht. Ob das nicht ein zu groß angelegtes Projekt ist. ... Also es gab auch Vorbehalte dabei. Aber von der Grundeinstellung würde ich sagen, war es positiv" (Schulleitung, Schule A).

In Bezug auf die *Schülerschaft* (5 Aussagen) gestaltete sich an einer Schule anfänglich die Umsetzung des eigentlich gedachten Unterrichts als ‚schwierig', woraus eine Umstrukturierung der unterrichtlichen Rahmenbedingungen (s. o.) folgte. Darüber hinaus wird von einer fehlenden intrinsischen Motivation der Kinder berichtet:

> Das klappt mit unseren Kindern hier nicht so. Die spielen dann Fußball. ... Und ich glaube auch, dass von den Leuten auch im Vorwege nicht so sehr darüber nachgedacht wurde, wo sie hier sind. Ich glaube, wenn man nun nach [bessergestellte Bezirke der Stadt C] geht, dann sieht man anders Kinder musizieren, als hier bei uns. (Grundschullehrkraft, Schule C)

So wurde an dieser Schule zum Beispiel vorab ein bestimmtes JeKi-Modell ausgewählt, um der individuellen Lage der Kinder zu entsprechen.

Dem *musisch-kulturellen Fachbereich* wurden drei als ‚neutral' eingestufte Aussagen und zwei als ‚schwierig' eingestufte Aussagen zugeteilt. Als ‚schwierig' gestaltete es sich teilweise, JeKi in den Stundenplan zu integrieren. Mittlerweile konnte das Problem aber durch die Koordinierung der Schulleitung gelöst werden. Des Weiteren konnte der musisch-kulturelle Fachbereich davon profitieren, dass durch die Teilnahme der Schule an JeKi von einigen Grundschullehrkräften zusätzliche Übungsmöglichkeiten in der Mittagszeit angeboten wurden. Zu Beginn wurde dies von den Kindern noch wahrgenommen; die Teilnahmebereitschaft ging mit der Zeit jedoch zurück.

Implementation und Problemfelder im Feld der externen Strukturbedingungen

Den externen Strukturbedingungen wurden 14 Interviewpassagen (6.6 %) zugeordnet. Dabei wurden dem modifizierten Kode *JeKi-Programm* eine als ‚neutral', eine als ‚einfach' und sechs als ‚schwierig' eingestufte Aussagen zugewiesen.

An den Aussagen zu den *personellen regionalen Ressourcen* (6 Aussagen) lässt sich ablesen, dass insbesondere für das erste Jahr JeKi-Lehrkräfte gesucht wurden, die sich mit einer größeren Anzahl verschiedenster Instrumente auskennen. Außerdem wurde an einer Grundschule die Anzahl der JeKi-Lehrkräfte für das Instrumentenkarussell erhöht; so erfolgte das Kennenlernen der Instrumente nicht für die komplette Stufe durch eine Lehrkraft allein, sondern aufgrund der aufgetretenen Überlastung einer Lehrkraft wurde dies auf zwei bis drei JeKi-Lehrkräfte aufgeteilt. Als herausfordernd gestalteten sich vor allem zu Beginn wegen eines außerschulischen Personalmangels „Engpässe im Unterricht" (Schulleitung, Schule A). Darüber hinaus erstreckte sich bei längerem Krankheitsausfall einer JeKi-Lehrkraft die Suche nach einer neuen Lehrkraft über einige Monate.

5 Diskussion der Ergebnisse

Die quantitativen Ergebnisse dieses Beitrags sind aufgrund des Stichprobenumfangs und der – trotz intensiver Feldpflege – geringen Rücklaufquote nicht als generalisierbar und somit auch nicht an jeder Schule gleich bedeutend zu verstehen. Sie bieten einen ersten explorativen Einblick in die subjektiv empfundenen Beziehungsstrukturen zwischen den an der Kooperation beteiligten und konkret befragten Akteuren. Darüber hinaus bieten die Befunde aus den Interviewanalysen auf explorativer Ebene ein breites Repertoire an zufriedenheitsförderlichen Rahmenbedingungen und sensibilisieren für Gelingensbedingungen sowie Möglichkeiten von Implementations- und Umsetzungsstrategien zur kooperativen Umsetzung von JeKi.

Aus Sicht der JeKi-Lehrkräfte konnten anhand der Netzwerkanalyse die JeKi unterstützenden Institutionen und andere JeKi-Lehrkräfte, die ebenfalls JeKi unterrichten, als Ressource identifiziert werden. Dies gilt vor allem in Bezug auf das Erhalten wichtiger Informationen für die Arbeit und die Erweiterung der eigenen methodischen und didaktischen Fähigkeiten. Darüber hinaus konnte auch das Unterstützungspotenzial des Kontakts der JeKi-Lehrkräfte untereinander belegt werden (Kulin, 2012) und sollte daher ebenfalls als Ressource für eine gelingende Kooperation betrachtet und gefördert werden. Durch die gemeinsame Reflexion zwischen den JeKi-Lehrkräften ist es auch möglich, gemeinsam neues Wissen zu konstruieren, sodass es innerhalb der Netzwerke zu einer kokonstruktiven Form der Kooperation (vgl. Fussangel, 2008) kommen kann. Die von Coleman (1991) konstatierte Möglichkeit, durch Sozialkapital neue Fähig- und Fertigkeiten zu erlangen, findet in den verschiedenen erfassten Beziehungsdimensionen ihre praktische Umsetzung. Es kommt durch das Erhalten wichtiger Informationen zu einer Erweiterung der Handlungsmöglichkeiten (Jansen, 2000) und durch die gemeinsame Reflexion, den Austausch von Unterrichtsmaterial oder der pädagogischen Ratsuche zu einer Weiterentwicklung der Professionalisierung (Rehrl & Gruber, 2007).

Um eine über die quantitativen Ergebnisse hinausgehende, explorative Analyse der Kooperationsmerkmale durchzuführen, wurden die Befragten im Sinne einer Methodentriangulation (Flick, 2008) in den Interviews zudem danach gefragt, welche Aspekte ihre Zufriedenheit mit der Zusammenarbeit fördern und wie sich die Umsetzung der Kooperation gestaltet. Inhaltlich bringt die Methodentriangulation – sowohl durch die Belege der Netzwerkanalyse als auch der dargestellten Interviewergebnisse – den Erkenntnisgewinn, dass es auch nach dem ersten JeKi-Jahr, in dem kein Tandemunterricht mehr vorgesehen ist, zu gemeinsamen Handlungen und Interaktionen in Form von Aufführungen sowie zu organisatorischem und inhaltlichem Austausch zwischen Grundschul- und JeKi-Lehrkräften kommen kann. Geeignete Rahmenbedingungen für eine zufriedenheitsförderliche Umsetzung dieser Kooperation ließen sich insbesondere im

Feld der internen schulischen Handlungs- und Interaktionsstrategien ausmachen. So stehen bei der Durchführung der Zusammenarbeit über alle befragten Personengruppen hinweg die gemeinsame Abstimmung bei der Gestaltung des Stundenplans sowie der Austausch, das Organisieren und der Informationsfluss innerhalb der Grundschule im Zentrum. Dabei ist die Kommunikation ein Schlüsselfaktor, der vor allem dann zur Zufriedenheit beträgt, wenn gemeinsam Lösungen für Probleme gesucht werden und organisatorische Absprachen stattfinden. Für eine solche Kommunikation erscheint es aus Sicht der Befragten förderlich, wenn weniger JeKi-Lehrkräfte an einer Schule beschäftigt sind, die dafür dann aber häufiger anwesend sind, damit auch in den Pausen informeller Austausch stattfinden kann. Dieser auf den internen Vorgängen an einer Schule liegende Fokus eröffnet die Frage nach einer möglichen Steuerung von außen, wenn Problemlagen bei der Umsetzung von JeKi entstehen. Ein vorhandener Ansprechpartner vor Ort (Meierkord, 2006), der darüber hinaus in Kontakt mit den JeKi unterstützenden Institutionen steht, ist eine Möglichkeit, diesem Aspekt Rechnung zu tragen. Zusätzlich empfiehlt es sich, auch die Schulleitung – falls sie nicht gleichzeitig eben benannte Funktion innehat – für die Relevanz des Programms und die dafür notwendigen Kooperationsstrukturen zu sensibilisieren. Denn so können durch von ihr geschaffene Strukturen Lehrerkooperation und gemeinsame Reflexion gefördert werden, welche wiederum Einfluss auf die Unterrichtsqualität nehmen (Horster, 2006). Da es sich zudem bei der Umsetzung von JeKi um ein an der Schule in der Regel kooperatives Novum handelt, gewinnt die Schulleitung weiterhin an Bedeutung, da sie als zentraler Akteur für die Förderung von Wandlungs- und Innovationsprozessen innerhalb der Schule angesehen wird (Bonsen, 2006; Fullan, 1993). Eine Unterstützung des JeKi-Programms und der Zusammenarbeit zwischen Grundschul- und JeKi-Lehrkräften durch die Schulleitung erscheint daher besonders relevant. Darauf weisen auch weitere, projektinterne Befunde hin, und zwar dass die Ziele, die die Schulleitung mit dem Förderschwerpunkt verbindet, in einem signifikanten, geringen positiven Zusammenhang mit der Häufigkeit der durchgeführten Unterstützung durch die Schulleitung stehen.

Für eine gelingende Kooperation auf Ebene der interorganisationalen Kooperation nach dem ersten JeKi-Jahr lassen sich auf Basis der vorliegenden Befunde folgende, JeKi-spezifischen Aspekte zusammenfassen:

– Fortbildung der JeKi-Lehrkräfte in Bezug auf grundschulpädagogische, methodisch-didaktische Unterrichtsgestaltung,
– gelingenden Einstieg beim Erstkontakt beachten: sämtliche Lehrkräfte miteinander bekannt machen sowie gegebenenfalls gemeinsame Ziele abklären,
– Unterstützung durch die Schulleitung (das Programm JeKi an der Schule positiv vertreten usw.),
– zeitliche und räumliche Möglichkeiten für den JeKi-Unterricht sowie für Kommunikation, insbesondere für organisatorische und inhaltliche Absprachen sowie für das Eruieren gemeinsamer Lösungen im Falle von Problemen schaffen,

- funktionierenden Informationsfluss im Blick halten, im besten Fall durch eine koordinierende Person (z. B, die JeKi-Koordinatorin bzw. der JeKi-Koordinator oder die Schulleitung),
- wenn möglich, Anzahl der JeKi-Lehrkräfte an einer Schule begrenzen und Kontinuität gewährleisten,
- (von den Lehrkräften gemeinsam gestaltete) Aufführungen im Rahmen von Schulkonzerten als Zeichen gegenseitiger Wertschätzung gegenüber der geleisteten Arbeit der beteiligten Lehrkräfte,
- Integration von JeKi in den weiteren Unterricht und das Schulleben.

Da insbesondere die Problematik der Räume und Zugänglichkeiten bereits in früheren und auch aktuellen Studien zu musikpädagogischen Projekten mehrfach identifiziert wurde (vgl. beispielsweise Sobirey, 2002; Beckers & Beckers 2008; Lehmann-Wermser, Naacke, Nonte & Ritter, 2010; Franz-Özdemir, 2012), sollte eine gut durchdachte und transparente Planung bei der Umsetzung von JeKi bedacht werden. Die Eröffnung zeitlicher Ressourcen obliegt im Endeffekt den externen Strukturbedingungen durch eine Steuerung von außen. Diese erscheint notwendig, da die Rolle der zeitlichen Ressourcen für alle Bereiche der Umsetzung von JeKi, aber auch für die Zusammenarbeit zwischen den Akteuren (z. B. Erstkontakt, Kommunikation über Kinder oder Organisatorisches, Veranstaltungen usw.) relevant ist. Für eine Analyse dieser kooperativen Rahmenbedingungen erwies sich das allgemeine schulische Erklärungsmodell (Naacke, 2010) als geeignetes Instrument, die Auswertung strukturiert in Form der qualitativen Inhaltsanalyse nach Mayring (2010) durchzuführen. Darüber hinaus konnte es durch seine Anwendung in einem neuen Kontext durch induktiv entstandene Kodes erweitert werden.

Die vorliegenden Befunde tragen zum einen auf einer für die pädagogische Praxis bezogenen Weise sowie zum anderen auf einer methodischen bzw. forschungspraktischen Weise zu neuen Aspekten bei (musikpädagogischen) Kooperationsprojekten bei.

Im Kontext von JeKi wurde in anderen Forschungsprojekten insbesondere der Tandemunterricht in den Blick genommen (siehe z. B. Cloppenburg & Bonsen, 2012; Franz-Özdemir, 2012; Kranefeld, 2013; Lehmann et al., 2012); Aspekte der Interorganisationsbeziehung, die nach dem Tandemunterricht des ersten JeKi-Jahres in den folgenden JeKi-Jahren im Fokus steht, wurden dabei außer Acht gelassen. Auch wenn auf einer allgemeinen Ebene bereits Befunde für das Gelingen pädagogischer Kooperationsprojekte vorliegen (z. B. Fussangel, 2008; Maag Merki, 2009), so galt es dennoch – insbesondere im Hinblick auf die großflächige Implementierung – die spezifischen Bedingungen für den JeKi-Kontext herauszuarbeiten. Dazu konnte dieser Beitrag im Sinne einer explorativen Erfassung beitragen und Hinweise für eine gelingende Umsetzung der Zusammenarbeit in der Praxis ableiten.

Methodisch gesehen kam zur Erfassung des Sozialkapitals eine quantitative Netzwerkanalyse zum Einsatz. Während diese Methode in anderen Forschungsdisziplinen bereits eine längere Tradition aufweist, erhält sie in den Erziehungswissenschaften erst seit kurzer Zeit vermehrten Eingang, obwohl sie mit ihren Methoden ein Repertoire zur

Verfügung stellt, Beziehungen – die der wesentliche Bestandteil von Kooperationen sind – in den Blick zu nehmen. Bereits 2007 sprechen Stubbe, Pietsch und Wendt von einem großen Erkenntnisgewinn auf Schülerebene, wenn „Netzwerkanalysen im Rahmen großer nationaler und internationaler Schulleistungsstudien eingesetzt würden, da in diesen Fällen umfangreiche Hintergrundinformationen aus Schüler-, Eltern-, Lehrer- und Schulleiterfragebögen sowie die Testergebnisse aus unterschiedlichen Kompetenzbereichen vorlägen" (Stubbe et al., 2007, S. 74 f.). Da durch Kooperationen und Netzwerkbildung Handlungsaspekte von Lehrerexpertise betroffen sind, bieten sich netzwerkanalytischen Methoden auch weiterhin auf Lehrerebene an, um die beruflichen Beziehungsstrukturen und ihren Einfluss auf die Kompetenz- bzw. Expertise-Entwicklung von Lehrkräften genauer zu untersuchen.

Literatur

Beckers, E. & Beckers, R. (2008). *Faszination Musikinstrument – Musikmachen motiviert. Bericht über die zweijährige Evaluationsforschung zum Bochumer Projekt ‚Jedem Kind ein Instrument'* (Theorie und Praxis der Musikvermittlung, Bd. 7). Berlin: LIT Verlag.

Berkemeyer, N., Bos, W., Manitius, V. & Müthing, K. (Hrsg.). (2008). *Unterrichtsentwicklung in Netzwerken. Konzeptionen, Befunde, Perspektiven* (Netzwerke im Bildungsbereich, Bd. 1). Münster: Waxmann.

Bonsen, M. (2006). Wirksame Schulleitung – Forschungsergebnisse. In H. Buchen & H.-G. Rolff (Hrsg.), *Professionswissen Schulleitung* (S. 193–228). Weinheim: Beltz.

Bortz, J. & Döring, N. (2006). *Forschungsmethoden und Evaluation für Human- und Sozialwissenschaftler* (4., überarbeitete Aufl.). Berlin: Springer.

Bourdieu, P. (2010). *Die feinen Unterschiede. Kritik der gesellschaftlichen Urteilskraft* (20. Aufl.). Frankfurt a.M.: Suhrkamp.

Burt, R. S. (1984). Network items and the general social survey. *Social Networks, 6*, 293–339.

Coleman, J. S. (1991). *Grundlagen der Sozialtheorie* (Handlungen und Handlungssysteme, Bd. 1). München: Oldenbourg.

Cloppenburg, M. & Bonsen, M. (2012). Führt die Anwesenheit einer zweiten Lehrkraft im Unterricht zu mehr Lehrerkooperation? Ein Vergleich von Lehreraussagen zur Kooperation mit Musikschullehrkräften und Fachlehrkräften in der Grundschule. In J. Knigge & A. Niessen (Hrsg.), *Musikpädagogisches Handeln. Begriffe, Erscheinungsformen, politische Dimensionen* (Musikpädagogische Forschung, Bd. 33) (S. 172–194). Essen: Die Blaue Eule.

Czerwanski, A. (2003). Netzwerke als Praxisgemeinschaften. In A. Czerwanski (Hrsg.), *Schulentwicklung durch Netzwerkarbeit. Erfahrungen aus den Lernnetzwerken im ‚Netzwerk innovativer Schulen in Deutschland'* (S. 9–15). Gütersloh: Bertelsmann-Stiftung.

Czerwanski, A., Hameyer, U. & Rolff, H.-G. (2002). Schulentwicklung im Netzwerk. Ergebnisse einer empirischen Nutzenanalyse von zwei Schulnetzwerken. In H.-G. Rolff, H. G. Holtappels, K. Klemm, H. Pfeiffer & R. Schulz-Zander (Hrsg.), *Jahrbuch der*

Schulentwicklung Band 12. Daten, Beispiele und Perspektiven (S. 99–130). Weinheim: Juventa.

Ditton, H., Arnoldt, B. & Bornemann, E. (o.J.). *QuaSSu – QualitätsSicherung in Schule und Unterricht.* Verfügbar unter: http://www.quassu.net/SKALEN_1.pdf [28.11.2012].

Flick, U. (2008). *Triangulation: Eine Einführung* (2. Aufl.). Wiesbaden: VS Verlag für Sozialwissenschaften.

Franz-Özdemir, M. (2012). Interprofessionelles Teamteaching: Realisierungsformen und institutionelle Bedingungen. Evaluation einer Kooperation zwischen Grund- und Musikschulen im Programm ‚Jedem Kind ein Instrument'. In J. Knigge & A. Niessen (Hrsg.), *Musikpädagogisches Handeln. Begriffe, Erscheinungsformen, politische Dimensionen* (Musikpädagogische Forschung, Bd. 33) (S. 132–151). Essen: Die Blaue Eule.

Fullan, M. (1993). *Change forces. The school is a learning organisation.* London: Palmer Press.

Fussangel, K. (2008). *Subjektive Theorien von Lehrkräften zur Kooperation. Eine Analyse der Zusammenarbeit von Lehrerinnen und Lehrern in Lerngemeinschaften.* Verfügbar unter: http://elpub.bib.uni-wuppertal.de/edocs/dokumente/fbg/paedagogik/diss2008/fussangel/ [15.03.2011].

Grunenberg, M. (2010). ‚Jedem Kind ein Instrument' im Ruhrgebiet – Herausforderungen und Chancen. In T. Greuel, U. Kranefeld & E. Szczepaniak (Hrsg.), *Jedem Kind (s)ein Instrument – Die Musikschule in der Grundschule* (Musik im Diskurs, Bd. 23) (S. 147–152). Aachen: Shaker.

Halbheer, U. & Kunz, A. (2009). Mehr Schulqualität dank Kooperation? Eine quantitativ-qualitative Beschreibung von Kooperationen zwischen Lehrpersonen. In K. Maag Merki (Hrsg.), *Kooperation und Netzwerkbildung. Strategien zur Qualitätsentwicklung in Schulen* (S. 66–78). Seelze-Velber: Klett Kallmeyer.

Harteis, C., Bauer, J. & Coester, H. (2004). Betriebliche Personal- und Organisationsentwicklung zwischen ökonomischen und pädagogischen Überlegungen. In H. Gruber, C. Harteis, H. Heid & B. Meier (Hrsg.), *Kapital und Kompetenz. Veränderungen der Arbeitswelt und ihre Auswirkungen aus erziehungswissenschaftlicher Sicht* (S. 25–45). Wiesbaden: VS Verlag für Sozialwissenschaften.

Helms, S. (2002). Allgemein bildende Schule und Musikschule. In S. Helms (Hrsg.), *Allgemein bildende Schule und Musikschule in europäischen Ländern* (Musik im Diskurs, Bd. 17) (S. 7–33). Kassel: Gustav Bosse.

Horster, L. (2006). Changemanagement und Organisationentwicklung. In H. Buchen & H.-G. Rolff (Hrsg.), *Professionswissen Schulleitung* (S. 229–293*).* Weinheim: Beltz.

Huß, T. (2010). ‚Jedem Kind ein Instrument' in Hamburg. In T. Greuel, U. Kranefeld & E. Szczepaniak (Hrsg.), *Jedem Kind (s)ein Instrument – Die Musikschule in der Grundschule* (Musik im Diskurs, Bd. 23) (S. 153–164). Aachen: Shaker.

Jansen, D. (2000). Netzwerkanalyse als Instrument der Organisationsforschung. In J. Weyer & J. Abel (Hrsg.), *Soziale Netzwerke. Konzepte und Methoden der sozialwissenschaftlichen Netzwerkforschung* (S. 208–226). München: Oldenbourg.

Jansen, D. (2003). *Einführung in die Netzwerkanalyse. Grundlagen, Methoden, Forschungsbeispiele* (2., erweiterte Aufl.). Opladen: Leske + Budrich.

Kranefeld, U. (2013). Assistieren. Rekonstruktion eines Kooperationsmusters im Lehrenden-Tandem im Programm ‚Jedem Kind ein Instrument'. In U. Riegel & K. Macha (Hrsg.), *Videobasierte Kompetenzforschung in den Fachdidaktiken* (S. 233–248*).* Münster: Waxmann.

Kulin, S. (2012). Netzwerke von Instrumentallehrkräften. Eine Untersuchung im Rahmen des Programms ‚Jedem Kind ein Instrument'. In S. Kulin, K. Frank, D. Fickermann & K. Schwippert (Hrsg.), *Soziale Netzwerkanalyse. Theorie, Methoden, Praxis* (Netzwerke im Bildungsbereich, Bd. 5) (S. 279–293). Münster: Waxmann.

Kulin, S. (2014). *Beziehungsstrukturen und Sozialkapital von Lehrkräften. Eine Analyse der Entstehungsbedingungen, Erträge und förderlichen Rahmenbedingungen von Sozialkapital im triangulativen Forschungsdesign* (Arbeitstitel). Manuskript in Vorbereitung, Dissertation Universität Hamburg.

Kulin, S. & Özdemir, M. (2011). Lehrer-Kooperation im JeKi-Kontext: Erwartungen und Umsetzungen. *Beiträge empirischer Musikpädagogik 2,* (2). Verfügbar unter: http://www.b-em.info/index.php?journal=ojs&page=article&op=view&path[]=61 [10.10.2013].

Kulin, S. & Schwippert, K. (2012). Kooperationsbeziehungen im JeKi-Kontext. Beweggründe zur Kooperation und Merkmale gemeinsamer Reflexion methodischer und didaktischer Fragen. In J. Knigge & A. Niessen (Hrsg.), *Musikpädagogisches Handeln. Begriffe, Erscheinungsformen, politische Dimensionen* (Musikpädagogische Forschung, Bd. 33) (S. 152–171). Essen: Die Blaue Eule.

Kulin, S., Schwippert, K. & Rieckmann, T. (2014). *Teilprojekt ‚Kooperation' – Rahmen- und Gelingensbedingungen der Zusammenarbeit zwischen Lehrkräften aus Grund- und Musikschule.* Manuskript eingereicht zur Publikation.

Lehmann, K., Hammel, L. & Niessen, A. (2012). ‚Wenn der eine den Unterricht macht und der andere diszipliniert ...'. Aufgabenverteilung im Lehrenden-Tandem des musikpädagogischen Programms ‚Jedem Kind ein Instrument'. In J. Knigge & A. Niessen (Hrsg.), *Musikpädagogisches Handeln. Begriffe, Erscheinungsformen, politische Dimensionen* (Musikpädagogische Forschung, Bd. 33) (S. 195–212). Essen: Die Blaue Eule.

Lehmann-Wermser, A., Naacke, S., Nonte, S. & Ritter, B. (2010). *MUKUS – Musisch-kulturelle Bildung an Ganztagsschulen. Empirische Befunde, Chancen und Perspektiven.* Weinheim: Juventa.

Lin, N. (2002). *Social capital. A theory of social structure and action* (Structural analysis in the social sciences, Vol. 19). Cambridge: Cambridge University Press.

Maag Merki, K. (2009). Kooperation und Netzwerkbildung. Eine Bilanz. In K. Maag Merki (Hrsg.), *Kooperation und Netzwerkbildung. Strategien zur Qualitätsentwicklung in Schulen* (S. 195–199). Seelze-Velber: Klett Kallmeyer.

Mayring, P. (2010). *Qualitative Inhaltsanalyse. Grundlagen und Techniken* (11., aktualisierte und überarbeitete Aufl.). Weinheim: Beltz.

Meierkord, U. (2006). Musikmachen in der Ganztagsschule. Mut zur Kooperation mit außerschulischen Anbietern. *Grundschulunterricht, 53* (3), 12.

Meyer-Clemens, A.-M. (2007). *Kooperation zwischen allgemein bildender Schule und Musikschule: Theorie und Praxis – Bedingungen – Evaluation.* Marburg: Tectum.

Naacke, S. (2010). Allgemeines schulisches Erklärungsmodell. In A. Lehmann-Wermser, S. Naacke, S. Nonte & B. Ritter (Hrsg.), *Musisch-kulturelle Bildung an Ganztagsschulen. Empirische Befunde, Chancen und Perspektiven* (Studien zur ganztägigen Bildung) (S. 63–76). Weinheim: Juventa.

Quellenberg, H. (2009). *Studie zur Entwicklung von Ganztagsschulen (StEG) – ausgewählte Hintergrundvariablen, Skalen und Indices der ersten Erhebungswelle.* Frankfurt a.M.: Gesellschaft zur Förderung Pädagogischer Forschung.

Rehrl, M. & Gruber, H. (2007). Netzwerkanalysen in der Pädagogik. Ein Überblick über Methode und Anwendung. *Zeitschrift für Pädagogik, 53* (2), 243–264.

Schulten, M. & Lothwesen, K. (2009). *MoMo verbindet! Musik erleben und lernen in der ‚Musikschule für alle': Abschlussbericht der wissenschaftlichen Evaluation zum Programm ‚Monheimer Modell – Musikschule für alle'.* Verfügbar unter: http://www.mon heim.de/kultur/musikschule/evaluation_momo_abschluss_lang.pdf [10.07.2010].

Schwanse, U. (1998). Sind Kooperationen zwischen Musikschulen und anderen Einrichtungen pädagogisch sinnvoll? *Übung & Musizieren,* 25–27.

Sobirey, W. (2002). Die Kooperation der Staatlichen Musikschule mit Halbtagsgrundschulen in Hamburg. In S. Helms (Hrsg.), *Allgemein bildende Schule und Musikschule in europäischen Ländern* (Musik im Diskurs, Bd. 17) (S. 79–87). Kassel: Gustav Bosse.

Spieß, E. (1996). *Kooperatives Handeln in Organisationen. Theoriestränge und empirische Studien.* München: Hampp.

Stubbe, T. C., Pietsch, M. & Wendt, H. (2007). Netze an Hamburger Grundschulen. In W. Bos, C. Gröhlich & M. Pietsch (Hrsg.), *KESS 4 – Lehr- und Lernbedingungen in Hamburger Grundschulen* (HANSE Hamburger Schriften zur Qualität im Bildungswesen, Bd. 2) (S. 71–102). Münster: Waxmann.

Sydow, J. & Windeler, A. (1994). Über Netzwerke, virtuelle Integration und Interorganisationsbeziehungen. In J. Sydow & A. Windeler (Hrsg.), *Management interorganisationaler Beziehungen. Vertrauen, Kontrolle und Informationstechnik* (S. 1–21). Opladen: Westdeutscher Verlag.

Wolf, C. (2006). Egozentrierte Netzwerke. Erhebungsverfahren und Datenqualität. *Kölner Zeitschrift für Soziologie und Sozialpsychologie, 44,* 244–302.

Veronika Busch, Andreas Lehmann-Wermser, Sonja Nonte & Knut Schwippert

VII Verbindungen – Kontexte – Empfehlungen: Das Fazit aus dem SIGrun-Projekt

1 Einleitung

Mit diesem Kapitel sollen die berichteten Befunde der vier Teilprojekte zueinander in Beziehung gesetzt und nach übergeordneten Aspekten anhand der Forschungsliteratur zusammenfassend diskutiert werden, um darauf aufbauend forschungs- und praxisrelevante Empfehlungen zu formulieren. Die vier Teilprojekte decken ein breites Spektrum wissenschaftlicher Fragestellungen und methodischer Zugänge ab. Sowohl bei der Planung als auch bei der Durchführung profitierten die Teilprojekte von einer engen Zusammenarbeit. Insbesondere im Zuge der Datenerhebungen konnten die erhofften Synergieeffekte tatsächlich realisiert werden. Aber nicht nur im Zusammenhang mit der Feldarbeit hat sich die Kooperation zwischen den SIGrun-Teilprojekten bewährt, auch bei den teilspezifischen Analysen und den Ergebnisinterpretationen war der intensive Austausch gewinnbringend. So konnten spezifische Ergebnisse stets im Lichte abweichender oder ähnlicher Hinweise aus den anderen Teilprojekten betrachtet werden und die Interpretation von Befunden der einzelnen Teilprojekte durch die Anwendung verschiedener Methoden angereichert werden. Den Fragestellungen, die sich aus den teilprojektübergreifenden Diskussionen ergeben haben, konnte zwar bislang nicht durch entsprechende (Re-)Analysen des umfassenden Datenmaterials nachgegangen werden. Es lassen sich jedoch auch bereits in der Zusammenschau der verschiedenen Befunde Aspekte aufzeigen, die in ihrer Prägnanz konkrete Empfehlungen für die praktische Umsetzung von Schulprogrammen wie JeKi erlauben und zudem die Formulierung eines Forschungsausblicks ermöglichen.

2 Zusammenführung der Befunde der Teilprojekte

Wie im Folgenden ausgeführt wird, bietet das Teilprojekt Kooperation bei der Zusammenführung der Befunde der vier Teilprojekte die Orientierung hinsichtlich des Rahmens, der für eine erfolgreiche Umsetzung des Schulprogramms als notwendig erachtet wird. Für die Teilprojekte Transfer, Präferenz und Kulturelle Teilhabe wird angenommen, dass sich die jeweils untersuchten Wirkungen von JeKi innerhalb dieses Rahmens an Gelingensbedingungen bestmöglich entfalten können. Die übergreifenden Aspekte dieser drei Teilprojekte lassen sich mit den Begriffen Geschlecht, Selbstkonzept, Expertise und Habitus umschreiben.

2.1 Bedingungen für gelungene Kooperation

Es zeigt sich ein breiter Fächer unterschiedlicher Gesichtspunkte, die für eine gelingende Kooperation zwischen Grundschule und Instrumentallehrkräften im Rahmen des JeKi-Programms bedeutsam sind und die Zufriedenheit der beteiligten Akteure beeinflussen. Neben strukturellen Bedingungen (wie zeitliche und räumliche Ressourcen), die die Arbeit der Kooperationspartner rahmen, werden insbesondere die JeKi-unterstützenden Institutionen als bedeutsam erachtet.

Die zur Verfügung stehenden zeitlichen Ressourcen der Akteure beeinflussen das gesamte Spektrum der Bedingungen und gestalten letztendlich die Zufriedenheit der beteiligten Personen, wobei insbesondere ein gelingender Erstkontakt, funktionierende Kommunikationsabläufe sowie gemeinsame Präsentationen zu nennen sind. Entsprechend bedeutsam sind die verfügbaren räumlichen Ressourcen einzustufen, wobei eine verbesserte Raumsituation die Zufriedenheit deutlich erhöhen kann. Zudem beschreiben die kooperierenden Personen einerseits den Wunsch nach einem verbesserten Einbezug der Eltern und Grundschullehrkräfte in das JeKi-Konzept und andererseits das Bedürfnis nach einer verbesserten Integration der JeKi-Lehrkräfte in das Schulleben sowie von JeKi in den Alltag der Schule. Eine Ausweitung des angebotenen Kanons an Musikinstrumenten wird ebenfalls als wünschenswert formuliert. Diese Rahmenbedingungen und Aspekte der Zusammenarbeit sind unabdingbar für eine gelingende und zufriedenstellende Kooperation im JeKi-Kontext.

Eine wichtige Rolle beim Gelingen der Kooperation wird den JeKi-unterstützenden Institutionen zugewiesen, worunter die JeKi-Stiftung und die Projektgruppe JeKi zählen. Diese Institutionen ermöglichen einen Informations- und Materialaustausch und bieten Workshops für die JeKi-Lehrkräfte an, woraus Chancen erwachsen, auf vorhandenes Wissen zurückzugreifen und so die eigenen Spielräume und Kompetenzen zu erweitern. Durch die Ermöglichung eines fachlichen Austausches im Rahmen der JeKi-unterstützenden Institutionen erlangen diese für methodische und didaktische Aspekte besondere Bedeutung. Vermittelt durch die JeKi-Lehrkräfte erreicht dieser Austausch auch die Grundschullehrkräfte, sodass auch die Grundschulen von den Anregungen der JeKi-unterstützenden Institutionen profitieren.

Die insgesamt offenbar gewordene Komplexität der Rahmenbedingungen für eine gelungene Kooperation lässt sich kaum extern steuern, sondern verweist vielmehr auf die enorme Bedeutung interner Prozesse und damit die wichtige Rolle der Schulleitung.

2.2 Geschlechtsidentität und musikalisches Selbstkonzept

Geschlechtsspezifische Unterscheidungen offenbaren sich in vielfältiger Hinsicht. So zeigt sich für das musikbezogene Selbstkonzept, dass sich Jungen insbesondere hinsichtlich ihres Singens schlechter einschätzen als Mädchen. Zudem beurteilen Jungen in den ersten drei Schuljahren ‚Klassik' deutlich ablehnender als Mädchen. In beiden Fällen wird mit der Bedeutung von Stereotypen für die geschlechtsspezifische Identitätsentwicklung argumentiert, wobei sich Jungen rigider an diesen Stereotypen orientieren als Mädchen. Musizier-Praxis und ‚Klassik'-Rezeption scheinen also weniger gut dem männlichen Stereotyp zu entsprechen. Zum Ende der Grundschulzeit sind diese geschlechtsspezifischen Unterschiede jedoch weniger stark ausgeprägt und es zeigt sich vielmehr eine Orientierung der Musikpräferenz an der medial vermittelten Musik. Die hohe Relevanz von Mediennutzung im musikbezogen Verhalten spricht auch aus den Malmappen und wird als kulturelles Involviertsein interpretiert (Lehmann-Wermser & Krupp, 2014). Zudem bieten die Malmappen der Kinder Hinweise darauf, dass neben den geschlechtsspezifischen Unterschieden JeKi auch helfen kann, die scheinbaren Grenzen zwischen ‚populärer' und ‚klassischer' Musik sowie zwischen praktischen und rezeptiven musikbezogenen Verhaltensweisen aufzuweichen. Während solch ein Verwischen von Grenzen im Grundschulalter vermutlich im Sinne eines breiten Erfahrungsschatzes als förderlich einzustufen ist, wird es bei Eintritt in die Pubertät hilfreich werden, Musik gezielt als Mittel zur Distinktion von den Eltern und von anderen Jugendgruppen einzusetzen, das heißt, es werden wieder sehr klare Grenzen gezogen werden. Selbst in dieser Phase wird sich aber vermutlich ein früh angelegter breiter Erfahrungsschatz dahingehend auswirken können, dass musikalische Offenheit die Wahloptionen für diese Funktionalisierung erhöht. Zudem kann vermutet werden, dass Musik nicht pauschal abgelehnt wird, sondern eher in ihrer Andersartigkeit gesehen und respektiert wird, sodass Musik und musikbezogene Verhaltensweisen eher auf einem Kontinuum zwischen dem ‚Eigenen' und dem ‚Anderen' als in einer ausschließenden Gegensätzlichkeit beurteilt und genutzt werden. Inwieweit diese Annahmen berechtigt sind, wird sich aus dem SIGrun-Folgeprojekt WilmA[1] ableiten lassen, da hier die längerfristigen Wirkungen von JeKi nach Übertritt in die weiterführenden Schulen in den Blick genommen werden.

2.3 Musikalisches Selbstkonzept und Expertise-Erwerb

Neben dem Zusammenhang von Selbstkonzept mit Geschlecht wird auch ein Zusammenhang mit der musikalischen Expertise deutlich. So zeigt sich, dass das musikalische Selbstkonzept durch die Dauer des Übens auf dem Instrument beeinflusst wird, wobei

---

1 Das im Anschluss an SIGrun konzipierte Verbundprojekt WilmA (Wirkungen und Effekte langfristiger musikalischer Angebote) untersucht in einer Längsschnittstudie bei Sechst- und Siebtklässlern, ob Transfereffekte aus der frühen musikalischen Förderung zu beobachten sind und welche Muster kulturellen Involviertseins beschrieben werden können.

häufigeres Üben zu einer höheren Einschätzung der Kinder bezüglich ihrer musikalischen Fähigkeiten führt. Im Bezug auf das Selbstkonzept ‚Musizieren' weisen Kinder, die ein Instrument erlernen, bereits am Ende der ersten Klasse höhere Werte auf als Kinder, die kein Instrument spielen. In der zweiten Klasse verliert sich dieser Unterschied, während er in der dritten Klasse wieder zu beobachten ist, was jedoch aufgrund fehlender Messinvarianz nicht eindeutig interpretiert werden kann. Bei den spezifischen Präferenzäußerungen pro Musikstück ergibt sich zwar kein Einfluss von JeKi, bei dem generellen Beurteilungsverhalten zeigt sich hingegen ein Einfluss von privatem Instrumentalunterricht. So neigen Kinder der vierten Klasse mit privatem Instrumentalunterricht dazu, weniger indifferente Urteile abzugeben und sich stattdessen deutlich positiv oder negativ bei ihren musikbezogenen Urteilen zu positionieren. Beide Befunde verweisen auf die Bedeutung von musikbezogener Expertise, müssen allerdings mit einer gewissen Differenzierung interpretiert werden: So scheint für die Wirkung auf Musikpräferenz ein höheres oder jedenfalls ein anderes Expertise-Niveau vonnöten zu sein als es üblicherweise vom JeKi-Unterricht erwartet werden kann. Beurteilungskompetenz zeigt sich darin, ein Urteil nicht nur auf der Grundlage von Stereotypen und musikbezogenen Vorstellungen zu gründen, sondern einen gewissen Grad an davon unabhängiger musikspezifischer Reflexion einfließen zu lassen, was durch die erworbene Expertise begünstigt wird. Bei JeKi wird möglicherweise dem gemeinschaftlichen musikalischen Erlebnis eine größere Bedeutung beigemessen als der individuellen musikspezifischen Förderung, sodass sich diese Erfahrung (noch) nicht auf das Beurteilungsverhalten auswirkt, wohl aber auf das musikbezogene Selbstkonzept. Die Erfahrung von musikbezogener Kompetenz durch JeKi zeigt sich auch in den Malmappen der Kinder und wird ebenfalls als Teil eines gestiegenen Selbstkonzepts eingestuft. Hierbei spielt vermutlich auch die elterliche Einschätzung eine Rolle, da sie durch die JeKi-Teilnahme vermehrt Gefühle wie Stolz für ihr Kind empfinden (Nonte, Lorenz, Lehmann-Wermser, Schwippert & Busch, 2014), was nicht ohne Einfluss auf das jeweilige Kind bleiben dürfte. Der Expertise-Erwerb erweist sich damit als relevante Dimension in jenen Teilprojekten im Verbund, die primär Verhaltensweisen, Fähigkeiten und Einstellungen der Kinder fokussieren.

2.4 Inszenierung und Ausweitung habitueller Verhaltensweisen

Ein weiterer Aspekt bezieht sich auf die habituellen Verhaltensweisen. Während in den – von den Eltern übermittelten – Fotografien zumeist ein bildungsbürgerlicher Habitus inszeniert wird, lassen die Malmappen der Kinder auch auf das bereits erwähnte Verwischen der Grenzen zwischen vermeintlicher *highbrow*- und *lowbrow*-Kultur schließen. Da der Erhalt von privatem Instrumentalunterricht aus Sicht der Eltern vermutlich häufig noch mit sozialem Prestige verbunden ist, nicht selten aber an den zur Verfügung stehenden finanziellen Ressourcen scheitert, stellt JeKi eine Möglichkeit dar, sozialschichtübergreifend musikpraktische Erfahrungen anzubieten. In dem spezifischen JeKi-Programm in Hamburg zeigt sich, dass dieses explizit angestrebte Ziel erfüllt wird, da in großem Maße Schülerinnen und Schülern mit erhöhtem Risikopotenzial (wozu eben auch der sozioökonomische Status beiträgt) der Erhalt von Instrumentalunterricht ermöglicht wird (Nonte & Schwippert, in Druck). Die hier erworbene Vielfalt an musikbezogenen Erfahrungen könnte möglicherweise den Kindern auch nach Ende der Grundschule (und damit nach Ende des JeKi-Programms) helfen, die habituellen Verhaltensweisen ihrer sozialen Herkunft zu überschreiten und die eigenen Handlungsoptionen auszuweiten. Auch diesbezüglich können wertvolle Hinweise aus dem Projekt WilmA erwartet werden. Somit stünde den Schülerinnen und Schülern eine Breite an musikalischen Stilen sowie an musikbezogenen Praktiken zur Verfügung, die sie für individual- und sozialpsychologische Entwicklungsaufgaben nutzen könnten. Und damit wäre JeKi gelungen, was in der Bildungsberichterstattung 2012 als gesetzt formuliert wird, da „kulturelle/musisch-ästhetische Bildung als integraler Bestandteil individueller und sozialer Identitätsentwicklung" (Autorengruppe Bildungsberichterstattung, 2012, S. 160) erscheint.

3 Kontextualisierung und Empfehlungen

Aus der präsentierten Zusammenführung der Ergebnisse der Teilprojekte hat sich als wesentlicher und übergreifender Aspekt herausgestellt, dass JeKi musikbezogene Erfahrungen ermöglicht, die bei der psychosozialen Entwicklung der Kinder Bedeutung erlangen können. Vor diesem Hintergrund erscheint es notwendig, insbesondere Fragen nach Musik und Identität nachzugehen. Musikpsychologische und musiksoziologische ebenso wie musikethnologische Forschungsergebnisse bieten diesbezüglich reichhaltige Anknüpfungsmöglichkeiten, auf die im Folgenden jedoch nur in Ansätzen Bezug genommen werden kann.

3.1 Kontext Identität und Selbstsozialisation

Als bedeutsam für den vorliegenden Bericht kann die von MacDonald, Hargreaves und Miell (2002) vorgenommene Unterscheidung nach *identities in music* und *music in identities* erachtet werden. Hierbei werden mit *identities in music* jene Aspekte von musikbezogener Identität bezeichnet, die innerhalb einer Kultur sozial definiert sind. Dies bezieht sich beispielsweise auf die Selbstdefinition als Musiker, auf die Rolle von Schule oder Eltern bei der Ausbildung eines musikalischen Selbstkonzepts sowie auf kulturell definierte Eigenschaften von professionellen Musikern. Entscheidend ist, in welcher Weise sich der Einzelne zu diesen soziokulturellen Rollen in Beziehung setzt, also in Relation zu diesen seine musikalische Identität ausbildet. In Abgrenzung zu einer solchen eher ‚intramusikalischen' Betrachtung von Musik und Identität bezeichnen MacDonald, Hargreaves und Miell (2002) mit *music in identites* den Einsatz von Musik als ein Mittel oder eine Ressource, um psychosoziale Identität zu entwickeln. Dieser eher ‚extramusikalische' Aspekt kann sich auf die Funktion von Musik zur Ausbildung von Geschlechtsidentität, von altersspezifischer Identität (Kind versus Jugendlicher) oder auch von nationaler Identität beziehen. Das Verbundprojekt SIGrun liefert Hinweise auf die Wirksamkeit von JeKi bezüglich beider Aspekte. So ergaben sich durch den schulischen Instrumentalunterricht Einflüsse auf das musikbezogene Selbstkonzept im Sinne von *identities in music*. Hinsichtlich des spezifischen Selbstkonzepts zum Singen zeigte sich eine prägnante Geschlechtsdifferenzierung, die eher auf die Nutzung von Musik im Sinne von *music in identities* verweist. In dieselbe Richtung weisen auch die Befunde zur Musikpräferenz, da diese als Möglichkeit zur Ausbildung und Darstellung von musikunabhängiger Identität interpretiert wurde. An der Geschlechtsdifferenzierung im Umgang mit Musik lässt sich zugleich gut verdeutlichen, dass beispielsweise Musikpräferenzäußerungen gezielt eingesetzt werden, um die Art und Weise, wie andere einen selbst sehen sollen, zu beeinflussen, wobei die private Musikauswahl zur Entspannung oder Emotionsregulation von der erstgenannten öffentlichen Musikpräferenz durchaus abweichen kann (Überblick zur Nutzung von Musik bei Sloboda, Lamont & Greasley, 2009). So ist bei der Frage nach der Bedeutung von Musik zur Identitätsbildung und -darstellung eine differenzierte Betrachtung nach sozialen und individuellen Facetten von Identität durchaus hilfreich – selbst wenn diese beiden häufig ineinandergreifen und wechselseitig aufeinander einwirken. Im Kontext von JeKi wird hierbei die Chance gesehen, musikbezogene Verhaltensweisen, die üblicherweise durch Akkulturation in einem spezifischen sozialen Umfeld habituell verfestigt werden, um Erfahrungen mit davon möglicherweise abweichenden musikalischen Rezeptions- und Produktionsweisen zu erweitern. Wird diesen neuen musikbezogenen Erfahrungen individuelle oder soziale Bedeutung zugeschrieben, könnten sie in den eigenen Habitus integriert werden und damit als Bereicherung der eigenen Handlungsspielräume zur Verfügung stehen.

Aus dieser Annahme heraus lässt sich die Frage ableiten, wie ein Schulprogramm wie JeKi strukturiert und umgesetzt werden sollte, damit es überhaupt zu individuell und sozial bedeutsamen Erfahrungen führen kann. Diese umfassende Frage betrifft sämtliche an JeKi beteiligten Akteure, wobei es letztlich jedoch entscheidend sein wird, wie eine spezifische JeKi-Lehrkraft den konkreten JeKi-Unterricht für die jeweiligen Kinder ihrer JeKi-Gruppe ausgestaltet. Wesentliche Rahmenbedingungen für eine erfolgreiche JeKi-Umsetzung sind detailliert im Teilprojekt Kooperation beschrieben worden. Diese werden einen entscheidenden Einfluss auf die Motivation von JeKi-Lehrkräften und JeKi-Kindern zum Unterrichten und Erlernen eines Instruments haben. Bei den Kindern könnte erwartet werden, dass sich eine hohe Motivation im Sinne der musikbezogenen Selbstsozialisations-Theorie (u. a. Müller, 1995, 1999) im aktiven Aufsuchen und Schaffen eines Umfelds ausdrückt, in dem sich die Bereitschaft zu musikalischen Erfahrungen (sei es im Hören oder im Musizieren) entfalten kann. In ihrer Studie zur Berliner Clubszene deutet Vogt (2005) solche Prozesse der Selbstsozialisation bei jungen Erwachsenen als eine Positionierung im gesellschaftlichen Raum und als eine Wahlentscheidung zur (temporären) Identifikation mit einem bestimmten Lebensstil und der dazugehörigen Symbolwelt. Vogt versteht unter Selbstsozialisation daher „auf das eigene Ich bezogene Auswahlprozesse unter vorgefundenen Umweltbedingungen im Wechselverhältnis von Lehr- und Lernprozessen, von Selbst- und Fremdbildern, von Distinktion und Exklusion" (Vogt, 2005, S. 23). Bei Kindern können diese Prozesse vermutlich noch nicht als bewusste Entscheidungen für übergeordnete Aspekte wie Lebensstil angesehen werden, wohl aber im Sinne der bereits angenommenen Erweiterung von Handlungsoptionen verstanden werden. Aus dieser können dann Identifikationen und Verhaltensweisen erwachsen, die langfristig den Umgang mit Musik prägen. In diesem Zusammenhang wird es im Rahmen des SIGrun-Folgeprojekts WilmA äußerst aufschlussreich sein, wie sich beispielsweise das musikbezogene Selbstkonzept, die Facetten kultureller Teilhabe sowie die musikalische Präferenzorientierung nach dem Übergang in die weiterführenden Schulen und dem dadurch bedingten Ende des JeKi-Programms entwickeln.

3.2 Kontext Motivation und Lernumgebung

Die Frage nach der Rolle von Motivation im Musiklernen ist Gegenstand vielfältiger Forschung (Überblick u. a. bei O'Neill & McPherson, 2002; Hallam, 2009). In ihrem Forschungsreview bieten MacDonald, Hargreaves und Miell (2009) eine Verbindung zur Identität an und gehen von einem „virtous cycle" (MacDonald et al., 2009, S. 466) aus, bei dem Ermutigung und positives Feedback die Motivation zu verstärktem Üben auf dem Instrument erhöhen und zugleich die Identifikation mit der Rolle als Musiker befördern. Die daraus resultierende gesteigerte musikalische Leistung führt wiederum zu positivem Feedback, womit der Kreislauf von neuem beginnen kann. Motivation und musikalische Identität werden also in einer engen Beziehung zueinander begriffen. Bezogen auf JeKi ließe sich daraus ableiten, dass der Etablierung eines motivierenden Lernumfelds, bei dem Anerkennung und Begeisterung als wesentlich empfunden werden, hohe Bedeutung zugeschrieben werden sollte. Und da bei JeKi der rein spieltechnische musikalische Expertise-Erwerb vermutlich weniger im Vordergrund steht als das Angebot von bedeutsam erachteten musikbezogenen Erfahrungen sollten positives Feedback und Wertschätzung unabhängig von der erbrachten musikalischen Leistung gewährt werden. MacDonald et al. (2009, S. 466) verweisen im Zusammenhang von musikbezogener Motivation und Identität auf die *Expectancy-Value-Theory* (u. a. nach Eccles et al., 1983), die sich in folgende drei Komponenten gliedert: (1) *value component*, mit der beschrieben wird, wie bedeutsam dem Lernenden die gestellte Aufgabe (hier also der JeKi-Instrumentalunterricht) ist; (2) *expectancy component*, die den Glauben des Lernenden an seine Fähigkeit beschreibt, die Aufgabe bewältigen zu können; und (3) *affective component*, mit der die Gefühle des Lernenden in Bezug zur Aufgabe gefasst werden. Im JeKi-Unterricht erscheinen sämtliche dieser Komponenten bedeutsam, wobei sich vor allem zur *value component* klare Bezüge herstellen lassen. Nach Eccles et al. (1983; zitiert nach MacDonald et al., 2009, S. 467) gliedert sich diese Komponente in die Fragen nach der Wichtigkeit des Gelingens der Aufgabe für den Lernenden (*attainment value*), nach der Nützlichkeit der Aufgabe für den Lernenden (*utility value*), nach der Freude an der Aktivität an sich (*intrinsic value*) sowie die Frage nach dem Verlust an zeitlicher Ressource für andere Aktivitäten (*perceived costs*). Bezogen auf die wahrgenommenen Kosten ist es sicher hilfreich, wenn der JeKi-Unterricht im schulischen Ablauf so eingeplant wird, dass er nicht in Konkurrenz zu anderen Angeboten steht, wie z. B. einer Theater-AG oder dem Schulchor. Die Bereitschaft zum Tragen solcher Kosten wächst mit dem intrinsischen Interesse und der Freude an dem JeKi-Unterricht, wozu die JeKi-Lehrkraft durch ihre konkrete Unterrichtsgestaltung vermutlich den wesentlichen Beitrag leisten kann. Doch werden intrinsisches Interesse und Freude am Instrumentalmusizieren auch von der eigenen Kompetenz-Annahme zur Bewältigung der Aufgabe, also der oben beschriebenen *expectancy component*, beeinflusst sein, was unter anderem Bandura (1997) als *self-efficacy* bezeichnet (zitiert nach MacDonald et al., 2009, S. 467). MacDonald et al. (2009) verweisen in diesem Zusammenhang auf Dwecks (2000) Unterscheidung nach zwei Typen von *self-efficacy*, von denen der Typus mit *mastery-oriented behaviour* eher einen internen *locus of control* aufweise, während der Typus mit *helpless behaviour* eher einen externen *locus of control* zeige (vgl. *Attribution Theory*, u. a. nach Weiner 1985, 1992; zitiert nach MacDonald et al., 2009, S. 467). In Hinblick auf JeKi erscheint ratsam, die Kinder im Sinne des erst genannten Typus zu fördern, indem auf eine Stärkung des musikbezogenen Selbstkonzepts hingewirkt wird, den Kindern vielfältige Möglichkeiten zur Einflussnahme auf den JeKi-Unterricht (beispielsweise bei der Auswahl der Musikstücke) eröffnet werden und zudem die Situationen, in denen Enttäuschungen und Gefühle der Hilflosigkeit erlebt werden (evtl. bei einer nicht ermöglichten Instrumentenwahl), vermieden werden. Entsprechend könnte ein übergeordnetes Ziel von JeKi sein, dass die Kinder selbst bei einer so anspruchsvollen Aktivität wie dem Erlernen des Instrumentalmusizierens das Gefühl von Kontrolle erfahren und lernen, auch mit Rückschlägen konstruktiv umzugehen, indem sie beispielsweise ihr Übeverhalten ihren eigenen Ansprüchen anpassen oder sich an einem anderen Instrument ausprobieren dürfen. Die Erfahrung von Versagen und Unfähigkeit sollte den Schülerinnen und Schülern erspart bleiben, da der beschriebene *virtous cylce* sich auch in sein Gegenteil wenden kann und ein – möglicherweise eher beiläufig gefälltes – Urteil von ‚Unmusikalität' lebenslang die Beziehung eines Menschen zur Musik beeinträchtigen kann. Wie prägend hierfür gerade die Erfahrungen im frühen Kindesalter sind, wird unter anderem in einer Studie von Knight (2010) beschrieben, auf die sich Welch und McPherson (2012, S. 9) beziehen. Danach beklagen 72 Prozent der befragten Erwachsenen eine lebenslange musikbezogene Identität als ‚Nicht-Sänger' aufgrund von unangemessenen Kommentaren in ihrer Kindheit. Hierin offenbart sich die enorme Verantwortung, derer sich auch JeKi-Lehrkräfte bewusst sein müssen, um sie sorgsam übernehmen zu können.

McPherson, Davidson und Faulkner (2012) sehen in der Schaffung von positiven Lernerfahrungen und vielfältigen Lernangeboten den Schlüssel für die Entwicklung von intellektueller Neugierde und emotionalem Engagement, die die Grundlage für eine weiterführende Beschäftigung mit Musik darstellen. In ihrer 14-jährigen Langzeitstudie zum kindlichen Instrumentallernen identifizieren die Autoren *enjoyment* und *having fun* als die wesentlichen Prädiktoren für solch ein anhaltendes Engagement. Die Empfehlungen von McPherson et al. (2012) für diesbezüglich förderliche Maßnahmen, wie locker strukturierte Aktivitäten und improvisatorische Elemente, würden sicher auch im JeKi-Kontext helfen, den von ihnen als bedeutsam erachteten Aufbau einer intrapersonalen Beziehung der Lernenden zur Musik zu ermöglichen. Hinsichtlich musikpädagogischer Bestrebungen schlussfolgern Welch und McPherson (2012) somit, dass musikalische Förderung weniger die technischen Fähigkeiten als vielmehr die expressiven, kommunikativen und affektiven Prozesse musikalischer Interaktion betonen sollte, wobei die Lernenden die Erfahrung von Kontrolle sowie von musikalischer Expressivität und Selbstregulation erfahren sollten. Mit Verweis auf sportpsychologische Befunde (Abbott & Collins, 2004) sehen Welch und McPherson (2012, S. 15) im *deliberate play* die notwendige Grundlage für eine möglicherweise später einsetzende *deliberate practice*, worunter das planmäßige und gezielte Üben verstanden wird, das für ein angestrebtes hohes musikalisches Niveau unerlässlich ist (Ericsson, Krampe & Tesch-Römer, 1993). Im JeKi-Unterricht kann insbesondere im gemeinsamen Musizieren innerhalb der eigenen JeKi-Gruppe sowie im schulübergreifenden Rahmen (z. B. Orchester Kunterbunt) eine große Ressource zum Erleben von Musizierfreude gesehen werden.

3.3 Kontext Soziale Bedeutung und Bildung

Huron (2003) diskutiert vielfältige evolutionstheoretische Studien zum Musizieren und sieht in der Möglichkeit, beim gemeinsamen Musizieren soziale Bindungen aufzubauen und zu stärken, ein wesentliches Argument für einen evolutionären Ursprung von Musik, da die intensive Erfahrung des sozialen Zusammenhalts zum Überleben einer Gemeinschaft förderlich sei. Auf der Grundlage neurowissenschaftlicher und biologischer Studien beschreiben Koelsch und Stegemann (2012) sieben Bereiche, die für eine bedeutende soziale Funktion von Musik sprechen („the seven Cs", Koelsch & Stegemann, 2012, S. 439 ff.). Hierzu zählen die Autoren neben Aspekten der Kommunikation, der Koordination und der Kooperation, die beim gemeinsamen Musizieren unerlässlich sind, das grundlegende Bedürfnis nach zwischenmenschlichem *contact*, die automatische Aktivierung von Hirnregionen für *social cognition* durch Musik, die Möglichkeit, durch gemeinsames Musizieren zur *co-pathy* (also zu einem homogenen emotionalen Zustand) innerhalb der Gruppe zu gelangen sowie durch Musik eine Gruppe zu einem Zustand von gestiegener *social cohesion* zu verhelfen. Aus den bisherigen Befunden von SIGrun lassen sich zwar keine generalisierbaren Wirkungen auf den sozialen Klassenzusammenhalt ableiten, wohl aber können mittlere Effekte für den Einfluss der Teilnahme an JeKi (NRW) auf das Gefühl der sozialen Integration beobachtet werden. Dieser Effekt ist in SIGrun besonders deutlich bei Schülerinnen und Schülern ausgeprägt, die kumulierten Risikofaktoren (geringe kognitive Grundfähigkeiten, geringes elterliches Bildungsniveau, geringes ökonomisches Kapital) ausgesetzt sind. Erneut zu erwähnen sind in diesem Zusammenhang auch die verstärkten elterlichen Gefühle von Stolz gegenüber ihren Kindern (Nonte et al., 2014). Dies erscheint somit als ein fruchtbarer Ausgangspunkt für eine mögliche Weiterentwicklung der JeKi-Programme in

Hinblick auf eine verstärkte Ausrichtung auf das Erleben positiver sozialer Erfahrungen durch Musik.

Auch Welch und McPherson (2012) rekurrieren auf evolutionäre Ansätze bei der Beschreibung von Musikalität als integralem Bestandteil des Menschseins. In ähnlicher Weise umfassend argumentiert Bowman (2012), wenn er ein Recht auf musikalische Bildung proklamiert, da diese das Leben reicher und bedeutungsvoller mache und zur Entwicklung von lebenslangen und lebensumfassenden Verhaltensweisen führe, die für die erfolgreiche Bewältigung einer unvorhersehbaren Zukunft unerlässlich seien. Auch wenn die Erwartung solch umfassender Transfereffekte empirisch nur schwer überprüfbar sein dürfte und vermutlich die Wirkung von Musik überstrapaziert, so erscheint Bowmans Unterscheidung nach *music education* und *music training* dennoch hilfreich und zielführend. Unter *music education* versteht Bowman (2012) die Förderung eines umfassenden und nie abgeschlossenen Wachstumsprozesses hinsichtlich habituierter Verhaltensweisen, während *music training* auf das Erreichen von konkreten Zielen gerichtet sei. Musikalisches Training sei als eine Form von *education in music* zwar das übliche Vorgehen bei Programmen zum institutionalisierten Musikunterricht, doch solle in Ergänzung hierzu einer *education through music* mehr Bedeutung beigemessen werden (Bowman, 2012). Hier offenbart sich ein Verständnis von Bildung, das auf den gesamten Menschen und nicht auf spezifische Fähigkeiten abzielt. Da die JeKi-Programme zwar an Schulen angesiedelt sind, aber nicht einer schulischen Leistungskontrolle unterliegen, bietet es sich geradezu an – losgelöst von der Notwendigkeit einer Kompetenzüberprüfung zur Notengebung – den Prozess der Bildung durch Musik als wesentliches Ziel zu verfolgen. Die Befunde der SIGrun-Teilprojekte liefern eine Reihe an ermutigenden Hinweisen, dass JeKi in diesem umfassenden Sinne Wirkungen entfalten kann. Allerdings ist auch deutlich geworden, dass noch erheblicher Entwicklungsbedarf besteht, um musikalische Erfahrungen in einer Weise zu gestalten, die individuelle und soziale Bedeutungszuschreibungen befördert, um auf dieser Grundlage umfassende Bildungsprozesse anzuregen. Hierbei sollte besonderer Wert auf das gemeinsame Musizieren, die Anregung zu kreativen Prozessen, den freien unstrukturierten Musizierphasen sowie eine ermutigende und wertschätzende Lernumgebung gelegt werden.

3.4 Weitere Anknüpfungspunkte für die Weiterentwicklung von JeKi

Im Folgenden werden zusätzliche Aspekte formuliert, die für die Weiterentwicklung des JeKi-Programms ebenfalls produktiv sein können. In den verschiedenen Kapiteln dieses Buches ist deutlich geworden, dass sich kulturelle Bildung ganz offensichtlich geschlechtsspezifisch entwickelt. Dieser Befund wird durch andere Untersuchungen unterstützt: Lembke (2001) konnte bereits 2001 in einer explorativen Studie zeigen, dass Mädchen auch in Musik deutlich bessere Leistungen erzielen als Jungen. Musikunterricht ist zudem bei Mädchen ungleich populärer als bei Jungen (Heß, 2011, 2013). Allerdings gibt es durchaus Kontexte, in denen Jungen kulturell aktiver sind als Mädchen. Dies wird beispielsweise im Bildungsbericht 2012 (Autorengruppe Bildungsberichterstattung, 2012) berichtet, in dem für Schülerinnen und Schüler aus Familien mit jüngerer Migrationserfahrung die Bedeutung non-formaler Musikpraktiken betont wird, in denen sich wiederum eher Jungen und Männer engagieren, z. B. in türkischen Saz-Ensembles (Langhalslauten). Ein aktuelles Projekt von Stöger und Rappe an der Kölner Hochschule für Musik und Tanz in *Breakdance-Communities* zeigt ebenfalls, wie engagiert Jungen und Männer in einem – im ursprünglichen Wortsinne – musischen Bereich sein können. Es wird somit eine Aufgabe der Lehrenden und Programmverantwortlichen sein, die vielfältigen Initiativen geschlechtersensibel weiterzuentwickeln. Dies gilt gleichermaßen für die programmatische Seite (welche Angebote werden unterbreitet?) als auch für die Gestaltung des Unterrichts (wer wird wie angesprochen, welche Aktionsformen werden angeboten usw.?).

Es ist dargestellt worden, dass sowohl in Studien zur kulturellen Teilhabe als auch in früheren Untersuchungen zur Präferenzentwicklung eine unausgesprochene Agenda eines eher engen Kultur- bzw. Kunstbegriffs vermutet werden kann, der weder der Komplexität postmoderner Gesellschaften noch der Vielfalt der Erfahrungen in einem Einwanderungsland gerecht wird. Dies zu revidieren bedingt jedoch Veränderungen auf verschiedenen Ebenen. So sind in theoretischer Hinsicht die Ansätze der *Cultural studies* mit pädagogischen Ansätzen der formalen und informellen musikalischen Bildung eng zu führen. In der pädagogischen Praxis ist eine größere Vielfalt zu entwickeln bzw. zuzulassen. Auf der programmatischen Ebene von Jeki ist die bereits bestehende, aber in der Praxis offensichtlich nicht immer umgesetzte Verpflichtung zur Bereitstellung nicht westlicher, vor allem türkischer Instrumente, ernst zu nehmen. Das kann z. B. bedeuten, in JeKi-Kontexten diese auch in die Praxis der Ensembles einzubinden. In anderen, eher sozialpädagogischen Kontexten ist möglicherweise umgekehrt eine popularmusikalische Fixierung zugunsten breiterer Orientierungen auch im Bereich ‚klassischer' Musik aufzugeben.

3.5 Forschungspraktische Implikationen

Die bisherigen Ausführungen verdeutlichen, dass zwischen der Beschreibung und Analyse der Kooperationsbeziehungen mit den Gelingensbedingungen einerseits und den Aspekten der Bildung von Identitäten, Selbstkonzepten, Präferenzen oder Mustern kultureller Teilhabe andererseits eine Lücke klafft. Es ist zunächst unklar, wie sich die Lern- und Bildungsprozesse der Schülerinnen und Schüler in JeKi-Klassen in den Unterrichtsangeboten aus unterschiedlich gestalteten Kooperationsbeziehungen entfalten, wie also mögliche Wirkungszusammenhänge aussehen. Auch die Projekte, die sich innerhalb des JeKi-Forschungsprofils mit den Unterrichtsprozessen selbst befasst haben, haben in ihren aufschlussreichen Studien eher die Oberflächenstrukturen untersucht und die individuellen Entwicklungen kaum erfasst. So haben Heberle und Kranefeld (2012) zwar detailliert beschreiben können, wie Lehrkräfte mit Heterogenität und Differenz umgehen, doch wird damit – im Sinne einer Tiefenstruktur – beispielsweise noch nicht erkennbar, was und wie Kinder ‚lernen', Kompetenzen entwickeln, Einstellungen verändern.

Für die Teilprojekte Präferenz, Transfer und Kulturelle Teilhabe gilt, dass auf der Individualebene keine Phänomene beschrieben werden konnten, die als direkte Wirkung des Instrumentalunterrichts in der Grundschule anzusehen wären. Nach dem gegenwärtigen Stand der Forschung ist das Verständnis musikalischer Lernprozesse noch nicht hinreichend differenziert beschrieben, um auf der Individualebene begründete Annahmen oder differenzierte Hypothesen formulieren zu können. Das konnte auch durch die umfangreichen Ergebnisse des Forschungsverbundes SIGrun nicht geändert werden. Damit ist auch hohen Erwartungen entgegen zu treten, die Studie sei als Evaluationsforschung geeignet, den Wert von Instrumentalunterricht in Bildungsprozessen zu begründen oder gar den Aufwand des Programms zu legitimieren. Dies sei im Folgenden noch einmal expliziert.

Interventionsstudien wie SIGrun haben eine lange Tradition in der pädagogisch-psychologischen Forschung und gehören zunehmend auch zum Standardverfahren in der empirischen Bildungsforschung. Der Frage nach Bedingungsfaktoren und Wirkmechanismen von Interventionen im schulischen Kontext kommt eine hohe politische und gesellschaftliche Relevanz zu, nicht zuletzt, weil die anhand empirischer Studien bestätigte oder widerlegte Wirksamkeit von Interventionen in der Regel einen direkten Einfluss auf (bildungs-)politische Entscheidungen haben. Dies gilt in besonderem Ausmaß, wenn der Auftraggeber eine politische Institution ist, wie es für die vorliegende Studie der Fall ist. Bei der Umsetzung von Evaluationsstudien konkurrieren zwei unterschiedliche Ansichten miteinander (vgl. Kuper, 2011). Auf der einen Seite herrscht die Überzeugung, dass allein die wissenschaftliche Güte der Evaluationsforschung für das Ableiten normativer Beurteilungen und praktischer Entscheidungen relevant sei. Auf der anderen Seite stehen Vertreter eines eher pragmatischeren Ansatzes, bei dem situative Möglichkeiten bei der Umsetzung von Forschungsdesigns zu integrieren seien. Allerdings müssten die Bewertungen von Maßnahmen höchsten Ansprüchen genügen, sodass seit der Jahrtausendwende eine verstärkte Auseinandersetzung mit Gütemerkmalen, Kriterien und Standards für Evaluationen erfolgt ist. Insgesamt kann also ein wachsender wissenschaftlicher Anspruch konstatiert werden, der sich beispielsweise auch in der vergleichsweise großen Anzahl an standardisierten und erprobten Messinstrumenten niederschlägt (Moosbrugger & Schweizer, 2002). Fehlen diese Messinstrumente, kann sich das nachteilig auf die Qualität des Evaluationsprozesses und die Aussagekraft der Befunde auswirken. Ein weiterer wichtiger Aspekt für die erfolgreiche Umsetzung von Evaluationsstudien ist die Akzeptanz der beteiligten Akteure, den sogenannten *stakeholders*. Der Einbezug der Akteure sowie die Wahrung ihrer Interessen kann jedoch auch unter Umständen zu einer eingeschränkten Realisierbarkeit des wissenschaftlichen Anspruchs führen (Moosbrugger & Schweizer, 2002). Hier deuten sich demnach zwei zentrale Herausforderungen für die Umsetzung von Evaluationsvorhaben an, wie sie auch für SIGrun zutreffend sind.

Die erste Herausforderung ergibt sich daraus, dass es sich bei der Untersuchung der Wirkung von Instrumentalunterricht im Klassenkontext im Grundschulverlauf um ein vergleichsweise wenig beforschtes Gebiet der empirischen Bildungsforschung handelt. Dies liegt zum einen an dem frühen Beginn der Interventionsmaßnahme (erstes Grundschuljahr) und dem daraus resultierenden niedrigen Alter der Kinder sowie zum anderen an den Forschungsdesideraten im Hinblick auf Transfereffekte des Musizierens im Gruppenkontext. Demzufolge konnte im Kontext von SIGrun nicht ausschließlich auf etablierte Messinstrumente zurückgegriffen werden. Einige der Instrumente wurden ad hoc oder im Prozess entwickelt und modifiziert. Dies kann besonders an den Stellen problematisch sein, wo von geringer Stabilität des untersuchten Merkmals ausgegangen werden muss (z. B. für das Fähigkeitsselbstkonzept). Die Herausforderungen, die es bei der Entwicklung von standardisierten Messinstrumenten im Kindesalter unter Berücksichtigung unterschiedlicher Kontextmerkmale zu bewältigen gilt, wurden in diesem Sammelband knapp sowie an anderer Stelle ausführlich beschrieben (Nonte, 2012, 2013). Für zukünftige Forschungsvorhaben kann auf diese Vorarbeiten zurückgegriffen und somit die Effizienz und Qualität des Forschungsprozesses gesteigert werden.

Die zweite Herausforderung bei der Umsetzung von SIGrun betrifft den Aspekt der Akzeptanz von Seiten der schulischen Akteure. Die Wahrung ihrer Interessen gehörte zu einer der zentralen Aufgaben im Kontext der Studie. An dieser Stelle sei darauf hingewiesen, dass die beteiligten Schulen sehr engagiert waren und oftmals große Bemühungen auf sich genommen haben, um der Forschergruppe die jährlich wiederkehrenden quantitativen Erhebungen und zusätzlichen qualitativen Interviews zu ermöglichen. Probleme oder Missverständnisse wurden nach Möglichkeiten im direkten Gespräch geklärt. Nichtsdestotrotz konnten drei von 32 Schulen nicht für eine weitere Teilnahme an der Studie gewonnen werden. Möglicherweise ist es der Forschergruppe in diesen Fällen nicht gelungen, die für das Vorhaben notwendige Akzeptanz bei den Partnern in der Schule herzustellen. Diese Tatsachen verdeutlichen einmal mehr den schmalen Grad, den die Evaluationsforschung zwischen einem hohen wissenschaftlichem Anspruch und einem gewissen Pragmatismus gehen muss.

Abschließend kann die Forschergruppe auf einen umfassenden Datenkorpus blicken, der Daten und Materialien beinhaltet, die sowohl mit Hilfe von etablierten standardisierten Erhebungsinstrumenten als auch mit Hilfe von eigenständig entwickelten Instrumenten sowie weiterentwickelten Verfahrenstechniken generiert wurden. Neben der bereits erwähnten Entwicklung eines Instruments zur Erfassung des musikalischen Selbstkonzepts (vgl. Kap. III in diesem Band) wurde beispielsweise ein standardisiertes Fragebogeninstrument zur Erfassung des Sozialkapitals der Lehrkräfte entwickelt, welches sich an der Methode der sozialen Netzwerkanalyse orientiert (vgl. Kap. VI in diesem Band). Über das breite Spektrum an quantitativem Datenmaterial hinaus wurde zudem ein qualitativer Zugang zum Phänomen Instrumentalunterricht gewählt, der eine Kontextualisierung sowie eine differenzierte Auswertung über die Erfassung von qualitativen Materialien ermöglichte. So wurden neben der Befragung von Schülerinnen und Schülern im Gruppenkontext (vgl. Kap. IV, V und VI in diesem Band) Malmappen angefertigt, Fotos im privaten Kontext von den Eltern bereitgestellt sowie Tagebücher von den Eltern geführt (vgl. Kap. V in diesem Band).

Da die längsschnittliche und multiperspektivische Betrachtung von Forschungsinhalten zunehmend Verbreitung findet, soll an dieser Stelle darauf verwiesen werden, dass die Trennlinie zwischen der anwendungsbezogenen Forschung und der Grundlagenforschung an vielen Stellen nicht eindeutig zu ziehen war. Solch ein Anspruch wird heute jedoch nur noch in wenigen Fachdisziplinen aufrechterhalten. Im schulischen Kontext, insbesondere in der Lehr-Lern-Forschung, hat sich seit den 70er Jahren des vergangenen Jahrhunderts zunehmend ein neuer Theorietypus durchgesetzt: die anwendungsbezogene Grundlagenforschung (von Saldern, 2000). In einer Ausschreibung eines DFG-Schwerpunktprogramms aus den 1970er Jahren wurde die Entwicklung eines neuen Forschungstypus gefordert, der „zwischen einer praxeologisch orientierten, nicht theoriegeleiteten Anwendungsforschung und einer für die Praxis irrelevanten Grundlagenforschung [liegen sollte,] der die Theoriegebundenheit und die Berücksichtigung der Restriktionen in der Praxis integriert" (von Saldern, 2000, S. 2 f.). Diesem Ansatz folgt auch das Forscherteam von SIGrun: Obgleich die Bezüge zur Anwendungsforschung und damit der direkte Bezug zur schulischen Praxis auf der Hand liegen, erfolgte die methodische Umsetzung des Forschungsvorhabens sowie die Offenlegung von forschungspraktischen Restriktionen in dem Bestreben, ein hohes wissenschaftliches Niveau zu realisieren. Zu guter Letzt bestand eine der zentralen Herausforderungen darin, die Befunde aus der Studie so aufzubereiten und zu verschriftlichen, dass sie eben diesem Anspruch einer anwendungsbezogenen Grundlagenforschung gerecht werden kann. Dieses Buch bietet entsprechend sowohl direkte Bezüge zur Praxis als auch einen Beitrag zur wissenschaftlichen Betrachtung des komplexen Phänomens Instrumentalunterricht im schulischen Setting und zeigt darüber hinaus Grenzen und Perspektiven für das Forschungsfeld auf.

Literatur

Abbott, A. & Collins, D. (2004). Eliminating the dichotomy between theory and practice in talent identification and development: Considering the role of psychology. *Journal of Sports Science, 22* (5), 395–408.

Autorengruppe Bildungsberichterstattung. (Hrsg.). (2012). *Bildung in Deutschland 2012. Ein indikatorengestützter Bericht mit einer Analyse zur kulturellen Bildung im Lebenslauf.* Bielefeld: Bertelsmann.

Bowman, W. (2012). Music's place in education. In G. E. McPherson & G. Welch, *The Oxford handbook of music education* (S. 21–39). Oxford: Oxford University Press.

Dweck, C. S. (2000). *Self-theories: Their role in motivation, personality and development.* Hove, Sussex: Psychology Press.

Eccles, J. S., Adler, T. F., Futterman, R., Goff, S. B., Kaczala, C. M., Meece, J. L. & Midgley, C. (1983). Expectancy, values, and academic behaviours. In J. S. Spence (Hrsg.), *Achievement and achievement motives: Psychological and sociological approaches* (S. 75–146). San Francisco: Freeman.

Ericsson, K. A., Krampe, R. T. & Tesch-Römer, C. (1993). The role of deliberate practice in the acquisition of expert performance. *Psychological Review, 100*, 363–406.

Hallam, S. (2009). Motivation to learn. In S. Hallam, I. Cross & M. Thaut (Hrsg.), *The Oxford handbook of music psychology* (S. 285–294). Oxford: Oxford University Press.

Heberle, K. & Kranefeld, U. (2012). ‚Bei ihm klingt das so komisch!' Perspektiven der Interpretativen Unterrichtsforschung auf den Umgang mit Differenz im JeKi-Gruppeninstrumentalunterricht. *Beiträge empirischer Musikpädagogik, 3* (1), 1–16. Verfügbar unter: http://www.b-em.info/index.php?journal=ojs&page=article&op=view&path[]=63 &path[]=172 [14.07.2014].

Heß, F. (2011). Musikunterricht zwischen Sach- und Fachinteresse. Ergebnisse aus der Pilotstudie Musikunterricht aus Schülersicht. *Beiträge empirischer Musikpädagogik, 2* (1), 1–26. Verfügbar unter: http://www.bem.info/index.php?journal=ojs&page=article&op=view&path%5B%5D=44 [01.04.2011].

Heß, F. (2013). Musikalisch-kulturelle Praxis als soziale Disktinktion? In S. Gies & F. Heß (Hrsg.), *Kulturelle Identität und soziale Distinktion. Herausforderungen für Konzepte musikalischer Bildung* (S. 15–44). Innsbruck: Helbling.

Huron, D. (2003). Is music an evolutionary adaptation? In I. Peretz & R. Zatorre (Hrsg.), *The cognitive neuroscience of music* (S. 57–75). Oxford: Oxford University Press.

Knight, S. (2010). *A study of adult 'non-singers' in Newfoundland*. Unveröffentlichte Ph.D. Dissertation, Institute of Education, University of London.

Koelsch, S. & Stegemann, T. (2012). The brain and positive biological effects in health and clinical populations. In R. MacDonald, G. Kreutz & L. Mitchell (Hrsg.), *Music, health, and well-being* (S. 436–456). Oxford: Oxford University Press.

Kuper, H. (2011). Evaluation. In H. Reinders (Hrsg.), *Empirische Bildungsforschung: Strukturen und Methoden* (S. 131–142). Wiesbaden: VS Verlag für Sozialwissenschaften.

Lehmann-Wermser, A. & Krupp, V. (2014). Musikalisches Involviertsein als Modell kultureller Teilhabe und Teilnahme. In B. Clausen (Hrsg.), *Musikpädagogik und soziale Gerechtigkeit* (S. 24–41). Münster: Waxmann.

Lembke, S. (2001). *Untersuchung von Einflussfaktoren im Musikunterricht. Eine empirische Studie in einer 7. Gymnasialklasse in Niedersachsen*. Unveröff. Examensarbeit Hannover HMT, Hochschule für Musik und Theater.

MacDonald, R., Hargreaves, D. J. & Miell, D. (2002). What are musical identities, and why are they important? In R. MacDonald, D. J. Hargreaves & D. Miell (Hrsg.), *Musical identities* (S. 1–20). Oxford: Oxford University Press.

MacDonald, R., Hargreaves, D. J. & Miell, D. (2009). Musical identities. In S. Hallam, I. Cross & M. Thaut (Hrsg.), *The Oxford handbook of music psychology* (S. 463–470). Oxford: Oxford University Press.

McPherson, G. E., Davidson, J. W. & Faulkner, E. (2012). *Music in our lives: Rethinking musical ability, development and identity*. Oxford: Oxford University Press.

Moosbrugger, H. & Schweizer, K. (2002). Evaluationsforschung in der Psychologie. *Zeitschrift für Evaluation (1)*, 19–37.

Müller, R. (1995). Selbstsozialisation. Eine Theorie lebenslangen musikalischen Lernens. In K.-E. Behne, G. Kleinen & H. de la Motte-Haber (Hrsg.), *Musikpsychologie. Jahrbuch der Deutschen Gesellschaft für Musikpsychologie*, Bd. 11 (S. 63–75). Wilhelmshaven: Nötzel.

Müller, R. (1999). Musikalische Selbstsozialisation. In J. Fromme, S. Kommer, J. Mansel & K.-P. Treumann (Hrsg.), *Selbstsozialisation, Kinderkultur und Mediennutzung* (S. 113–125). Opladen: Leske + Budrich.

Nonte, S. (2012). Die Überprüfung von geschlechtsbezogener Messinvarianz des Fähigkeitsselbstkonzepts von Grundschülern in der Schuleingangsphase. *Empirische Pädagogik, 26*, 478–503.

Nonte, S. (2013). Herausforderungen und Probleme bei der Entwicklung eines Instruments zur Selbsteinschätzung musikalischer Fähigkeiten im Grundschulalter. *Beiträge empirischer Musikpädagogik, 4* (2), 1–30.

Nonte, S., Lorenz, J., Lehmann-Wermser, A., Schwippert, K. & Busch, V. (2014). Musikalische Schulprofilierung als Wettbewerbsstrategie? Einstellungen von Schulleitungen und Eltern zum Förderschwerpunkt ‚Jedem Kind ein Instrument'. *Neue Musikzeitung, 63* (7–8), 28.

Nonte, S. & Schwippert, K. (in Druck). Teilprojekt ‚Transfer' – Effekte von JeKi-Programmen auf die Entwicklung sozialer und motivationaler Aspekte von Kindern mit kumulierten Risikofaktoren. In Bundesministerium für Bildung und Forschung (BMBF) (Hrsg.), *Ergebnisse zur JeKi-Begleitforschung*.

O'Neill, S. A. & McPherson, G. E. (2002). Motivation. In R. Parncutt & G. E. McPherson (Hrsg.), *The science and psychology of musical performance: Creative strategies for teaching and learning* (S. 31–46). Oxford: Oxford University Press.

Saldern, M. v. (2000). Lehr-Lern-Forschung und Medien – ein kritischer Rückblick. In D. Leutner & R. Brüncken (Hrsg.), *Neue Medien in Unterricht, Aus- und Weiterbildung* (S. 25–36). Münster: Waxmann.

Sloboda, J. A., Lamont, A. M. & Greasley, A. E. (2009). Choosing to hear music: Motivation, process, and effect. In S. Hallam, I. Cross & M. Thaut (Hrsg.), *The Oxford handbook of music psychology* (S. 431–440). Oxford: Oxford University Press.

Vogt, S. (2005). *Clubräume – Freiräume. Musikalische Lebensentwürfe in den Jugendkulturen Berlins*. Kassel: Bärenreiter.

Welch, G. & McPherson, G. E. (2012). Introduction and commentary: Music education and the role of music in people's lives. In G. E. McPherson & G. Welch, *The Oxford handbook of music education* (S. 5–20). Oxford: Oxford University Press.

Anhang A

Michael Schurig, Klaudia Schulte, Andreas Lehmann-Wermser, Samuel Campos & Knut Schwippert

Der Datenpool

1 Ausgangslage

Verschiedene Veröffentlichungen weisen darauf hin, dass nur lückenhafte empirisch gesicherte Erkenntnisse über kulturelle bzw. musisch-ästhetische Bildung vorliegen (Autorengruppe Bildungsberichterstattung, 2012; Liebau, Jörissen, Hartmann, Lohwasser & Werner, 2013). Die Einrichtung des Forschungsverbunds zum Schulprogramm ‚Jedem Kind ein Instrument' (JeKi) durch das *Bundesministerium für Bildung und Forschung* (BMBF) kann somit als Versuch verstanden werden, diese Datengrundlage zu verbessern. Wie der parlamentarische Staatssekretär im Bildungsministerium, Thomas Rachel, zur Eröffnung einer Fachtagung in Essen 2010 festhielt, liefern die „Forschungsprojekte [des JeKi-Forschungsverbunds] … die wissenschaftliche Grundlage für eine notwendige bildungspolitische Debatte in Deutschland über die Bedeutung von musikalischer Bildung für die Gesellschaft".

Über die Notwendigkeit hinaus, belastbare Daten zur Erforschung kultureller Bildung bereitzustellen, hat das BMBF darauf hingearbeitet, dass alle Ergebnisse aus geförderten Forschungsprojekten für Sekundäranalysen zur Verfügung gestellt werden sollen, indem die Daten an ein zugängliches Archiv übergeben werden. Im Dezember 2013 ist dieses Vorhaben mit der Gründung eines entsprechenden Verbunds aus GESIS, DIPF und IQB deutlich vorangekommen.[1] Über die damit verbundenen Herausforderungen im Umgang mit dem Datenschutz wird später zu reden sein. Um dem Wunsch nachzukommen, im gesamten JeKi-Forschungsverbund Daten für die Sekundäranalyse bereitzustellen, wurde der Datenpool als eigenständiges Teilprojekt des JeKi-Forschungsverbunds eingerichtet. Dieses an der Universität Bremen verortete Projekt war zunächst nur als Bestandteil des an den Universitäten Hamburg und Bremen durchgeführten SIGrun-Projekts konzipiert, wurde aber noch in der Antragsphase auf Bitten des BMBF auf den gesamten JeKi-Forschungsverbund ausgedehnt. Es wurde von Andreas

---

[1] Näheres hierzu ist derzeit unter: http://www.dipf.de/de/forschung/projekte/sicherung-und-nach-nutzung-der-forschungsdaten-des-rahmenprogramms-zur-foerderung-der-empirischen-bildungsforschung zu finden.

Lehmann-Wermser geleitet und von Knut Schwippert in allen technischen und methodischen Fragestellungen beraten. Mit dieser Konstruktion wurde ein erster Schritt in Richtung der genannten Zielsetzung unternommen. Dem Teilprojekt Datenpool lagen keine eigenen Forschungsfragen zugrunde, vielmehr übernahm dieser, ähnlich wie die Koordinationsstelle des bundesweiten JeKi-Forschungsprogramms in Bielefeld, eine Service-Funktion.

Der zentrale Datenpool hatte die Aufgabe, im Verbund nicht nur die Daten zur Weitergabe zu sammeln und aufzubereiten, sondern auch alle Projekte betreffend der Datenverarbeitung und -auswertung zu beraten. Deshalb kooperierten alle Projekte der JeKi-Begleitforschung im Sinne eines ressourcenschonenden Umgangs mit dem zentralen Datenpool. Insbesondere bedeutete dies eine geringe Belastung für die beteiligten Schulen durch die zentrale Koordination der Stichprobenziehungen aller 13 Einzelforschungsprojekte. Es wurde sichergestellt, dass jede Schule nur von einem Projekt besucht wurde und die jeweiligen Datengrundlagen zugleich den Ansprüchen der Projekte genügen. Darüber hinaus hatte der Datenpool weitere Aufgaben, die im nächsten Abschnitt ausführlicher dargestellt werden, hier aber bereits aufgelistet werden sollen. Dazu gehörte die Sichtung bestehender Datensätze, die Entwicklung von Instrumenten, die Beratung von Projekten und (im Einzelfall) die Analyse von Datensätzen.

Zusätzlich zu diesen das gesamte Programm betreffenden Aufgaben koordinierte der Datenpool mit extra dafür beantragten Ressourcen die Kommunikation innerhalb des Verbundprojekts SIGrun, also zwischen den Teilprojekten Transfer, Kooperation, Kulturelle Teilhabe und Präferenz, sowie die Kommunikation mit den an dieser Studie teilnehmenden Schulen.[2]

Im Bereich der musikpädagogischen und bildungswissenschaftlichen Forschung ist die durch die Arbeit des Datenpools zusammengestellte Datenbasis als eine einmalige Ressource für eine Vielzahl von Fragestellungen kultureller Bildung und der Förderung im Grundschulbereich, auch über die JeKi-Begleitforschung hinaus, nutzbar. Aus den Analysen, die auf der Basis dieses reichhaltigen Datenmaterials möglich sind, können zukünftig Erkenntnisse für die Förderung von Kindern im Grundschulbereich abgeleitet werden.

Im Folgenden wird ein detaillierterer Einblick in die Arbeit des Datenpools gegeben. Dazu werden einzelne Arbeitsbereiche und Ergebnisse vorgestellt sowie ein Ausblick auf die gesammelten Daten des JeKi-Forschungsprofils gegeben.

---

2   Ein Überblick zu der Koordination ist auf der Projektwebsite http://www.sigrun-wilma-studien.de zu finden.

2 Aufgaben im Verbundprojekt SIGrun und im Forschungsprofil

Im Rahmen des SIGrun-Verbundprojekts besteht eine zentrale Aufgabe des Datenpools in der Koordination der Forschungsarbeit der Teilprojekte. Hierzu gehören zum einen die Organisation der gemeinsamen Datenerhebungen sowie die Funktion als zentrale Anlaufstelle für projektinterne und projektexterne Kommunikation.

Koordination

Die gemeinsamen Datenerhebungen, die jährlich im SIGrun-Verbund in Hamburg und Nordrhein-Westfalen an insgesamt 30 Schulen stattfanden, erforderten ein hohes Maß an organisatorischen Vorarbeiten, die von den einzelnen Teilprojekten nur schwer zu leisten waren. Daher übernahm der Datenpool an dieser Stelle eine koordinierende Funktion. Dies betraf projektinterne Aspekte wie den Druck von Fragebögen, die zentrale Verwaltung und Archivierung von Klassenlisten und Elterngenehmigungen, die Erstellung von Schulrückmeldungen oder die Planung und Durchführung der Datenerhebungen. Insbesondere in Bezug auf den letzten Punkt hat sich die Einrichtung einer zentralen Koordinierung als sehr wertvoll erwiesen, da diese Tätigkeiten zum einen zeitaufwändig und zum anderen zumeist teilprojektübergreifend durchzuführen sind. Im Anschluss an die Datenerhebungen führte der Datenpool für die Fragebogenerhebungen in Nordrhein-Westfalen die Dateneingabe durch und übernahm deren zentrale Archivierung. Der Datenpool zeigte sich verantwortlich für die Administration der finanziellen, personellen und zeitlichen Ressourcen im Hinblick auf die Datenerhebungen, erstellte in Absprache mit den Teilprojekten entsprechende Arbeits- und Organisationspläne und koordinierte die praktische Durchführung der Datenerhebungen an den Schulen.

Dieses Vorgehen hat sich aus mehreren Gründen als vorteilhaft erwiesen. Zum einen sorgte eine zentrale Koordinierung für eine Entlastung der Mitarbeiterinnen und Mitarbeiter in den Teilprojekten. Zum anderen trug sie maßgeblich zur Qualitätssicherung bei, da Aufgaben und Informationen zentral vorlagen und aufwändige Kommunikationswege, die immer anfällig für Missverständnisse sind, zwischen den Teilprojekten vermieden wurden.

Kommunikation

Die Kommunikation innerhalb und zu externen Partnern des Verbundprojekts stellte eine weitere Aufgabe des Datenpools dar. Die interne Kommunikation wurde im vorigen Abschnitt bereits angesprochen und bezog sich sowohl auf organisatorische Aspekte, die alle Teilprojekte betrafen und daher zentral vermittelt wurden, als auch auf die Steuerung des Informationsflusses von außerhalb. So wurde im Rahmen der Datenerhebung der Kontakt zu den jeweiligen Schulen über den Datenpool abgewickelt, damit die Informationen z. B. bezüglich Terminabsprachen oder Ansprechpartnern vor Ort zentral erfasst und anschließend intern kommuniziert werden konnte. Hierbei hat sich gezeigt, dass es besonders für die Schulen von Vorteil war, einen Ansprechpartner zu haben, der über alle nötigen Informationen verfügte. Auch in diesem Aspekt hat die Übernahme von Koordinierungsaufgaben durch den Datenpool deutlich zur Qualitätssicherung beigetragen und dazu geführt, dass die beteiligten Schulen und Lehrkräfte sich verlässlich und umfassend betreut fühlten.

Erhebungskoordination

Datenerhebungen an Schulen sind notwendig, um evidenzbasierte Steuerung an Schulen zu betreiben (z. B. Altrichter & Maag-Merki, 2010), zugleich bedeutet diese aber immer auch Mehrarbeit für die beteiligten Lehrkräfte, Schulen und gegebenenfalls auch die Schülerinnen und Schüler. Um den Aufwand für die Schulen gering zu halten und eine Konkurrenzsituation zwischen den Projekten bei der Ansprache von teilnehmenden Schulen zu vermeiden, wurde die Koordination für die Schulerhebungen im Datenpool zentralisiert. Entsprechend wurden hier Testleiterinnen und -leiter eingestellt und geschult, Termine vereinbart, Reisen zu den Erhebungsorten organisiert usw.

Genehmigungsverfahren

Die Regelungen für die Einhaltung des Datenschutzes bei wissenschaftlichen Befragungen differieren zwischen den Bundesländern: Teilweise werden Fragebögen und Verfahren zentral überprüft und genehmigt, teils erfolgt dies dezentral, sodass die Universitäten und Schulen stärker in der Verantwortung stehen.

Im Fall der JeKi-Begleitforschung, die in NRW und Hamburg durchgeführt wurde, ergaben sich daraus unterschiedliche Vorgehensweisen. In Hamburg sieht die Gesetzgebung vor, dass im Vorhinein eine Genehmigung bei der Schulbehörde eingeholt wird. Der Behörde sind die Unterlagen über das Ziel und die Mittel der Studie vorzulegen. Der Datenpool übernahm diese Tätigkeit für alle SIGrun-Teilprojekte. In NRW konnten die Schulen selbst über die Teilnahme an der Studie entscheiden, sodass ein solches Vorgehen hier nicht nötig war. Gleichwohl wurde durch die Mitarbeiter des Datenpools sichergestellt, dass auch hier alle Vorschriften beachtet wurden.

Methodische Beratung

Eine nicht selten auftretende Schwierigkeit bei fachdidaktisch fokussierten Forschungsprojekten besteht darin, dass die Beteiligten über große fachliche und bereichsspezifische Expertise, nicht aber in gleichem Maße über ein Repertoire empirischer Forschungsmethoden verfügen; das gilt insbesondere für quantitative Verfahren. Bei der Konzeption des Datenpools (und in der Stellenbesetzung) wurde deshalb darauf geachtet, empirische Methoden- und Beratungskompetenz insbesondere für die fachdidaktisch orientierten Projekte bereit zu stellen.

Daraus ergab sich eine neue (und viel genutzte) Möglichkeit: Der Datenpool bot sich in methodischen und forschungspraktischen Fragen als Ansprechpartner für alle Projekte im Forschungsprofil an. So konnten und wurden in den nahezu vier Jahren der Laufzeit des Datenpools Fragen der jeweiligen Forschungsdesigns, der Stichprobenrekrutierung und notwendigen Stichprobengrößen, der Erhebungsinstrumente und Skalierung quantitativer Instrumente sowie zu der statistischen Modellierung der erhobenen Daten bearbeitet. Im Normalfall geschah dies über Telefon- oder E-Mailkontakt, aber bei weiterführenden oder komplexeren Fragestellungen reisten Mitarbeiter des Datenpools auch zu den jeweiligen Projektzentren, um gemeinsam Lösungen für die im Prozess immer wieder neu auftauchenden Probleme zu erarbeiten.

Als besondere Herausforderung gestaltete sich die Zusammenführung der in den Einzelforschungsvorhaben gewonnenen Datensätze (s. u.). Um eine Verknüpfung der in den Einzelforschungsvorhaben gewonnenen Datensätze zu erlauben, ist es notwendig, bereits im Vorfeld abzustimmen, erstens welche Informationen und zweitens wie diese einheitlich erfasst werden können. Dafür wurden vom Datenpool sogenannte ‚Kernfragen' entwickelt, die von allen Projekten, die quantitative Daten erhoben, erfragt werden sollten. Diese Kernfragen enthielten personenbasierte Angaben der Schülerinnen und Schüler sowie derer Eltern zum kulturellen, sozialen und ökonomischen Kapital (Bourdieu, 1983). Insbesondere der Erfassung des kulturellen Kapitals – z. B. wurde gefragt, wie stark die Kinder durch die Eltern an kulturellen Veranstaltungen beteiligt sind – wurde besondere Aufmerksamkeit gewidmet, da es in den verschiedenen Projekten eine wichtige Hintergrundinformation darstellte. Das Konstrukt wurde auf Basis der *Item-Response-Theory* (IRT) als Zwei-Parameter logistisches Modell (2PL-Modell) gemessen.[3]

Datenaufbereitung / Datenarchivierung

Im Datenpool wurde neben den Daten des Projekts SIGrun auch ein Großteil der weiteren im Rahmen des Förderschwerpunkts erhobenen Daten gesammelt und aufbereitet. In Tabelle A.1 werden die unterschiedlichen Bereiche dabei aufgeführt.

Insgesamt wurden dem Datenpool über 16 500 Sätze quantitativer Daten übergeben.[4] Es wurden über alle Projekte hinweg über 3 500 Kinder, mehr als 2 000 Elternteile oder andere Erziehende und über 550 Schulleitungen, Musikschullehrkräfte und Grundschullehrkräfte in Abhängigkeit vom jeweiligen Projekt im Verlauf von vier Jahren ein- bis viermal befragt. Zusätzlich wurden rund 100 Einzel- und Gruppeninterviews geführt, es liegen Transskripte von Unterrichtsbeobachtungen sowie Unterrichtsvideos und medizinische Daten vor.

---

3 Zur IRT-Skalierung als 2PL-Modell vgl. z. B. Bühner, 2011, S. 514 ff.
4 In den Jahren 2012 und 2013 erfolgten parallel die Datenaufbereitung und die Klärung des Datenverbleibs. Die Integration der später angefallenen Daten (ca. 4 500 Datensätze) aus den Projekten, die länger als der Datenpool arbeiten konnten, erfolgt deshalb nicht mehr.

Tabelle A.1: Übersicht der im Forschungsschwerpunkt gewonnenen Daten

Studie	Beteiligte	Erhobene Informationen
Verbundprojekt AMseL Audio- und Neuroplastizität des musikalischen Lernens	Universität Graz, Universität Heidelberg	• Schüler- (1 MZP), Eltern- (2 MZP) und Fragebögen für Musiklehrkräfte • Hörtests • Magnetresonanztomographie[5] • Magnetenzephalographie (2 MZP)
Projekt BEGIn Bielefelder Evaluationsstudie zum Gruppen-Instrumentalunterricht	Universität Bielefeld	• Schüler- und Elternfragebögen (4 MZP)
Projekt CoTea Co-Teaching im JeKi-Unterricht	Universität Braunschweig	• Schüler- und Elternfragebögen • Musik- und Grundschullehrerfragebögen • Unterrichtsbeobachtung • Musik- und Grundschullehrerfragebögen • Unterrichtsbeobachtung
Verbundprojekt GeiGe Gelingensbedingungen individueller Förderung an Grundschulen im ersten JeKi-Jahr	Universität Bielefeld, Universität Köln, Universität Münster	• Schulleiter-, Lehrer- und Elternfragebögen • Schüler-, Musik- und Grundschullehrerinterviews • Unterrichtsvideos • Schüler-, Musik- und Grundschullehrerinterviews • Unterrichtsvideos
Verbundprojekt MEKKA MusikErziehung, Kindliche Kognition und Affekt	Universität Frankfurt, Universität Oldenburg	• Schüler- und Elternfragebögen (3 MZP) • Cortisol-Reaktionszeit, Blutdruckmessung (3 MZP)
Verbundprojekt SIGrun Studie zum Instrumentalunterricht an Grundschulen	Universität Bremen, Universität Hamburg	• Schulleiter-, Lehrer-, Elternfragebögen (4 MZP) • Schüler-, Eltern-, Lehrerinterviews, Malmappen, Fotografien, Tagebücher (2 MZP) • Lehrerinterviews

Anmerkung. MZP = Messzeitpunkt.

---

[5] Medizinische Daten unterliegen anderen, auch strengeren Datenschutzrichtlinien. Daher wurden diese Daten von vornherein aus dem Auftrag des Datenpools ausgeklammert. Nur am Rande sei erwähnt, dass die Datensätze aus Magnetresonanztomographie und Magnetenzephalographie sehr groß sind und in Formaten anfallen, die in den üblichen statistischen Verfahren nicht verarbeitet werden können.

3 Zusammenfassung und Ausblick

Der Datenpool des JeKi-Forschungsprogramms wurde mit dem Ende der ersten Welle des Forschungsprogramms nicht weiter personell besetzt, da die Anzahl der insgesamt beteiligten Projekte von 13 auf vier gesunken ist. Die Zäsur soll hier genutzt werden, um einen Rückblick auf eine Form der Forschungskooperation und -organisation zu werfen, zu der noch relativ wenige Erfahrungen vorliegen.

Die Arbeit von Datenpools im JeKi-Kontext als eine Serviceeinrichtung in einem Forschungsverbund hat sich als sinnvolle Reaktion auf bestehende Probleme empirischer Forschung bewährt. Innerhalb des Forschungsverbunds konnte die Expertise für eine größere Forschungsgruppe nutzbar gemacht werden und eine Abstimmung in der Gestaltung von Instrumenten und Verfahren erfolgen. Gegenüber dem Forschungsfeld ist es möglich, geschlossen und professionell aufzutreten und zu agieren. Auch hier sind große Synergieeffekte und bessere, weil validere Ergebnisse möglich.

Die Schwierigkeiten seien aber nicht verschwiegen, die sich in der Praxis des Profils ergeben haben und die Arbeit des Datenpools durchaus belastet haben. Sollen Daten für Analysen von Dritten bereitgestellt werden, so sind bereits bei der Datenerhebung Einverständniserklärungen z. B. von Eltern entsprechend zu formulieren. Weil noch keine entsprechenden Erfahrungen vorlagen, ist das im JeKi-Verbund nicht in allen Studien der Fall gewesen.

Angesichts der erheblichen Summen, die für die Datensammlung ausgegeben werden, und der Belastungen für Schulen ist es in vielerlei Hinsicht wünschenswert, dass in Zukunft häufiger Re- und Sekundäranalysen durchgeführt werden. Daneben kollidierte der verständliche Wunsch, eigene spezielle Anliegen in Fragebögen unterzubringen gelegentlich mit dem Bestreben, für alle Studien einheitliche Instrumente zur Verfügung zu haben, die die Interpretation eigener Daten im Kontext eines ungleich größeren Datensatzes erlauben.

Als letzter Punkt sei schließlich ein besonders sensibler erwähnt. Im Verständnis vieler qualitativer Forschungsprojekte ist die Beziehung zwischen Forschenden und Beforschten eine höchst persönliche, die von Vertrauen lebt und eben an diese Personen gebunden ist. Aus Gründen der Forschungsethik erscheint eine Weitergabe für manche Forschende nicht vertretbar. Diese Position ist schwer angreifbar, würde aber gerade die aufwändig zu sammelnden und selten in allen Aspekten ausgewerteten qualitativen Daten prinzipiell von einer Weitergabe ausschließen. Das liefe den Intentionen der Leitlinien für Bildungsforschung aus den letzten Jahren zuwider.

Abgesehen von dieser kaum revidierbaren Position müssten in Zukunft generell auch qualitative Forscher die weitergehende Analyse beim Zugang zum Feld und in der datenschutzrechtlichen Absicherung mit bedenken. Die Pseudonymisierung ist bei qualitativen Daten schwieriger, aber möglich. Für alle Transkripte liegen erprobte Vorschläge vor (Medjedović & Witzel, 2010), die die personenbezogene Rückverfolgung unmöglich machen. Für Fotografien und insbesondere Videos ist das ungleich schwieriger; hier sind von Anfang an die Perspektiven von den Forschenden offen zu legen und in Absprache mit den Zuständigen auch formale Regelungen zu treffen, etwa durch die

Aufnahme entsprechender Passagen in Einverständniserklärungen. Diese kann allerdings nur gelingen, wenn Forschende die Datensammlung und -aufbereitung als kollektive Aufgabe begreifen und kollegiale Strukturen auch im Forschungszusammenhang mit denken.

Literatur

Altrichter, H. & Maag-Merki, K. (Hrsg.). (2010). *Handbuch Neue Steuerung im Schulsystem*. Wiesbaden: VS Verlag für Sozialwissenschaften.

Autorengruppe Bildungsberichterstattung. (2012). *Bildung in Deutschland 2012. Ein indikatorengestützter Bericht mit einer Analyse zur kulturellen Bildung im Lebenslauf.* Bielefeld: Bertelsmann.

Bourdieu, P. (1983). Ökonomisches Kapital, kulturelles Kapital, soziales Kapital. In R. Kreckel (Hrsg.), *Soziale Ungleichheit* (S. 183–198). Göttingen: Schwartz.

Bühner, M. (2011). *Einführung in die Test- und Fragebogenkonstruktion* (3. Aufl.). München: Pearson.

Liebau, E., Jörissen, B., Hartmann, S., Lohwasser, D. & Werner, F. (2013). *Forschung zur Kulturellen Bildung in Deutschland. Bestand und Perspektiven. Ein Projektbericht.* Friedrich-Alexander-Universität Erlangen-Nürnberg.

Medjedović, I. & Witzel, A. (2010). *Wiederverwendung qualitativer Daten. Archivierung und Sekundärnutzung qualitativer Interviewtranskripte*. Wiesbaden: VS Verlag für Sozialwissenschaften.

Anhang B

Sabrina Kulin

Auszug aus dem Kodierleitfaden

Auszug aus dem in SIGrun entwickelten Kodierleitfaden zu der Forschungsfrage „Welche Aspekte fördern die Zufriedenheit der beteiligten Akteure mit der Zusammenarbeit (insbesondere nach dem ersten JeKi-Jahr)?"; Kodes sind entnommen und Definitionen stark angelehnt an das allgemeine schulische Erklärungsmodell (Naacke, 2010) mit Ausnahme der induktiv entstandenen Kodes.

Kode-name	Kode	Definition	Ankerbeispiel
1 Externe Strukturbedingungen			
1A JeKi-Programm (IZBB-Programm wurde modifiziert in JeKi-Programm)			
1A1	Allgemein Schule	Einfluss des Programms auf die Schule	„In meinem eigenen Unterricht ist eine Harfe. Eine kleine Harfe von einer Schülerin, die bei mir in der Harfengruppe ist. Und sie spielt öfter mal etwas für die Klasse vor." (Grundschullehrkraft, Schule C)
1A2	Allgemein musischer Bereich	Einfluss des Programms auf den musisch-kulturellen Bereich	Wurde nicht kodiert.
1A3	Zeit als Ressource (induktiv entstanden)	Benötigte Zeitressourcen zur (kooperativen) Durchführung von JeKi	„Das ist, glaube ich, mehr Zeit für die Kinder, damit sie da auch wirklich ein Instrument lernen können. Zeit in Folge von mehr Kursangeboten, mehr Lehrern, die sich auch um die Kinder kümmern können. Also individuell am Kind arbeiten können. Zeit ist, glaube ich, das Wichtigste." (Grundschullehrkraft, Schule C)
1A4	Finanzierung (induktiv entstanden)	Finanzierung konkret auf JeKi bezogen	„Der zweite Wunsch ist, dass es vernünftig weitergefördert wird und hier vermehrt gefördert wird. Mit mehr Stunden, mit mehr Zeit und auch mehr Geld. Und vielleicht auch einer anderen Auswahl von Instrumenten." (Grundschullehrkraft, Schule C)

Kode-name	Kode	Definition	Ankerbeispiel
1A5	Konzept (induktiv entstanden)	Theoretisches Konzept von JeKi und seiner Durchführung	„Das stimmt. Das heißt, das Konzept, oder das Stundenkonzept, welches man von Stunde zu Stunde erbaut, das war nicht transparent." (Grundschullehrkraft, Schule A)
1B Regionale Ressourcen			
1B1	Infrastrukturell	Beispielsweise räumliche Distanzen zwischen Schulen oder die Erreichbarkeit von Schulen	„… dass man Nachbarschulen einer Musikpädagogin oder -pädagogen übergibt, dass dann die Fahrerei dann auch nicht so weit ist für denjenigen und dass man das vielleicht so ein bisschen zentriert." (Schulleitung, Schule B)
1B2	Personell	Eingesetztes/zur Verfügung stehendes Personal und dessen Rekrutierung	„Also … der Idealfall wäre es, wenn man einfach eine feste JeKi-Lehrkraft an der Schule hätte, also jemanden, der wirklich den Musikbereich viel intensiver abdecken könnte." (Grundschullehrkraft, Schule A)
1B3	Kulturell	Hochschulen, Museen, Kunst- und Kultureinrichtungen, Theater usw.	Wurde nicht kodiert.
1B4	Finanziell	Monetäre Belange	Wurde nicht kodiert.

2 Interne Strukturbedingungen

2A Schule

2A1 Schule als Gebäude

2A1a	Ausstattung	Alle Räume und ihre Ausstattung betreffend, wie z. B Aula, Pausenhalle, Bühne, Anbau, Probekeller in Bezug auf Licht- und Tonanlage, Instrumente, Notenständer usw.	„Ich habe meine Notenständer vor mir, ich habe ein Orff-Instrumentarium vor mir, das ich auch benutzen kann." (JeKi-Lehrkraft, Schule A)
2A1b	Raumsituation	Anzahl der Räume, Größe der Räume, Anordnung der Tische und Stühle usw.	„Ja, mehr Räume. Ein Extraraum für mich wäre fantastisch. Wo nur ich dann sein kann, wo alles schon so steht. Wo ich alles habe an Materialien. Der gut liegt. (Gelächter) Nicht so mit Blick auf den Schulhof, wo die Kinder alle Fußball spielen und die armen Kinder müssen dann merken, dass sie gar nicht Fußball spielen." (JeKi-Lehrkraft, Schule B)

Anhang B: Auszug aus dem Kodierleitfaden

Kode-name	Kode	Definition	Ankerbeispiel
2A1c	Zugänglichkeiten (induktiv entstanden)	Zugänglichkeiten wie beispielsweise zu den Unterrichts-räumen, zum Kopierer, zu den Sanitäranlagen usw.	„Ich habe den Kopiercode sofort genannt bekommen. Wenn mal was sein sollte, kann ich natürlich jederzeit hin und etwas kopieren. Das ist überhaupt gar kein Problem. Wenn ich auf die Toilette muss, kann ich sofort herunter zur Betreuung, mir einen Schlüssel holen und dann zur Toilette gehen. Das fördert natürlich die Zufriedenheit. Das fördert auch meine persönliche Zufriedenheit, im Alltag." (JeKi-Lehrkraft, Schule A).

2A2 Schule als pädagogische Institution

Kode-name	Kode	Definition	Ankerbeispiel
2A2a	Pädagogische Haltung	Pädagogische Haltungen, Werte und Normen von im schulischen System Beteiligten	„Das Wichtigste natürlich ist die Grundvoraussetzung: Möchte es die Grundschule aus Überzeugung, weil sie den Kindern etwas Gutes tun möchte oder macht sie es nur, weil es jetzt gerade Mode ist? Wenn die Grundschule von sich aus überzeugt ist und voll dahinter steht. Das nehme ich als Basis, das ist für mich die ideale Zusammenarbeit. Dann funktioniert alles reibungslos, dann funktioniert alles andere." (JeKi-Lehrkraft, Schule A)
2A2b	Profilbildung	Die Schule weist ein besonderes Profil auf, das in der Regel auch im Schulprogramm verankert ist, beispielsweise naturwissenschaft-liches, altsprach-liches, technisches oder musisches Profil	Wurde nicht kodiert.
2A2c	Struktur der Schülerschaft (induktiv entstanden)	Motivation, Zusammensetzung und Ausgangslagen der Schülerschaft	„Und ich glaube auch, dass von den Leuten auch im Vorwege nicht so sehr darüber nachgedacht wurde, wo sie hier sind. Ich glaube, wenn man nun nach [bessergestellte Bezirke der Stadt C] geht, dann sieht man anders Kinder musizieren, als hier bei uns. Da wurde im Endeffekt, glaube ich, vorher nicht richtig darüber nachgedacht, von der Politik. Dass man nicht einfach jemanden hinschicken kann, der soll dann hier irgendwie musizieren." (Grundschullehrkraft, Schule C)

Kode-name	Kode	Definition	Ankerbeispiel

3 Handlungs- und Interaktionsstrategien

3B Kooperation (Doppelkodierungen mit anderen Kodes möglich, da „ausgewählte Bereiche von Kooperation den internen und externen Strukturbedingungen zuzuordnen [sind], wie beispielsweise spezielle organisatorische Aspekte (z. B. Kooperationsverträge) oder Informationen zu kooperierenden Institutionen, weil sie von den Akteuren in beiden Kontexten genannt werden" (Naacke, 2010, S. 69).

3B1	Institution	Musikschule/ JeKi-unterstützende Institutionen	„Weil das ist manchmal sehr viel komplizierter, als die Zusammenarbeit mit der Grundschule. Denn hier ist man ja vor Ort, und weiß, wie es läuft. Und die Musik-schule als Institution ist da manchmal viel anonymer und bestimmt irgendwelche Sachen oder trifft Entscheidungen, aber ist nicht im Gespräch. Und das ist ein bisschen schade. Also die versuchen das natürlich, aber, wie gesagt, wenn es um die Schuleinteilung geht oder wenn es um JeKi-Konzerte geht, dann wird einfach gesagt: ‚Ihr macht das jetzt so und so!' Aber man kann da dann einfach nicht so sehr auf die jeweilige Schule und deren Bedürfnisse eingehen. Und das stört mich." (JeKi-Lehrkraft, Schule B)
3B2	Pädagogische Fragen	Beispielsweise Überlegungen zu Lern- und Entwicklungsprozessen der Kinder, informierende Absprachen zu Verhaltensauffälligkeiten oder Ausgleich wahrgenommener Defizite	„Denn wir können immer Probleme in Einzelfällen besprechen und ich kann auch ganz offen sagen, wenn ich eigentlich ein Kind nicht geeignet halte für den und den Unterricht und die Schulleitung unterstützt dann und sagt auch, dass sie das regelt oder mit den Eltern spricht." (JeKi-Lehrkraft, Schule B)

3B3 Personen

3B3a	Eigene Ziele	Ziele und Erwartungen in Bezug auf JeKi und die Zusammenarbeit	„Wissen Sie? Begeisterung alleine genügt noch nicht. Er muss auch stabil sein. Menschlich und musikalisch." (Grundschullehrkraft, Schule C)
3B3b	Profession	(Berufs-)Ausbildung, Qualifikation	„Allein eine Gruppe von 15 Kindern zu leiten, als jemand, der unerfahren ist mit diesen Kindern, ist es ein riesengroßes Problem." (Grundschullehrkraft, Schule C)
3B3c	Einbindung	Einbindung der Kooperationspartner in schulische Gremien oder den Unterricht	„… damit man sich einfach noch einmal zusammensetzen kann, wie ich das mit ein oder zwei Musikschullehrkräften, die häufiger hier sind, tun kann." (Schulleitung, Schule B)

Kode-name	Kode	Definition	Ankerbeispiel
3B3d	Beteiligung Konzeptentwicklung	Einbindung in das Entwerfen des Konzepts bzw. in die weitere Ausgestaltung	Wurde nicht kodiert.

3B4 Organisation = Rahmen und Strukturbedingungen zur Implementierung und Durchführung von Kooperationen

Kode-name	Kode	Definition	Ankerbeispiel
3B4a	Erstkontakt	Zustandekommen von Kooperationen, erstes Aufeinandertreffen, …	„Und zweitrangig, natürlich organisatorischer Art. Dass ich dem Kollegium vorgestellt werde." (JeKi-Lehrkraft, Schule A)
3B4b	Durchführung	Sämtliche Aspekte die Durchführung und Umsetzung von JeKi in der konkreten Zusammenarbeit betreffend	„Es ist immer noch so ein zersplittertes Tun. Dadurch, dass halt sehr unterschiedliche und sehr viele Musikkräfte dann auch im Laufe der Woche da sind, ist der Überblick manchmal schlecht zu behalten." (Schulleitung, Schule A)
3B4c	Kommunikation	Kommunikation zwischen den an der Kooperation Beteiligten	„Die anderen Absprachen treffe ich ja mit der Musikschule selbst, nicht mit den Lehrern." (Schulleitung, Schule B)
3B4d	Finanzierung	Finanzierung für die konkrete Durchführung der Zusammenarbeit	Wurde nicht kodiert.
3B4e	Kooperationsverträge	Bestehen und Inhalte von Kooperationsverträgen	Wurde nicht kodiert.

Literatur

Naacke, S. (2010). Allgemeines schulisches Erklärungsmodell. In A. Lehmann-Wermser, S. Naacke, S. Nonte & B. Ritter (Hrsg.), *Musisch-kulturelle Bildung an Ganztagsschulen. Empirische Befunde, Chancen und Perspektiven* (Studien zur ganztägigen Bildung) (S. 63–76). Weinheim: Juventa.

Autorinnen und Autoren

Veronika Busch, Professorin für Systematische Musikwissenschaft am Institut für Musikwissenschaft und Musikpädagogik der Universität Bremen; 2005 Promotion an der Martin-Luther-Universität Halle-Wittenberg; dort von 2005 bis 2006 wissenschaftliche Mitarbeiterin am Lehrstuhl für Systematische Musikwissenschaft; seit 2006 an der Universität Bremen tätig.

Samuel Campos, wissenschaftlicher Mitarbeiter am Institut für Musik an der Carl von Ossietzky Universität Oldenburg; promoviert zu Unterrichtspraktiken im Musikunterricht unter einer subjektanalytischen Perspektive; von 2012 bis 2013 wissenschaftlicher Mitarbeiter am Institut für Musikwissenschaft und Musikpädagogik an der Universität Bremen im Datenpool des SIGrun-Projekts.

Claudia Jessel-Campos, von 2010 bis 2013 wissenschaftliche Mitarbeiterin am Institut für Musikwissenschaft und Musikpädagogik der Universität Bremen in der Studie zum Instrumentalunterricht an Grundschulen im Teilprojekt Kulturelle Teilhabe; derzeit Referendarin an einer Oberschule in Bremen, Lehramt der Sekundarstufe I mit den Fächern Musik und Deutsch.

Valerie Krupp-Schleußner, seit 2013 wissenschaftliche Mitarbeiterin im Forschungsprojekt WilmA (Wirkungen und langfristige Effekte musikalischer Angebote) am Institut für Musikwissenschaft und Musikpädagogik der Universität Bremen; zuvor Lehramtsstudium für das Lehramt an Gymnasien in den Fächern Musik und Französisch; nach Abschluss des Referendariats Lehrerin für Musik und Französisch im Berliner Schuldienst.

Sabrina Kulin, Promotionsabschluss-Stipendiatin an der Universität Hamburg am Arbeitsbereich ‚Evaluation von Bildungssystemen' bei Prof. Dr. Knut Schwippert; vorher wissenschaftliche Mitarbeiterin in der Studie zum Instrumentalunterricht in Grundschulen; Studium der Fächer Erziehungswissenschaft und Germanistik an der Ruhr-Universität Bochum; Forschungsschwerpunkte: Lehrerkooperation und Schulentwicklung, Sozialkapital, Soziale Netzwerkanalyse, qualitative und quantitative Forschungsmethoden.

Andreas Lehmann-Wermser, Professor für Musikpädagogik am Institut für Musikwissenschaft und Musikpädagogik und Direktor am Zentrum für Lehrerbildung der Universität Bremen; arbeitete 20 Jahre als Lehrer für Musik und Deutsch an niedersächsischen Gesamtschulen; danach Promotion an der Hochschule für Musik und Theater Hannover; seit 2006 an der Universität Bremen und Leiter mehrerer empirischer Studien zur kulturellen Bildung und zur Unterrichtsforschung.

Sonja Nonte, Akademische Rätin (auf Zeit) am Lehrstuhl Schulpädagogik / Empirische Schulforschung an der Georg-August-Universität Göttingen; bis 2007 Studium der Diplom-Pädagogik an der Westfälischen-Wilhelms-Universität in Münster; danach wissenschaftliche Mitarbeiterin an den Universitäten Bremen und Hamburg; 2013 Promotion an der Universität Hamburg; seit 2013 Mitarbeiterin am Institut für Erziehungswissenschaft an der Georg-August-Universität in Göttingen.

Klaudia Schulte, Diplom-Psychologin, Dr. rer. nat., wissenschaftliche Referentin für empirische Analysen im Institut für Bildungsmonitoring und Qualitätsentwicklung in Hamburg; Arbeitsschwerpunkte: Erstellung von Sozialindikatoren für Schulen, Wirkfaktoren und Unterstützung der integrierten Datennutzung an Schulen.

Michael Schurig, wissenschaftlicher Mitarbeiter am Institut für Schulentwicklungsforschung, Technische Universität Dortmund; bis 2009 Studium der Erziehungswissenschaften an der Leuphana Universität Lüneburg; danach Mitarbeiter an der Leuphana Universität, der Universität Bremen und der Technischen Universität München; seit Februar 2014 wissenschaftlicher Mitarbeiter an der Technischen Universität Dortmund in den Projekten TIMSS, IGLU und Ganz In mit dem Arbeitsschwerpunkt quantitative Methoden.

Knut Schwippert, Professor für Empirische Bildungsforschung, Internationales Bildungsmonitoring und Bildungsberichterstattung an der Universität Hamburg; Leiter des Arbeitsbereichs ‚Evaluation von Bildungssystemen' mit den Arbeitsschwerpunkten Methoden in Large-Scale-Untersuchungen, Effektive Schulen, Evaluation und Systemmonitoring, Rückmeldeverfahren aus Large-Scale-Untersuchungen, Schul- und Unterrichtsforschung mit dem Schwerpunkt ‚Heterogenität'.

Andreas Lehmann-Wermser,
Martina Krause-Benz (Hrsg.)

Musiklehrer(-Bildung) im Fokus musikpädagogischer Forschung

Musikpädagogische Forschung, Band 34
2013, 148 Seiten, br., 29,90 €
ISBN 978-3-8309-2966-6

Wenn der Musikunterricht sich in einer rasch wandelnden Schule weiterentwickeln und neue Aufgaben und Herausforderungen meistern soll, dann ist ein besseres Verständnis der Unterrichtsprozesse und mehr Aufmerksamkeit für die Professionalisierung notwendig. Die Jahrestagung 2012 des Arbeitskreises Musikpädagogische Forschung hat sich deshalb dieser Thematik angenommen. Die Beiträge beleuchten unterschiedliche Aspekte der Musiklehrerbildung sowie der Musiklehrertätigkeit in Schule und Musikschule.

Bernd Clausen (Hrsg.)

Teilhabe und Gerechtigkeit
Participation and Equity

Musikpädagogische Forschung, Band 35
2014, 216 Seiten, br., 32,90 €
ISBN 978-3-8309-3144-7

Die Frage nach Teilhabe und Gerechtigkeit in musikbezogenen Lehr- und Lernkontexten ist hochaktuell. Fokussierungen auf kulturelle Teilhabe oder Inklusion sind aber nur zwei Facetten eines sehr vielfältigen Diskurses, der in der musikpädagogischen Forschung in Deutschland bisher nicht ausreichend in den Blick genommen wurde. Die AMPF-Tagung 2013 wandte sich diesem Themenkomplex aus unterschiedlichen Perspektiven zu. Die in diesem Band versammelten Beiträge präsentieren wichtige Forschungserträge, machen aber auch auf die noch bestehenden Desiderate aufmerksam.